헬스케어 콘텐츠 제작의 이해

본 과제(결과물)는 교육과학기술부의 재원으로 한국연구재단의 지원을 받아 수행된 광역경제권 선도산업 인재양성사업의 연구 결과입니다.

헬스케어 콘텐츠 제작의 이해

| 노기영 · 김경희 · 임문영 지음 |

小花

머리말

디지털 미디어와 인터넷이 21세기 헬스케어 정보혁명을 이끌어 가고 있다고 해도 과언이 아니다. 새로운 디지털기술 덕분에 의료진과 환자는 자신들에게 적절한 최신의 정보를 매우 세밀하게 얻을 수 있게 되었기 때문이다. 이 책에서 다루고 있는 헬스케어 콘텐츠란 의료 행위와 헬스케어와 관련된 모든 디지털콘텐츠를 의미한다. 따라서 헬스케어 콘텐츠에는 의학, 심리학, 생리학, 사회학 등 모든 인간에 대한 정보와 지식을 포함하고 있다. 이와 같은 헬스케어 콘텐츠는 의료진 간의 커뮤니케이션, 의료진과 환자 간의 커뮤니케이션을 위해 때로는 환자들 간의 커뮤니케이션을 위해 디지털매체로 표현되고 교환된다.

그러나 우리가 주목하고 있는 것은 이러한 지식과 정보를 생산하고 표현하는 방식이 급변하고 있다는 점이다. 따라서 이 책은 콘텐츠의 플랫폼으로서 새로운 기술의 변화에 주목하고 있다. 소셜미디어, 스마트폰, 디지털게임과 같은 새로운 디지털미디어 기술을 통해 콘텐츠 제작이 어떻게 변화하고 있는지를 설명하고 있다는 점에서 의미가 크다. 이 책은 디지털미디어를 활용한 헬스케어 콘텐츠의 표현방식의 변화를 이해하고 이를 구현하기 위한 실무 제작 과정을 이해하기 위한 입문서라 할 수 있다.

또한 이 책은 일반인들을 위한 헬스케어 정보와 지식을 디지털 표현 매체를 통해서 어떠한 방식으로 디자인하고 제작하는 것이 적절하고 효율적인지를 보여 줄 뿐만 아니라 구체적으로 어떻게 제작해야 하는지에 대한 방법도 제공하고 있다는 점에서 매우 실용적이라 할 수 있다. 헬스케어 콘텐츠 제작에 관심이 있거나 헬스케어 콘텐츠를 제작하고 있는 웹미디어 기획자, 기자, PD 그리고 헬스커뮤니케이션에 종사하는 사람들에게도 누구나 쉽게 이해하고 응용해서 콘텐츠를 제작하고 활용할 수 있도록 구성되어 있다.

이 책은 3부로 구성되어 있다. 제1부 헬스케어 콘텐츠와 미디어는 헬스케어 콘텐츠에 대한 개념적인 소개를 하고 있다. 헬스케어 콘텐츠의 정의와 응용 및 활용 분야를 소개하고 헬스케어 콘텐츠 산업과 구조를 설명하고 있다. 특히 헬스케어 콘텐츠의 변화를 주도해 가고 있는 소셜미디어와 디지털게임은 헬스케어 콘텐츠의 미래 플랫폼으로서 강조하고 있다.

제2부와 제3부는 헬스케어 콘텐츠 제작을 위한 실무적인 내용을 담고 있다. 제2부는 헬스케어 콘텐츠 취재와 블로그의 활용을 설명하고 있다. 헬스케어 콘텐츠의 취재의 기본 과정과 활용은 물론 헬스케어 콘텐츠 제작을 위한 블로그의 이해와 최근 콘텐츠 제작에 적극적으로 활용되고 있는 마이크로블로그를 어떻게 활용하고 사용할 수 있는지를 설명하고 있다. 마지막으로 제3부는 헬스케어 멀티미디어 제작의 기초와 실무 내용을 담고 있다. 콘텐츠 제작의 플랫폼으로서 모바일화의 경향이 강조되고 있다는 점에서 스마트폰을 통한 헬스케어 콘텐츠 멀티미디어 제작을 포함하고 있다. 또한 디지털사진 및 오디오, 비디오의 촬영과 편집을 통해 헬스케어 멀티미디어 콘텐츠의 실무 제작에 대해 설명하고 있다.

세 저자 간의 지속적인 의견교환과 커뮤니케이션을 토대로 저술된 이 책이 나오기까지 자료의 수집과 분석을 위해 도움을 준 한림대 디지털콘텐츠센터의 안연정 연구원, 이미영 연구원, 그리고 한림대 디지털콘텐츠전공 학부생인 우창효 군과 원고정리를 성실히 해준 최영식 군에게 고마움의 뜻을 전한다. 특히 이 책이 나올 수 있도록 재정적 지원을 해주신 한림대 의료관광센터 윤현숙 센터장님, 그리고 소화출판사에도 감사의 인사를 드린다. 이 책이 헬스케어 콘텐츠 제작의 다변화에 적극적으로 활용되어 우리나라 헬스케어 복지에 기여하고 콘텐츠 제작 분야로 진출하고자 하는 사람들에게 유용하게 활용될 수 있다면 저자로서 큰 기쁨이 될 것이다.

2011년 2월

한림대 디지털콘텐츠센터에서

지은이를 대표해서 노기영

차례

III. 헬스케어 멀티미디어 콘텐츠 제작

I. 헬스케어 콘텐츠와 미디어

제1장 헬스케어 콘텐츠와 미디어

1. 헬스케어 콘텐츠

1) 헬스케어 콘텐츠

예부터 인간의 몸에 대한 관심은 단순히 질병의 치료뿐만 아니라, 건강하게 오래 살 수 있는 것을 목표로 끊임없이 다양한 모습으로 발전해 왔다. 또 이러한 욕망과 수요에 따라 다양한 의료기술과 기기가 계속 발전되었으며, 이와 관련된 서비스 역시 계속 분화하면서 발전해 왔다.

'health care' 또는 'healthcare'로 쓰이는 헬스케어라는 용어는 최근 대서양 양안에서 healthcare라는 명칭으로 대체되어 가는 추세다. 그러나 헬스케어라는 개념은 사전적으로 명확히 정의되어 있지 않다. 위키피디아(www.wikipedia.org)에서는 헬스케어를 의학, 치의학, 간호학을 비롯한 의료 관련 전문가들에 의해서 행해지는 것으로, 질병을 막고 치료하는 것을 말한다고 요약되어 있다(Health care or healthcare is the treatment and prevention of illness. Health care is delivered by professionals in medicine, dentistry, nursing, pharmacy and allied health).

헬스케어 콘텐츠에 대한 사전적 정의들을 살펴보면 다음의 몇 가지로 정리해 볼 수 있다. ① 건강한 행위의 선택에 도움이 되는 지식, 태도 그리고 믿음에 영향을 미치기 위해 특정 수용자들을 위한 메시지를 개발 · 확산시키기 위해 제작된 콘텐츠이다. ② 의도된 수용자들의 건강 상태를 증진시키고, 건강 관련 이슈들에 대한 이해와 지식을 증가시키기 위한 것 그리고 이를 통한 수용자들의 권한을 강화시키고자 만들어진 정보이다. ③ 개인 및 일정한 커뮤니티에 속한 구성원들이 그들의 건강과 관련하여 현명한 결정을 내릴 수 있도록 지원하고 독려하는 커뮤니케이션의 구체적인 방법과 기술적 · 학문적 · 실천적 전략을 위해 온오프라인 형태로 만든 정보를 말한다.

그러나 좁은 의미로 실제 쓰이고 있는 '헬스케어' 개념을 좀 더 알아보기 위해 몇 가지 다른 개념들과 비교해 보면 최근의 헬스케어라는 단어가 갖는 의미를 좀 더 명확히 구분해 볼 수 있을 것이다.

그 첫 번째는 헬스케어라는 용어가 민영 의료보험을 가리키는 것으로 보는 것이다. 일반적으로 공적 의료 보장의 영역에서 의료 보장 형태는 크게 두 가지로 구분된다. 즉, 보험료를 통해 재원을 조달하는 사회보험 형태의 의료 보장(일반적으로 국가나 공공단체가 운영하는 공공 의료보험, national medical insurance)과 국가가 국민의 세금으로 재원을 조달하는 형태(영국의 National Health Service, 국민 보건 서비스 제도)가 그것이다. 그러나 공적 의료 보장 영역에서는 재원 조달의 한계 등으로 인해 비용효과성 등 급여 우선순위를 설정하게 되는 기준에 따라 의료 보장 급여 범위를 한정시키고 있기 때문에 이 책에서 논의하게 되는 헬스케어는 공적 의료 보장 범위를 벗어나는 민영 의료보험(healthcare insurance)으로 이해하는 것이 좋겠다.

두 번째는 이와 같은 민영 의료보험이라는 단어에서 확장된 개념으로 이를 이해하기 위해서는 healthcare와 medical 서비스를 비교해 볼 수 있다. 일반적으로 헬스케어는 메디컬 서비스와 비교해서 보다 넓은 의미의 개념으로 쓰인다. 메디컬 서비스는 진료와 의료 행위에 직접적으로 연관된 의료기관들에 의한 일반적인 서비스를 말하는 것인 데 반해, 헬스케어는 이보다 더 넓은 개념으로 의료 관련 기관까지 포함한 기관들에 의해서 이뤄지는 건강관리 및 치료 등의 통합 서비스를 포함하는 개념으로 이해된다. 따라서 이와 같이 헬스케어가 메디컬 서비스보다 더 넓은 개념이라고 본다면, 헬스케어 서비스는 그보다 더 큰 라이프 케어(life care) 서비스보다는 작은 개념이라고 볼 수 있다. 라이프 케어는 단순한 건강관리를 넘어서 인간의 삶의 질을 높이는 다양한 레저, 여행, 문화 등의 서비스를 포함하는 개념이라고 볼 수 있다.

따라서 헬스케어는 요약하자면, 민간 의료보험으로부터 출발하여 진료와 연계된 건강을 관리하기 위한 의료 및 관련 전문가들이 제공하는 다양한 서비스를 통합적으로 일컫는 용어로 이해할 수 있을 것이다. 그리고 헬스케어 콘텐츠는 적시한 헬스케어와 관련된 모든 콘텐츠를 지칭하는 것으로 이해할 수 있을 것이다.

2) 헬스케어 산업의 탄생 배경

(1) 대중의 자각, 관심의 급증

인간의 기본적인 생존을 위해 필수 조건인 의식주가 해결되고 전쟁의 위험이 어느 정도 사라지게 되자, 20세기 중반부터 미국을 비롯한 선진국의 대중들은 개인에게 있어서 건강을 가장 중요한 요소로 인지하게 되었다. 이에 따라 지속적인 건강관리와 건강보험 수혜 등에 관련된 내용들은 개인들의 큰 관심사로 자리 잡았다. 이 같은 변화들은 헬스케어 산업의 태동과 다양한 발전을 앞당기는 기본적인 배경이 되었다.

특히 제2차 세계대전 이후, 개인 건강의 중요성은 더욱 부각되었으며, 또한 건강 관련 서비스를 얼마나, 어떻게 누릴 수 있는가에 대한 대중의 관심과 요구가 중요한 사회적 이슈가 되면서, 이를 정치적 주장과 성과로 이해하려는 경향이 나타났다. 또한 개인의 삶의 가치를 궁극적으로 건강한 삶에 두려는 태도도 생겨났다. 마침내 20세기 말 무렵부터, 건강은 선진국 국민들에게 삶에 있어 필수적인 것으로 이해되기 시작했으며, 이는 개발도상국과 세계 각국의 인류에게 보편적인 관심으로 발전하게 되었다.

(2) 환경 요인의 중요성, 마케팅의 개입

20세기 말, 개인의 질병을 운명으로 생각하고 수동적으로 받아들이거나 우연한 방법으로 해결하는 것이 아니라, 과학과 인간의 노력으로 극복하고 호전시킬 수 있다는 생각이 보편화되었다. 또 이를 가능하게 하는 의료기술이 발달하였고 의료과학의 발달로 인간의 삶을 둘러싼 다양한 환경 요인들이 건강과 치료에 매우 중요하다는 것을 알게 되었다. 뿐만 아니라 질병을 처치하는 과정에서의 환자와 의료진 사이의 커뮤니케이션 활동, 또한 가족과 보호자들의 이해 등과 같은 보편적 행위가 질병의 회복 및 예방에 얼마나 중요한 역할을 하고 있는지를 깨닫게 되었다.

1980년대까지 헬스케어 유관 기관들(기업, 병원, 공공조직 등)은 소극적 행위에 머물러 있었다. 따라서 이런 기관들이 나서서 일반 국민과 환자들을 대상으로 실시하는 소위 '마케팅 노력'은 대단히 보기 드문 상황이었다. 하지만 현재는 많은 병원들을 비롯하여 다양한 헬스케어 관련 기관들이 잘 짜인 홍보 프로그램과 솔루션을 기반으로 각종 마케팅을 진행하고 있으며, 헬스케어 서비스의 소비자들과 후원자들을 포함한 다양한 주체들이 적극적으로 소통하기 위해 노력하고 있다.

(3) 병원의 개념 확대, 헬스케어 관련 마케팅 급증

병원은 소극적으로 찾아오는 환자들을 치료하는 데 머무르지 않고 고객으로서 환자와 다양한 비공식적 커뮤니케이션 활동을 시작했다. 예를 들어 병원에서 후원하는 헬스 교육 세미나, 새로운 의료시설 및 병원이 보유한 첨단기술을 광고하는 오픈 하우스 프로모션 등이 그것이며, 병원들은 커뮤니티에서 진행하는 각종 행사에 스폰서의 자격으로 적극 참여하기도 했다. 이와 같이 병원들의 역할이 확대되고, 이에 따라 다양한 헬스케어 마케팅이 필요하게 됨에 따라 헬스케어 콘텐츠의 생산과 고객과의 소통방법, 고객의 요구 분석, 치료를 넘어서는 질병의 예방과 의료 지식의 대중화, 더 나아가 치료 후 안정적인 사회 복귀에 이르기까지 헬스케어에 관련한 관심의 폭이 넓어지게 되었다.

1990년대 들어 헬스케어 전문가들은 개인 및 집단 간 커뮤니케이션의 중요성에 대해 다시금 깨닫게 된다. 이들 가운데에는 헬스 관련 마케팅 업자들도 상당수 존재했으며, 헬스케어 영역에 마케팅을 접목시켜 일부 성공 사례를 만들기도 하였다. 하지만 상대적으로 한계를 경험하는 경우도 적지 않았다. 이 과정에서 헬스케어에 맞는 새로운 마케팅 방식에 대한 연구와 시도들이 개발되기 시작했다.

3) 헬스케어 산업의 특성

헬스케어 산업은 전자공학 · 기계공학 · 물리학 · 화학 등 공학기술과 의학 · 생리학 등의 의학기술이 복합되어 구현되는 특성이 있다. 또한 질병의 다양성과 개인의 특성 및 차이에 맞추어 제품이 제작되므로, 소량 전문 제품 위주의 생산이 상대적으로 높은 비중을 차지하는 산업이다. 이는 곧 사업을 성공할 경우에는 큰 수익 창출이 가능하나, 그만큼 투자 위험도 큰 성격을 가지고 있다는 것을 의미한다. 무엇보다도 헬스케어 산업은 인체를 대상으로 한다는 점 때문에 안전성의 확보가 매우 중요하고, 유효성에 대해서도 엄격한 평가 기준을 거쳐야 한다.

이와 같은 특성으로 인해 헬스케어 산업은 다양한 기술의 융복합 시도 및 첨단 기술 운영에 대한 경험이 풍부하고, R&D에 소요되는 막대한 비용의 회수가 가능한 선진국 등의 시장에서 주도해 왔다. 이러한 이유 때문에 헬스케어의 개발은 풍부한 자금력, 연구개발 인력의 확보 및 산업계-학계-의료계의 제휴가 매우 중요한 특징을 가진다.

2. 헬스케어 콘텐츠의 생산과 확산

1) 인터넷과 디지털 기술의 발전

인터넷과 디지털 기술이 발전하면서 삶의 전 영역이 바뀌어 가고 있다는 것은 굳이 설명하지 않아도 이제 누구나 아는 사실이다. 인터넷 기술은 건강과 보건 의료 체계를 개선하기 위한 수단으로도 주목을 받아 왔고, 이에 미국, 일본 등 선진국에서는 인터넷 정보기술이 급속히 확산된 1990년대 후반으로 접어들면서 인터넷 기술을 기반으로 하여 정보화 전략 계획을 재구성하여 추진하게 되었다. 특히, 컴퓨터의 발달과 인터넷의 급속한 보급 그리고 의사, 보건 의료 전문가 등을 위한 정보 시스템의 발달로 인하여 의료 소비자와 환자들이 헬스케어 정보를 직접 접근하고자 하였다. 이와 같이 의료 정보에 대한 관심이 증가함에 따라 헬스케어 콘텐츠 생산이 급격하게 증대되어 유통 및 활용까지 큰 변화가 있게 되었다. 실제로 인구의 67.8%인 2억 93만 명이 인터넷을 사용하고 있는 미국의 경우(Pew Internet & American Life Project, "Health Information Online," 2005), 인터넷 이용자의 79%가 과거 1년간 보건 의료 관련 정보를 이용한 경험이 있는 것으로 나타났으며, 인터넷을 통한 성인의 온라인 활동들 중 66%가 건강이나 의료 정보 검색과 관련이 있는 것으로 보고된 바 있다.

2) 의료 서비스 환경의 변화

과거에는 의료 서비스가 병원 중심으로 이뤄졌지만, 현재는 양극화와 사회복지의 발전으로 인해 저소득층을 위한 의료 서비스 수요가 확대되었고, 헬스케어 수용자 중심으로 바뀌고 있다.

특히 개인의 유전 정보에 근거하여 맞춤형 진단과 치료가 이루어지는 이른바 '맞춤 의료'의 시대가 열리고 있다는 점 역시 헬스케어 콘텐츠가 늘어난 원인 중의 하나다. 맞춤의료로 의료 서비스 환경이 변화되는 것은 예측과 예방, 소비자 참여를 중시하는 미래

의료 서비스 패러다임으로의 변화를 주도하는 요소로 그 중요성이 날로 높아지고 있다. 맞춤 의료는 부적절한 환자에게 무의미한 치료제를 지속적으로 처방, 투약함으로써 발생하는 부작용을 줄이는 데도 기여한다. 이와 같이 맞춤 의료는 의료비를 절감할 수 있는 차원에서 효과적인 수단일 뿐만 아니라 질병 예방을 한다. 그리고 환자별로 적합한 투약이나 시술을 하기 위해선 적합한 헬스케어 콘텐츠가 부수적으로 생산되어야만 한다.

LG경제연구원의 보고서("'맞춤 의료' 시대가 열리고 있다")에 따르면, 맞춤 의료는 향후 IT 및 유통 네트워크와 결합을 통해 'personalized medical care'를 본격적으로 구현하는 모습으로 진화해 나갈 것으로 전망된다. 즉, 고정된 장소에서 검사를 받고 치료제를 처방받던 과거의 의료 서비스 패러다임에서 벗어나, 정보기술과의 융합과 첨단 의료기기의 활용을 통해 가정, 모바일, 인터넷 환경 하에서도 의료 서비스의 제공이 가능해지면서 맞춤 의료를 전후방에서 지원하는 다양한 헬스케어 콘텐츠 및 관련 서비스가 등장할 것으로 예상하고 있다.

3) 급속한 고령화의 진전으로 건강에 대한 관심 증대

우리나라의 인구 고령화는 선진국에서도 경험하지 못한 속도로 빠르게 진행되고 있다. 2000년에 고령화사회에 진입한 이래 2019년에는 고령사회, 2026년에는 초고령사회에 들어설 것으로 예측된다(고령사회는 65세 이상 인구가 전체 인구에서 차지하는 비율이 14% 이상인 사회를 말하며, 초고령사회는 65세 이상 인구가 전체 인구에서 차지하는 비율이 20% 이상인 사회를 말한다). 즉, 고령화사회에서 고령사회로 가는 데 19년, 고령사회에서 초고령사회로 가는 데 7년이 소요된다는 계산이다. 외국의 경우, 고령화사회에서 고령사회로 가는 데 프랑스와 일본은 각각 115년과 24년이 걸렸으며, 미국은 71년이 소요될 전망이며, 또한 고령사회에서 초고령사회로 가는 데 프랑스, 미국, 일본이 각각 41년, 15년, 21년 소요될 것으로 예상되는 것을 보면 우리나라의 고령화 속도가 얼마나 빠른지 가늠하여 볼 수 있다.

또한, 평균수명은 남자가 74.4세, 여자가 81.8세로 점점 길어지는 가운데 2006년에는 65세 이상의 노인 환자에 대한 의료비가 국민건강보험 지출의 26.8%를 차지하고 있다. 게다가 최근의 웰빙(well-being) 붐을 타고 사람들의 건강에 대한 관심은 나날이 높아지고 있지만 실제적인 건강 수준은 개선되지 못하고 있는 상황 역시 헬스케어 콘텐츠에 대한 수요가 증가되는 배경으로 해석할 수 있다.

4) 삶의 질이 높아진 젊은이들의 미적 관심 증대

건강 · 미용 관련 기업들은 최근 젊은 층의 달라진 소비 패턴과 미적 선호도에 대해 주목하기 시작했다. 업계에서는 이들이 과거 용돈을 받고, 소비에 다소 둔감했던 젊은이들이 아니라고 입을 모아 말한다. 특히, 취업이 어려워지고, 비주얼 미디어들의 발달로 인해 얼굴 성형, 몸짱 만들기, 동안 열풍 등 외모가 또 하나의 경쟁력이라고 생각되면서 젊은이들 사이에서도 건강과 미용은 반드시 챙겨야 하는 필수품('must have')이라는 인식이 확산되고 있다. 젊은이들은 이에 맞는 헬스케어 콘텐츠를 필요로 하게 되고, 헬스케어 콘텐츠 시장 역시 젊은 세대에 맞는 콘텐츠를 제작, 유통하고 있다.

최근 젊은이들은 단순 미용뿐만 아니라 나이 먹어서 주름이 지지 않기 위해 성형수술도 적극 고려한다. 이들은 "성형도 자신을 가꾸는 노력의 일환"이라고 주장한다. 젊은이들의 성형에 대한 인식 변화와 욕구는 전통적 가치와 상관없이 확대되고 있다. 이를 반영하듯 방학이나 연휴를 이용하여 병원을 찾는 젊은 고객들이 꾸준히 늘어나는 추세다. 성형외과와 피부과, 치과 등을 중심으로 젊은이들에게 맞는 성형과 미용에 대한 다양한 헬스케어 콘텐츠를 언론을 통해 쉽게 접할 수 있다는 점도 최근 젊은이들의 미적 관심이 높아졌음을 의미한다.

5) 영리 활동이 제한된 병의원들의 미디어 활용 홍보 전략

2010년 12월 방송통신위원회(위원장 최시중)가 대통령에 보고한 '2011년도 주요 업무계획'을 보면, 광고 분야에 있어서 '간접광고 · 협찬고지 제도 개선과 방송광고 금지품목 규제완화'에 대한 내용이 포함돼 있다. 광고가 금지돼 있는 먹는 샘물(유료방송은 허용)이나 병원 등 의료기관(신문은 제한 허용) · 전문 의약품 광고(모두 불허)에 대한 규제를 완화해 광고 시장을 키운다는 정책이다. 그러나 아직까지는 의료기관이나 전문 의약품 광고는 허위 과장 광고에 대한 우려로 인해 병의원들의 미디어 활용이 제한되어 있는 것이 현실이다. 따라서 병의원들은 헬스케어 콘텐츠를 미디어에 제공, 활용하면서, 직접적인 광고보다는 상황에 맞는 헬스케어 정보를 통해 의료기관이나 의약품을 알리는 방식을 채택하고 있다.

이에 따라 언론을 통해 병의원들이 제공하는 헬스케어 콘텐츠, 헬스케어 정보, 헬스케어 기사, 의료인들의 인터뷰 등에는 병의원들의 기관명, 의료진의 실명, 수술 방식, 의약품 소개 등이 정보로서 제공되고 있다.

이렇듯 건강 기사가 만들어지는 메커니즘에는 병의원들의 홍보 전략이 연계되어 있는데, 건강 관련 기사는 주로 의사, 한의사, 치과의사 등 의료계 전문가들을 취재해 작성한다. 의사가 가장 많고, 다음으로 한의사가 많다. 종종 물리치료사나 영양사 또는 심리학자처럼 병원에 근무하지 않는 직업군도 등장하지만 대부분은 병원 또는 의원 등에서 일하는 의료진을 취재하고 있다.

만약 정부가 병의원들에 대해 방송광고 규제 완화 쪽으로 정책 방침을 선회한다면, 향후 병의원들의 미디어 활용 전략은 대담해지면서 다양해지고, 더욱 확대될 것으로 예상된다.

한편, 전문가로 불리는 의사, 한의사, 치과의사들이 제시할 수 있는 정보의 수준과 독자 또는 시청자가 원하는 정보의 기대치가 다르다는 점에 주목할 필요가 있다. 예컨대, 30대 독자와 시청자들 가운데 고혈압이나 심장질환, 당뇨 등에 걸린 사람 숫자는 통계적으로 봤을 때 많지 않다. 이들은 평소 생활에서 어떻게 하면 좀 더 건강하게 살 수 있는지에 관심이 많다. '어떻게 하면 변비에 걸리지 않고 대변을 잘 볼 수 있는가' '과음한 후 어떤 음식을 먹어야 편안하게 숙취를 해소할 수 있는가' '부부나 애인 사이에 성(性) 생활을 만족스럽게 하고 싶은데 어떻게 해야 하는가' '평소 과도한 컴퓨터 작업으로 어깨가 결리는데 건강에 적신호가 오는 것은 아닌가' 등이 그들의 주된 관심사다.

하지만 몸에 어느 정도의 이상이 생기고 질병이 진행되어야만 조언해 줄 수 있는 의료 전문가들은 독자들의 이런 질문에 쉽게 답을 내놓지 못한다. 엄밀히 말해, 특정 질병의 원인에 대해서 음식이 일차적 원인인지, 잘못된 식습관이 직접적 발병 원인인지 아니면 음식과 잘못된 식습관이 상호작용해서 발생한 것인지 과학적이고 학문적인 접근으로 봤을 때는 단언해 제시하기가 쉽지 않은 까닭이다.[1]

결국 의료 전문가들은 대중적인 헬스케어 콘텐츠를 제공하는 데 있어서 의학적인 상식 수준의 범위를 넘어서지 못하는 한계가 있다. 그래서 어떤 증상들이 가능성은 낮지만 특정 질병의 원인이 되는 증상일 수 있으므로 꼭 전문가를 찾아 상의하라는 식의 맺음말로 대부분의 의학정보가 끝난다. 이러한 한계 때문에 병의원들은 상업적 이용이 가능한 부분에 대해서는 언론을 이용해 홍보하면서 자신들의 의견은 보수적으로 제시할 수밖에 없고, 헬스케어 콘텐츠를 소비하는 이용자들은 개인별 기대치에 맞는 정보보다는 일반적 정보 습득에 머무르는 괴리가 발생하게 된다.

1) 김양중, 2009, 『건강기사 제대로 읽는 법』, 한겨레출판, pp.54~55 일부 재인용/재구성.

6) 각 언론사들의 콘텐츠 차별화 경쟁

뉴스 소비자가 뉴스를 접할 수 있는 미디어 플랫폼이 다양해지고, 뉴스 관심도가 현저히 하락하면서 각 언론사마다 콘텐츠를 차별화시키기 위한 경쟁이 가속화되고 있다. 많은 콘텐츠 중에서도 언론사들이 특히 공을 들이는 분야는 바로 헬스케어 콘텐츠다. 수명이 길어지고, 웰빙을 지향하는 사회적 분위기와 맞물려 사람들이 건강 정보에 대한 관심이 높아지고 있다는 점을 고려해, 각 언론사들마다 뉴스에 준하는 콘텐츠로 헬스케어 콘텐츠를 선점하기 위해 노력하고 있다.

또 헬스케어 콘텐츠는 '멀티유즈(multi-use)' 측면에서도 유리하다는 점도 언론사들이 콘텐츠 차별화 경쟁에 나서고 있는 중요한 이유다. 헬스케어 콘텐츠는 계절적인 시기만 맞으면, 정치적 사건이나 사회적 이슈 등 시의성이나 재반복 여부와 관계없이 언제든지 다양한 미디어 채널을 통해 활용할 수 있다. 한 번 축적된 헬스케어 정보들은 시간이 흘러도 계절만 바뀌면 재이용이 가능하고, 미용 · 문화 · 경제 · 사회 · 관광 등 다양한 분야와 연관된 정보로 연계하고 확산할 수 있는 가치를 갖고 있다. 따라서 구축 기간이 길수록 축적되는 정보의 가치도 비례해서 늘어 가는 점도 언론사 입장에서는 유리하다고 할 수 있다.

3. 헬스케어 콘텐츠의 유형과 사례

1) 신문사의 헬스케어 콘텐츠

헬스케어 콘텐츠를 생산해 내는 대표적인 신문사로서 조선일보, 매일경제, 중앙일보를 꼽을 수 있다. 조선일보는 헬스조선이라는 오프라인 매체를 발행하는 것은 물론, 온라인 헬스케어 콘텐츠 분야에도 역량을 강화하고 있다. 매일경제는 자회사인 보도전문채널(mbn)을 활용해 콘텐츠 확장의 시너지 효과를 만들고 있다. 중앙일보 역시 헬스케어와 관련된 별도의 사이트를 만들어서 헬스케어 콘텐츠 생산에 힘을 쏟고 있다. 이외에도 다른 신문사들 역시 헬스케어 정보들을 다루기 위해 기사, 칼럼, 인터뷰 등을 모아 건강 카테고리 형태로 따로 지면을 구성함으로써 콘텐츠 경쟁에 합류 중이다.

(1) 조선일보의 헬스조선

[그림 1-1] 헬스조선 온라인(http://health.chosun.com)

헬스케어 콘텐츠 사업의 일환으로 조선일보가 운영하는 「헬스조선」이 있다. 헬스조선은 온오프라인을 병행해 월간잡지와 인터넷 사이트 모두를 서비스 중이다.

또한 자회사 개념으로 헬스조선닷컴을 운영하고 있다. 헬스조선닷컴에는 질병 정보와 병의원 소개, 뷰티 · 다이어트 · 피트니스 · 식품 · 건강기기 등 다양한 건강 관련 분야의 정보가 뉴스와 동영상을 통해 제공되고 있다. 또 의료 상담 서비스 코너를 운영하고 있으며, 국내 주요 대학병원의 명의를 엄선해 소개하는 베스트 닥터 서비스를 비롯하여 베스트 클리닉과 같은 전문병원 안내 서비스도 실행하고 있다.

헬스조선닷컴 콘텐츠는 뉴스 헬시라이프, 월간헬스조선, 의료계 뉴스, 건강 상담, 베스트 닥터, 베스트 클리닉, 건강 백과 등 7가지 코너로 구성되어 있다. 헬스조선닷컴 구독층의 연령대는 주로 20~30대이고, 40~50대가 그 뒤를 잇는다.

(2) 매일경제의 매경헬스

[그림 1-2] 매경헬스(http://www.mkhealth.co.kr)

매일경제도 「매경헬스」 사이트를 운영하며 헬스케어 콘텐츠를 적극 활용하고 있다. 매일경제는 현재 'mbn'이라는 케이블TV 방송을 운영하고 있어서 헬스케어 콘텐츠를 신문, 온라인닷컴, 방송을 통해 다양하게 활용한다.

매경헬스는 크게 9개의 콘텐츠로 구성되어 있다. 뉴스, 닥터iN사이드, Dr.MK 상담실, 건강테크, 헬시TV, 생활건강, 테마기획, 性클리닉, MK암센터 등이 주요 콘텐츠다. 매경헬스는 이 중에서도 닥터iN사이드, Dr.MK 상담실, 性클리닉의 운영을 통해 오디언스와의 상호작용성을 강화하고 있다. 또, 앞서 언급했듯이 헬시TV는 케이블 방송과의 연계성을 높여 자체 콘텐츠 활용도를 높이는 '원소스 멀티유즈(one source multi-use)' 전략의 핵심 창구의 기능을 한다.

(3) 중앙일보의 조인스 헬스케어

중앙일보는 「조인스 헬스케어」라는 이름의 인터넷 서비스를 통해 온라인 상으로 헬스케어 콘텐츠 서비스를 제공하고 있다.

[그림 1-3] 조인스 헬스케어(http://healthcare.joinsmsn.com)

이 사이트는 크게 7가지 영역으로 이뤄져 있는데 세부적으로는 건강홈, 뉴스, 건강백과, 건강 상담, 전문가 칼럼, 헬스마스터, 이슈 나누기로 구성된다. 또 건강과 관련 기사를 따로 모아 놓은 'Health News & Features' 코너가 있으며, 생활건강, 의료, 제약, 식품, 뷰티, 운동정보 등의 영역으로 나뉜다. 헬스조선닷컴과는 달리 중앙일보 자체 뉴스만으로 콘텐츠를 충당하지 않고, 연합뉴스, 일간지, 메디컬투데이 등 다양한 뉴스 기사를 종합해 콘텐츠가 구성된다.

(4) 국민일보의 쿠키건강$^+$

국민일보는 「쿠키건강$^+$」라는 이름으로 별도의 사이트를 운영 중이다. 헬스케어 뉴스를 다루면서 기본적으로는 신문사 닷컴의 메뉴 구성과 동일하다. 뉴스, 웰빙건강정보, 건강人터뷰, 건강칼럼, 기획연재물, 생생동영상으로 구성되고, 국민일보 기자들이 취재한 기사와 정보를 바탕으로 대부분의 콘텐츠가 생성된다. 기획연재물은 병원과 한의원을 운영하는 전문 의료인들이 특정한 주제를 잡아서 일반인들에게 소개하는 코너다. 생생동영상은 '쿠키5분건강'이라는 이름으로 생활 건강법, 생활 수칙 등을 소개하는 콘텐츠로 되어 있다.

[그림 1-4] 쿠키건강+(http://health.kukinews.com)

(5) 경향신문의 헬스경향

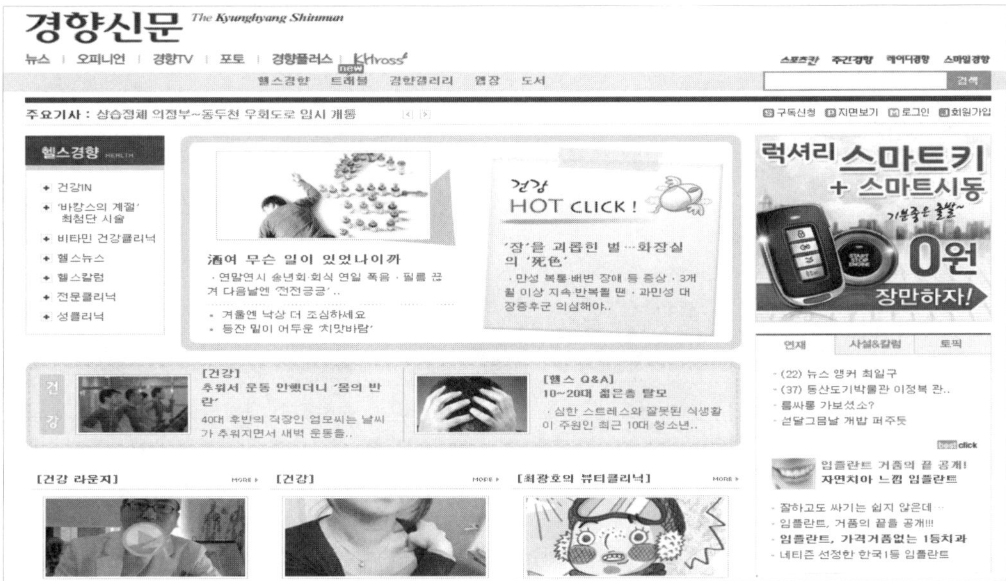

[그림 1-5] 헬스경향(http://news.khan.co.kr/kh_health)

경향신문은 경향플러스 코너에 「헬스경향」이라는 이름으로 헬스케어 콘텐츠를 제작하고 있다. 주요 메뉴는 건강IN, 바캉스의 계절 '최첨단 시술', 비타민 건강클리닉, 헬스뉴스, 헬스칼럼, 전문클리닉, 성클리닉이다. 헬스경향도 다른 신문사와 마찬가지로, 경향신문에서 제공하는 건강 관련 기사들을 바탕으로 건강IN, 헬스뉴스, 헬스칼럼의 기사들을 채워 나가는 데 활용하고, 전문클리닉과 성클리닉의 콘텐츠는 일선 의료인들이 채워 나가는 것으로 봐서 홍보 수단의 성격이 강하다.

2) 잡지사의 헬스케어 콘텐츠

잡지사의 헬스케어 콘텐츠는 국내의 협소한 매거진 시장과 잡지 시장의 전반적인 경영 침체로 인해 활성화돼 있지 못하다. 그나마 오프라인 시장에서 헬스케어 콘텐츠의 명맥을 유지해 온 일부 잡지들에 한해서 헬스케어 콘텐츠 시장의 명맥이 유지되고 있다.

(1) 월간 헬스조선

[그림 1-6] 월간 헬스조선(http://company.healthchosun.com)

잡지로서의 월간 헬스조선은 온라인으로 운영하는 「헬스조선」의 헬스케어 콘텐츠를 오프라인 월간지 형태로 발행함으로써 크로스미디어 콘텐츠 전략을 채택하고 있다. 오프라인 매체가 광고 단가가 훨씬 비싸고, 온라인과 차별화되는 콘텐츠를 지면에 실을 수 있으며, '원소스 멀티유즈(one source multi-use)' 전략도 가능하다는 점에서 이를 잘 활용하고 있다. 월간 헬스조선은 '가족 건강을 생각하는 고품격 주부를 위한 1등 건강리빙지'를 표방하며, 주요 카테고리는 'healthy eating/style/living/body/tour'이다.

(2) 건강다이제스트

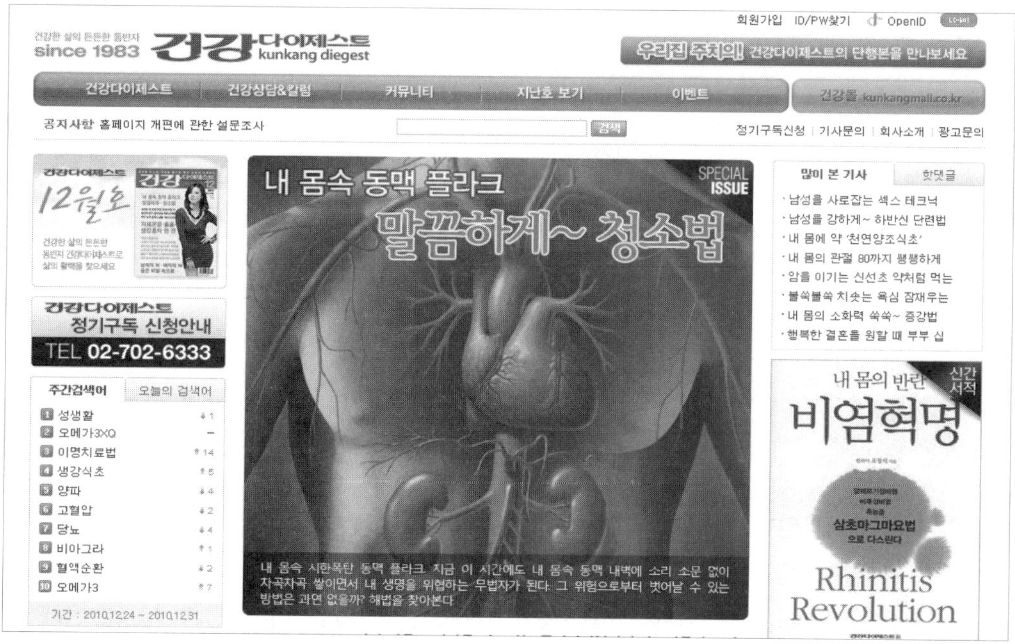

[그림 1-7] 건강다이제스트(http://kunkang.co.kr)

「건강다이제스트」는 1983년 6월부터 건강 전문 잡지로 창간되었으며, 건강 상식 가이드, 의료계 현장에서 도입되고 있는 최신 치료법, 한방 치료법, 식품 효능 및 활용법, 자연 요법, 건강 요법, 이색 치료법 등 건강과 관련된 다양한 영역을 주요 내용으로 삼고 있다. 건강다이제스트는 오프라인 잡지를 발행하면서 온라인 사이트를 운영하고 있지만 오프라인 형태의 매체 운영에 중점을 두고 있는 구조적 원인으로 인해 온라인 콘텐츠의 다양성, 독자(네티즌)와의 상호작용성 기능이 떨어진다. 현재 운영 중인 서비스는 건강다이제스트, 건강상담&칼럼, 커뮤니티, 지난호 보기, 이벤트 메뉴가 있으나 건강다이제스트에만 헬스케어와 관련된 콘텐츠가 올라와 있고, 나머지는 활성화되어 있지 않다.

(3) 한방과 건강

[그림 1-8] 한방과 건강(http://www.hanbangnews.com)

잡지사의 대표적인 헬스케어 콘텐츠로 「한방과 건강」을 꼽을 수 있다. 잡지 내용에는, 한의학적 관점에서의 치료법, 예방법, 식이요법 등이 소개되어 있고, 이 잡지는 본래 아날로그 콘텐츠 기반이어서 온라인 사이트가 운영되고 있지만 디지털 콘텐츠와 연계는 미약한 편이다.

3) 통신사의 헬스케어 콘텐츠

신문, 잡지, 방송 등에 뉴스를 공급하는 통신사에서도 헬스케어 콘텐츠를 생산해 내는 기능을 담당하고 있다. 연합뉴스에서 제공하는 「연합뉴스 글로벌 헬스파인더(Global Health Finder)」와 뉴시스에서 제공하는 「뉴시스헬스(Newsis Health)」가 대표적이다. 이들 통신사들은 뉴스 전달(news delivery) 기능에 치중하여, 건강, 의약, 보건 등과 관련된 기사와 이슈들을 중심으로 헬스케어 콘텐츠를 제공한다.

(1) 연합뉴스 글로벌 헬스파인더

[그림 1-9] 연합뉴스 글로벌 헬스파인더(http://health.yonhapnews.co.kr)

연합뉴스에서 서비스 중인 「글로벌 헬스파인더」는 통신사의 속성인 속보성과 정확성이 강점이다. 속보, 국내뉴스, 해외뉴스, 보도자료 등은 의료 · 제약 · 보건 회사에서 업계의 동향과 이슈, 관련 정보 등을 유용하게 활용할 수 있다. 여기에 글로벌 헬스파인더의 차별화된 콘텐츠는 의료경영 정보, 학회/저널 소식, 메디컬 비주얼 등을 꼽을 수 있다.

(2) 뉴시스헬스

「뉴시스헬스」는 의료, 제약, 식품, 화장품, 환경, 레저 등 보건 의약계를 아우르는 건강 종합언론사를 표방한다. 연합뉴스와 마찬가지로 모회사인 뉴시스의 기사들 중 헬스케어 관련 기사(자료)들로 콘텐츠가 제작된다. 뉴시스헬스는 글로벌 헬스파인더와는 달리 병원과 제약회사와의 제휴가 가능한 비즈니스형 모델 구축에도 적극적이다. 예컨대, 사이트 내의 배너광고, 파워인터뷰, e비즈니스 등이 대표적인 비즈니스형 콘텐츠 사례다.

[그림 1-10] 뉴시스헬스(http://www.newsishealth.com)

4) 방송사의 헬스케어 콘텐츠

방송사에서 독립된 사업체의 형태로 혹은 별도의 사이트를 운영하며 헬스케어 콘텐츠를 독자적으로 운영하는 경우는 거의 없다. 헬스케어와 관련된 프로그램이나 프로그램의 '코너 속의 코너' 정도 차원에서 헬스케어 콘텐츠를 다루는 경우는 종종 있다. 식생활, 영양, 웰빙, 질병 등과 관련된 건강 정보를 제공하는 KBS2의 〈비타민〉 정도가 대표적인 헬스케어 콘텐츠를 다루는 프로그램이다.

(1) 헬스MBC

「헬스MBC」는 창원MBC에서 운영하는 자회사 개념의 패밀리 사이트에 가깝다. 이런 점을 반영하듯 해당 사이트에서 서비스 중인 추천병원, 병원찾기, 클리닉 센터, 커뮤니티 등은 경남 및 창원 지역에 국한되어 있다. 헬스MBC에서 제공하는 헬스케어 콘텐츠는 건강뉴스, 의료뉴스, 의료칼럼 외에 병원찾기, 의료상담, 클리닉 센터, 커뮤니티 등이고, 지역의 의료기관들과 연계된 헬스케어 콘텐츠를 제공한다.

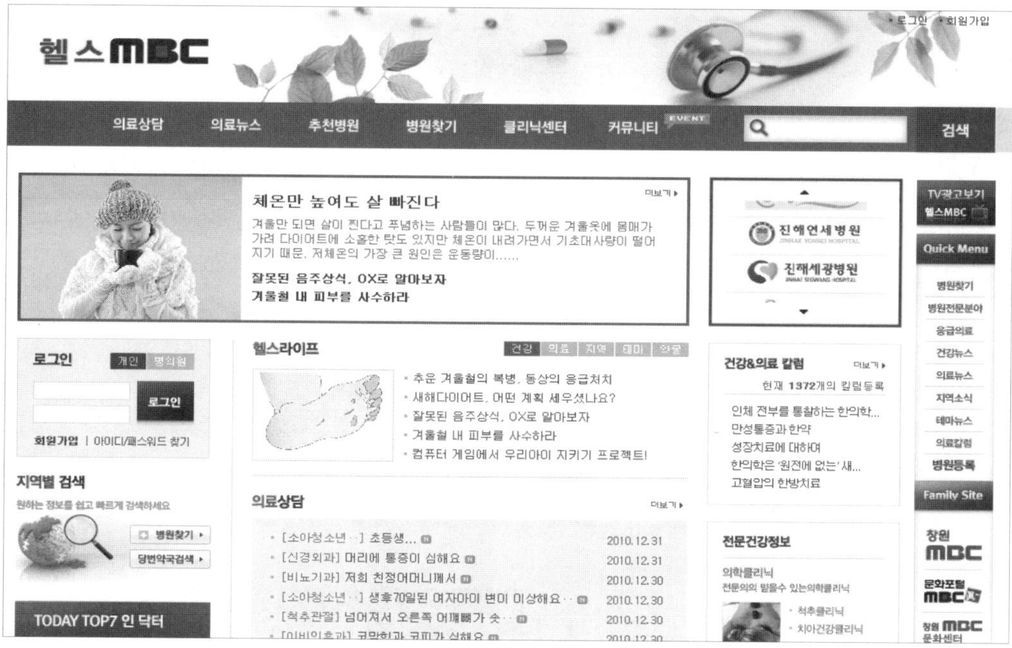

[그림 1-11] 헬스MBC(http://www.healthmbc.com)

(2) 노컷헬스

[그림 1-12] 노컷헬스(http://health.cbs.co.kr)

「노컷헬스」는 기독교 방송인 CBS에서 운영하는 건강 관련 중심의 콘텐츠로 구성된 방송이다. 헬스케어 관련 뉴스를 최신뉴스, 의료현장, 웰라이프, 헬스칼럼, 보건 의료정책, Q&A 코너로 나누어 소개한다. 주 메뉴에는 뉴스를 포함해 건강TV, 헬스라이프, 헬스상담, 건강사전, 이벤트로 구성되어 있으나 병의원의 소개가 다수를 차지하고 있어서 이용자로 하여금 광고와 연계된 마케팅적 요소가 부각되는 느낌을 주기 때문에 상업적 느낌이 강하다.

(3) 한방건강TV

[그림 1-13] 한방건강TV(http://www.hanbang.tv)

원음방송에서 운영하는 「한방건강TV」는 국내 최초의 한방 전문 채널로서, 전문적인 한의학 지식과 생활에서 쉽게 응용 가능한 다양한 한방 정보, 웰빙 문화, 건강 트렌드 등을 소개하는 멀티 건강 방송을 추구한다. 방영 프로그램은 전문한방, 생활한방, 웰빙한방, 스페셜 등 4가지 한방 아이템을 중심으로 구성된다. 여기에 한의학 소식과 업계의 현장 소식을 다루면서 사이트를 통해 한방전문의상담, 한방상식, 한방건강TV 추천한의원 등의 코너가 있다.

5) 온라인 신문의 헬스케어 콘텐츠

IT 시장의 팽창과 더불어 온라인 기반으로 한 사업 진출이 용이해지면서 온라인 기반의 헬스케어 콘텐츠 시장은 확대일로에 있다. 문제는 헬스케어 콘텐츠가 엄청난 속도로 확대재생산되면서 정보의 질적 하락을 우려하는 수준에 이르렀다는 점이다. 헬스케어 정보를 이용하는 사람 입장에서는 콘텐츠에 대한 접근이 편리하고, 다양한 정보를 얻을 수 있다는 점은 긍정적인 부분이다. 하지만 영세한 온라인 매체들이 우후죽순처럼 생겨나면서 상업적이고 영리활동에 치우쳐, 잘못된 정보를 다루게 된다면 생명과 건강 정보를 다루는 헬스케어 콘텐츠의 특성 상, 이용자들에게 예상치 못한 피해가 생길 수도 있다. 또 헬스케어 콘텐츠 시장에서 성장해 온 건전한 온라인 기반의 헬스케어 신문사들도 오해를 받는 등 피해를 입을 수 있다는 점도 우려할 부분이다.

(1) 헬스코리아 뉴스

[그림 1-14] 헬스코리아뉴스(http://www.hkn24.com)

(2) 데일리메디

[그림 1-15] 데일리메디(http://www.dailymedi.com)

(3) 데일리팜

[그림 1-16] 데일리팜(http://www.dreamdrug.com)

(4) 메디컬투데이

[그림 1-17] 메디컬투데이(http://www.mdtoday.co.kr)

(5) 약사신문

[그림 1-18] 약사신문(http://www.pharmnews.co.kr)

(6) 약업신문

[그림 1-19] 약업신문(http://www.yakup.com)

(7) 메디컬트리뷴

[그림 1-20] 메디컬트리뷴(http://www.medical-tribune.co.kr)

(8) 치학신문

[그림 1-21] 치학신문(http://www.chihak.co.kr)

(9) 약사공론

[그림 1-22] 약사공론(http://www.kpanews.co.kr)

(10) 한의신문

[그림 1-23] 한의신문(http://www.akomnews.com)

(11) 민족의학신문

[그림 1-24] 민족의학신문(http://www.mjmedi.com)

(12) 식품저널

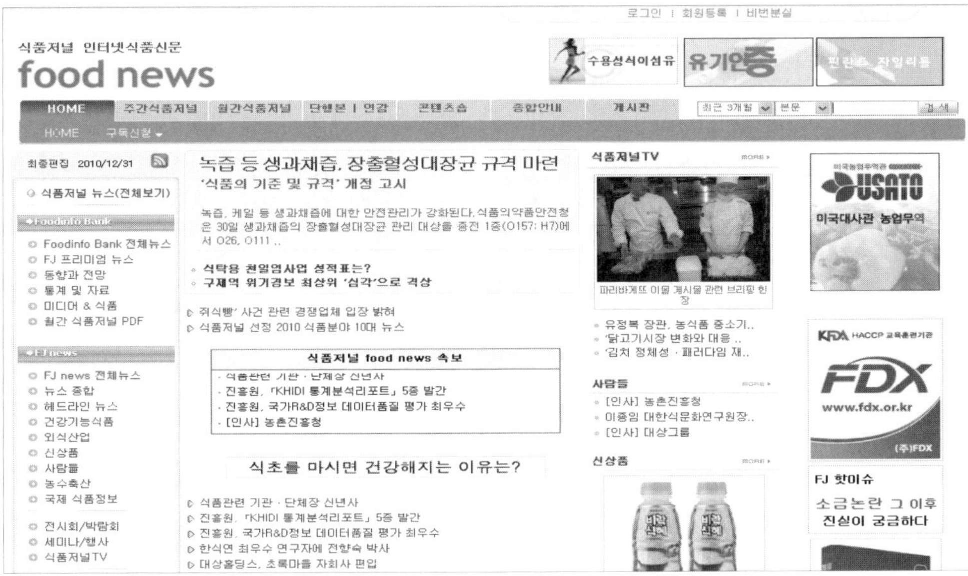

[그림 1-25] 식품저널(http://www.foodnews.co.kr)

6) 포털 사이트 형식의 헬스케어 콘텐츠

포털 사이트의 웹사이트 구조와 레이아웃을 차용하고 있지만 뉴스 기반의 포털이 아닌 정보 검색과 자가 서비스, 솔루션 사업 모델을 지원하는 헬스케어 콘텐츠 시장에서는 현재 코메디닷컴이 가장 대표적인 사례이다. 여기에선 기사 중심의 콘텐츠를 기반으로 한 헬스메디를 함께 다룰 예정인데, 이는 전체적인 분위기와 레이아웃 구성 면에서 포털의 느낌이 강하므로 포털 사이트 형식의 헬스케어 콘텐츠 영역으로 분류하였다.

(1) 코메디닷컴

코메디닷컴(http://www.kormedi.com)은 '건강을 위한 건강한 지식'을 표방하며, 2007년 9월부터 중앙일보에 건강 관련 기사를 제공하기 시작했다. 전(前) 동아일보 의학팀장 출신이기도 한 이성주 대표는 코메디닷컴을 온라인을 기반으로 한 건강-의료 포털로 키우겠다는 계획을 가지고 있다고 언론을 통해 소개된 바 있다. 현재 코메디닷컴의 가입 회원 수는 7만여 명을 훨씬 뛰어넘었으며, 2010년 3월에는 한국언론진흥재단이 지원하는 인터넷 진흥 사업 대상 언론사에 선정되기도 했다.

코메디닷컴은 '의사찾기', '자가진단', '건강상담'이란 코너를 운영하고 있으며, 이들 서비스는 다른 헬스케어 콘텐츠와 차별화되는 항목을 발견할 수 있다. 단순히 이용자가 필요한 의사와 병원을 찾는 데 그치는 것이 아니라 의사와 병원이 제공하는 서비스에 대한 평가하는 항목이 그것이다. 또한 자가진단은 건강 나이, 생활습관병, 성인질병 등을 본인이 직접 체크함으로써 스스로 진단해 보는 서비스라는 점도 독특하다.

[그림 1-26] 코메디닷컴(http://www.kormedi.com)

(2) 헬스메디

헬스메디는 스포츠서울닷컴이 운영하는 사이트이다. 앞서 살펴봤던 조선일보, 중앙일보, 매일경제에서 운영하는 헬스케어 콘텐츠 사이트와는 달리 자회사의 기사로 콘텐츠를 채우지 않고, 헬스케어와 관련된 기사를 직접 제작하여 구성하는 것이 다른 점이다.

사이트의 전체적인 느낌은 포털의 레이아웃을 보는 것 같으면서 비교적 단순한 콘셉트로 꾸며진다. 예컨대 News, View, Special Report, Community로 채워져 있는데 이 중에서 Community는 활성화되어 있지 않고, 의사나 보건 의료진 등이 참여하는 전문가 코너를 따로 두지 않고 있다.

[그림 1-27] 헬스메디(http://www.healthmedi.net)

7) 스마트폰 애플리케이션의 헬스 콘텐츠

최근 '내 손안의 PC'라는 스마트폰은 이동성, 실시간 검색, 간편한 휴대성 등을 무기로 헬스케어 콘텐츠 시장에서 유용한 플랫폼으로 각광받고 있다. 특히, 스마트폰은 개인이 항시 들고 다니는 컴퓨터와 가까운 디바이스(device)라는 점을 고려해 보면, 최근 헬스케어 콘텐츠의 트렌드인 '맞춤형 의료'를 지향하는 헬스케어 콘텐츠와도 정확히 부합된다. 여기에서는 앱스토어 시장을 양분하는 애플 앱스토어와 구글 안드로이드 마켓을 통해 건강&메디컬 애플리케이션에 대해 알아본다.

(1) 애플 앱스토어

아이폰의 가장 큰 장점은 다양한 애플리케이션을 활용할 수 있다는 점이다. 현재 애플 앱스토어에 존재하는 애플리케이션은 약 22만 5,000개, 다운로드는 50억 회에 달한다. 건강에 관심을 갖고 있는 사람도 많다. 최근 헬스 관련 매체의 조사에 의하면, 메디컬 카테고리의 애플리케이션 수는 3,600가지가 넘는다. 건강이라는 주제로 만들어진 애플리케이션 중 이용자가 선호하는 유·무료 애플리케이션은 다음과 같은 것들이 있다.

[그림 1-28] 아이폰 애플리케이션(http://www.apple.com/iphone/apps-for-iphone)

■ 무료 애플리케이션

- 약품정보
- 서울아산병원 중독정보
- 탈모계산기
- 병원찾기
- 생리달력

■ 유료 애플리케이션

- 수면 사이클 알람시계
- 육아일기
- 금연모니터
- 혈도
- 확대경

(2) 구글 안드로이드 마켓

최근 구글의 안드로이드 마켓에 약 10만 개의 모바일 애플리케이션이 등록됐다는 보도가 있었다. 삼성의 애플리케이션 개수는 5만여 개로 안드로이드 마켓을 합쳐도 22만 개의 애플 앱스토어에 비하면 아직 시작 단계다. 하지만 한국 환경에 맞춰 제작된 애플리케이션이 많다는 장점이 있다. 안드로이드 애플리케이션은 현재 삼성 앱스토어, 티스토어, 안드로이드 마켓에서 구매 및 다운로드할 수 있다.

[그림 1-29] 안드로이드 마켓(www.android.com)

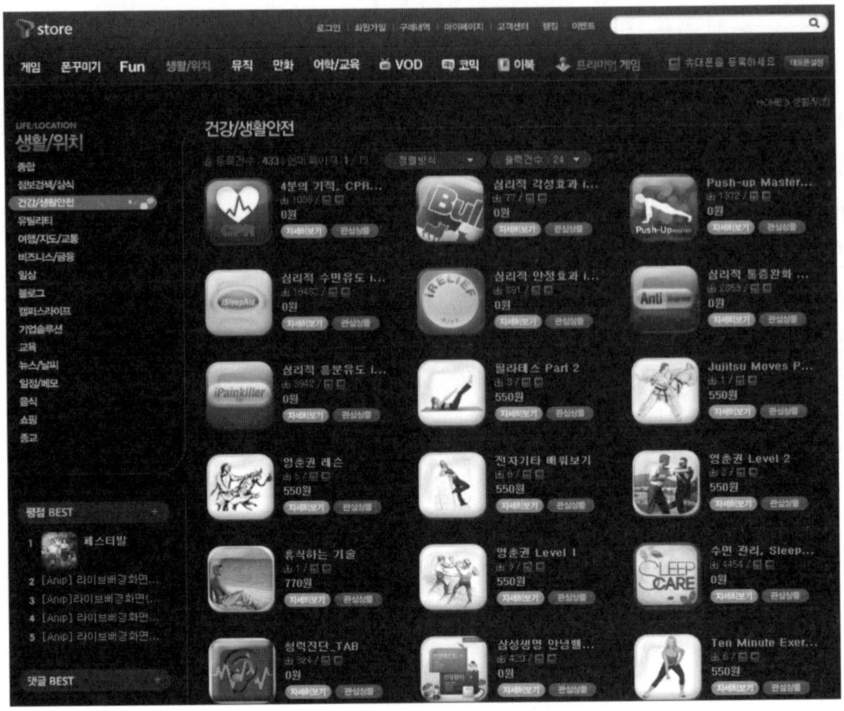

[그림 1-30] 티스토어(www.tstore.co.kr)

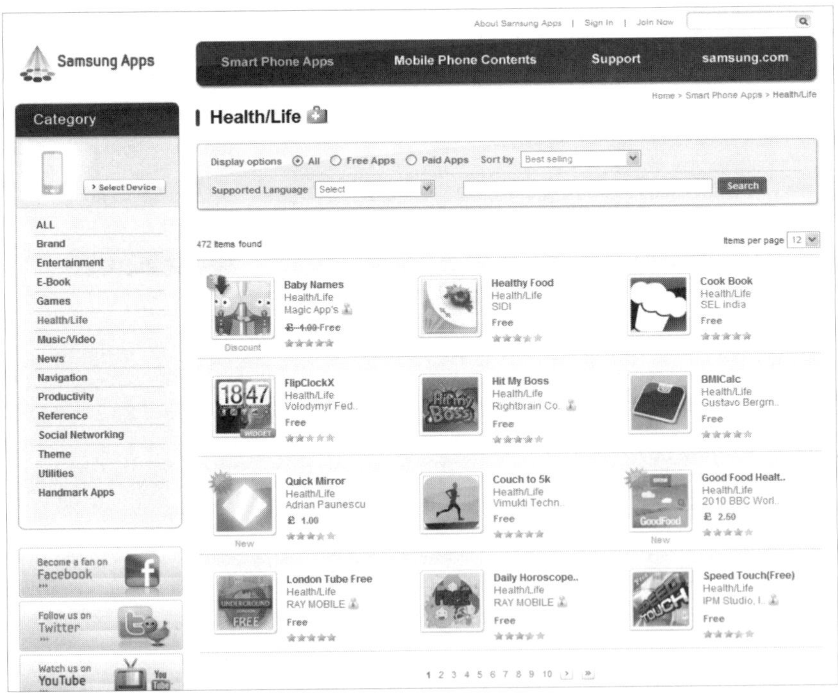

[그림 1-31] 삼성 앱스토어(www.samsungapps.com)

■ 무료 애플리케이션
- 바이크 라이딩
- 다이어트 훌라댄스
- 얼굴인식관상
- 바이오리듬
- 디스크 자기진단
- 음식궁합

■ 유료 애플리케이션
- 지코어 그린캐디
- 굿나잇
- 셀프 음주 측정기
- 태보 궁합

8) 기타 헬스케어 콘텐츠

생명보험 회사에서 운영하는 헬스케어 콘텐츠 서비스도 주목해야 할 부분이다. 보험사의 역할을 가입자의 건강에 이상이 생겼을 때 단순히 '보험금을 지급하는 것'으로만 제한하지 않고, 가입자의 입장에서 보다 적극적으로 도움을 제공하는 것으로 확장된 결과로 생각해 볼 수 있다. 대표적인 생명보험 회사인 교보생명의 경우 다음과 같은 콘텐츠 서비스가 있다.

(1) 교보헬스케어서비스

■ 평상시 건강관리 서비스
- 헬스 콜센터
- 건강 정보 서비스

■ 치료 지원 및 질병 관리 서비스
- 간호사 방문 서비스
- 2차 견해 서비스

- 의료 자문 및 법률 자문 서비스

■ 가족 지원 서비스

- 미숙아 방문간호 서비스
- 건강검진 예약 서비스
- 암 관련 제공 서비스

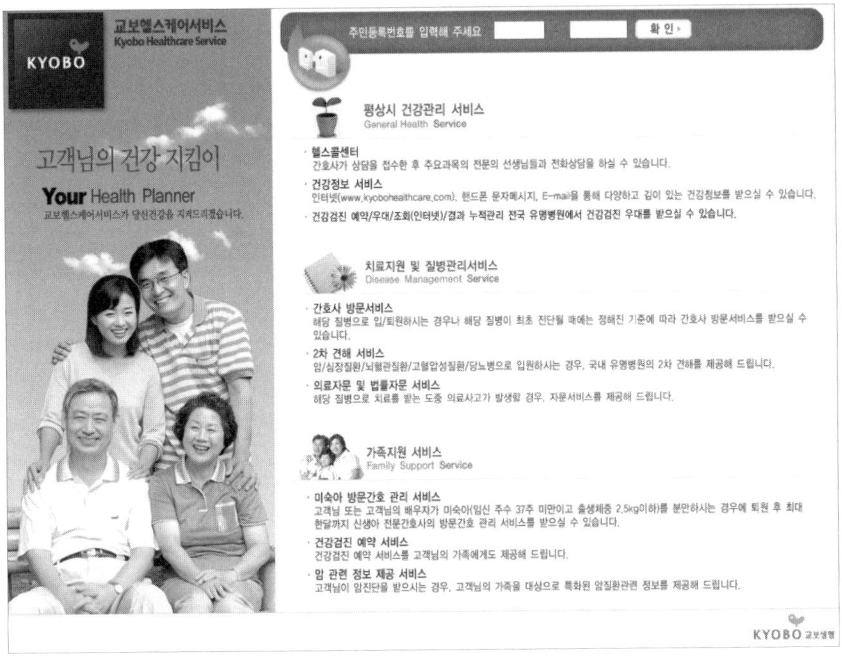

[그림 1-32] 교보헬스케어서비스(http://www.kyobohealthcare.com)

제2장 헬스케어 콘텐츠와 활용

1. 헬스케어 콘텐츠의 내용

1) 질병과 치료

질병과 치료는 따로 생각할 수 없는 사안이다. 질병이 생기면 치료가 뒤따라야 하고, 질병에 맞는 치료법이 존재하기 때문이다. 선후 관계로 따지면 질병이 생긴 후 치료로 병을 없애는 과정이 되겠지만 예방의학적 관점에서는 예방치료를 하면 질병을 막을 수 있는 방법이 된다.

보통 질병은 질환별, 과별로 나눠서 생각해 볼 수 있다. 예를 들어, 질환별로는 암, 심혈관질환, 생활습관병, 위장질환, 대장질환, 간질환, 척추 · 관절질환, 알레르기, 여성질환, 출산 · 육아, 정신질환, 노인질환, 비만체형, 임플란트, 치아교정, 치과질환, 신경질환, 한방, 기타 질환 등이 있다. 질환에 필요한 수술이나 처방은 과별로 전문의가 있다.

예를 들어, 가정의학과, 내과, 외과, 산부인과, 소아청소년과, 신경과, 안과, 피부과, 정형외과, 신경외과, 이비인후과, 성형외과, 비뇨기과, 정신과, 마취통증의학, 영상의학과, 재활의학과, 치의학, 한의학 등으로 질병을 대하고 치료하는 법이 각각 다르다.

이와 같이 세분화된 질병과 치료법으로부터 병의 증상, 원인, 치료, 예방법 등이 만들어지게 된다. 여기에는 일반인들이 충분히 이해 가능한 수준의 정보에서부터 전문 의료인들만이 이해할 수 있는 정보들이 광범위하게 존재한다. 이를테면, 많은 여성들이 실제로 고통을 겪고 있고, 일반인들도 익숙할 만한 질병인 '생리통'에 대한 헬스케어 콘텐츠를 예로 들면 다음과 같다.

즉, 생리통이란 월경 기간 중에 자궁 수축으로 인해 생기는 통증을 말하며, 증상으로 생리 시작 수 시간 전이나 생리 직후에 경련성 통증이 발생하게 된다. 심하면 생리가 끝나도 지속될 수가 있다. 생리통의 원인은 생체 내의 특정 물질(프로스타글란딘)의 생성이 증가하여 자궁의 근육을 지나치게 수축시켜서 발생하는 것이고, 진통제나 피임약을 복용할 수 있지만 2차 생리통이 의심되는 경우는 반드시 전문의를 찾아서 상담해야 한다.

이와 같이 병의 증상, 원인, 치료, 예방법 등 일련의 프로세스들과 단계별로 엮여 있는 정보들이 모두 헬스케어 콘텐츠의 내용에 포함될 수 있는 것이다.

2) 병원과 의료

병원과 의료와 관련된 헬스케어 콘텐츠는 일차적으로 병원(의료기관)에서 생산된다. 최근엔 병원과 의료기관들이 환자 및 일반인들에게 질병과 건강에 대한 정보와 서비스를 제공하는 단순한 기능적 측면만을 고려해선 안 될 듯하다. 병원과 의료기관들이 헬스케어 산업 자체를 고부가가치형 서비스산업으로 인식하면서 인식 수준이 달라졌다고 말할 수 있다.

현재 헬스케어 산업은 U-헬스케어 산업으로 재편되어 가고 있는 추세다. 뒤에서도 U-헬스케어 산업에 대해 자세히 다루겠지만 현재 U-헬스케어 서비스는 기기 중심으로 기존 치료 서비스를 원격으로 제공하는 수준에 불과하다. 또 제도적인 측면에서 원격의료에 관한 규정만이 존재해 실정법을 중심으로 한 법적 논점 이외에 원격의료의 의료행위 범위에 대한 논의, 표준화, 의료기기 및 개발 기술의 인·허가, 등록, 특허 등에 대한 법제도의 개선이 필요한 상황이다.

보통 의료기관에서 다루거나 생산해 내는 헬스케어 콘텐츠란 언론에서 보도된 건강 뉴스/칼럼, 건강 정보, 건강 강좌, 전문 클리닉, 지역과 연계한 건강 프로그램을 모아 놓은 정도에 불과하다. 건강 정보를 살펴보면, 안과, 소아과, 정신과, 흉부외과, 내분비내과 등 해당 진료과에서 질병의 증상, 원인, 예방책 등을 소개하는 수준에서 그치는 자료가 대부분이다. 또 건강 강좌나 건강 프로그램은 병원의 이미지 제고, 병원의 홍보성 자료로 활용, 지역 봉사 차원과 연계된 형식으로 실행하는 성격이 강하다.

결국 병원에서 다루는 헬스케어 콘텐츠들은 일회성 홍보용 자료나 단발성 이벤트 결과물로 그치는 경우가 많다. 또한 콘텐츠의 성격 상 시간적·물리적 제한이 있는 사람들에겐 접근이 어려운 정보로 그칠 가능성이 높다.

이 밖에도 병원이나 의료기관에서 다룰 수 있는 헬스케어 콘텐츠가 하나의 카테고리로 분류된다고 하면, 병원이나 의료기관과 비슷한 사회적 기능을 하는 기관이나 단체를 같이 묶어서 생각해 볼 수 있다. 예컨대 대한암학회, 한국유방암학회, 대한간학회, 대한가정의학회, 대한비뇨기과학회 등이 그것이다. 또한 보건소, 한국음주문화연구센터, 한국금연운동연합회, 중앙보육정보센터, 대한에이즈예방협회 등과 같은 기관들을 의료 정보 관련 기관으로 분류할 수 있다. 이들 기관과 단체에서는 전문 의료인과 전문지식이 있는 사람들로 구성된 경우가 많기 때문에 헬스케어 콘텐츠를 만들 수 있고, 일반인과 환자들에게도 건강 정보와 서비스를 제공할 수 있을 것이다.

3) 약품과 건강 기능 식품

많은 사람들이 건강에 대한 관심이 높아지고, 웰빙족이 늘어나고 체중관리, 비만관리, 피부미용 등 아름다움에 대한 관심이 증가하면서 약품, 건강 기능 식품, 다이어트 제품 등 많은 제품들이 출시되고 있다. 약품 업체와 건강 기능 식품 업체들이 늘어나고, 관련 업체들은 약품과 건강 기능 식품들을 경쟁적으로 시장에 선보이면서 소비자들의 관심을 받기 위해 홍보에 애쓰고 있다. 소비자들은 수많은 약품과 건강 기능 식품 중에 어떤 것이 좋고 나쁜지 판단하기가 힘들 정도다.

건강 기능 식품의 사전적 정의를 보면, '인체의 구조 및 기능에 대하여 영양소를 조절하거나 생리학적 작용 등과 같은 유용한 효과를 얻기 위하여 정제, 캡셀, 과립, 액상, 환 등의 형태로 제조·가공한 식품'을 말한다. 건강 기능 식품은 말 그대로 식품이지 의약품이 아니다. 의약품은 수많은 임상실험에 의해 특정 건강 이상에 확실한 효과를 인정받아 제조되어 전문가에 의해 처방되거나 판매되지만 기능성 식품은 건강 효과를 거둘 수 있을 것으로 기대되는 식품으로 그 효과가 입증되지 않았거나 미미한 경우가 대부분이다. 단, 일반적으로 오래전부터 인류가 복용해 오던 것인 경우가 많아서 오랫동안 복용해도 부작용이 없거나 미미한 경우여서 약품에 비해서 일반 대중에게 널리 다가갈 수 있는 장점을 지닌다.

현재 국내에서 방문, 인터넷, 홈쇼핑 등 다양한 형태로 유통하고 있는 건강식품 중에는 효과가 입증되지 않거나, 효과를 인정받은 경우라 하더라도 판매자에 의해 효과를 모호하게 과장하는 경우가 적지 않다. 또 원산지, 계절별 수확의 차이, 제조 방법에 따른 차이 등을 구분할 수 없는 경우도 흔하다. 일부 효과를 보일 수 있는 성분의 경우에도 해당 성분 이외의 다른 성분을 복합하여 판매함으로써 지나치게 가격을 올릴 뿐만 아니라, 다른 성분에 의한 부작용의 가능성을 항상 가지고 있다. 또한 이미 중요한 연구들에서 부작용이 알려진 것조차도 과거 자료만 제시하며 마치 효과가 있는 것처럼 판매하는 경우도 흔하다. 이에 따라 건강 기능 식품과 관련된 헬스케어 콘텐츠를 제작하고 활용할 때에는 다음과 같은 사항에 유의할 필요가 있다.

첫째, 효과가 어느 정도 입증된 것인가. 둘째, 해당 효과가 본인의 복용 목적과 일치하는가. 셋째, 더 좋은 치료법이 있는데 외면하고 있지는 않은가. 넷째, 입증된 건강 기능 식품의 효과가 본인의 상황과 맞지 않을 수 있음을 고려할 것. 마지막으로 전문가 그룹이나 공인된 기관의 인터넷 사이트를 적극 활용하는 지혜를 발휘해야 한다.

4) 미용과 뷰티

경제 성장과 복지 수준의 향상으로 우리나라에서도 웰빙과 건강 그리고 미용과 뷰티에 대한 관심이 지속적으로 높아지고 있다. 신체적 · 정신적으로 아름답고 질 높은 삶을 위해서는 필수적인 건강 정보와 지식을 쉽게 접하고 이용할 수 있어야 하고, 이를 통한 건강한 생활양식이 공유되어야 한다.

헬스케어 콘텐츠의 다양한 영역 중에서도 '미용과 뷰티' 분야는 최근의 테크놀로지를 기반으로 한 질병 치료, 병의원 시설, 의료 기기와는 다른 차원의 헬스케어 콘텐츠라고 보는 것이 일반적인 시각이다. 미용과 뷰티는 화장품, 미용, 다이어트, 식이요법, 성형 등과 관련된 영역이 주요한 부분을 차지하고 있어서다.

한편 웰빙 현상, 한류 열풍 등으로 국내의 미용 뷰티 산업은 이 분야의 인적 자원에 대한 사회의 수요가 급증하여 다양하면서도 고학력 수준의 전문 인력들이 절실히 요구되고 있다. 또한 미용 뷰티 산업과 학계 및 관련 영역에서 필요로 하는 헬스케어 콘텐츠 개발도 시급한 상황이다. 미용과 뷰티 관련 콘텐츠 개발에서는 정보가 과도하게 제공되고 있는 현대 사회에서 정보 이용자들이 정보 선택 기준을 어디에 둘 것인지를 염두에 두어야 한다. 이는 특히 미용과 뷰티에 대한 콘텐츠가 물리적 · 생리적 가치에 한정되어 있는 것이 아니라 정보 이용자들의 심리적 욕구를 채울 수 있고, 소비자들의 취향까지 고려해야 한다는 것을 의미한다.

5) 의료 비용과 보험

2007년 기준으로 OECD 국가들의 GDP 대비 의료비 지출액 비율은 평균 8.9%이다. 그에 비해 한국은 6.8% 수준에 머물고 있으며, 이는 OECD 국가들 중 가장 낮은 수준이다. 하지만 앞으로 선진국 대열에 들어서고 초고령화 사회로 진입하게 되는 2020년쯤이면 이 수치가 GDP의 9.6%까지 증가할 것으로 전망된다. 그러나 현재의 비영리병원 체제로는 의료비 지출액 증가에 걸맞은 서비스를 제공하기에는 역부족이라는 시각이 있다.

과거에는 의료진이 병원 운영의 핵심이었으며 의료 장비나 시설은 그리 중요하게 여기지 않았다. 그러나 고객의 눈높이가 올라가고 병원 간 경쟁이 치열해지면서 이미 의료 장비와 시설이 병원의 수준을 결정하는 데 있어 의료진 못지않은 중요한 요소가 되었다. 이 과정에서 투자 여력이 없는 한계에 부딪힌 병원이 매년 여러 곳 도산하고 있지만, 정부는 이들을 도와줄 방법조차 찾지 못하고 있다.

한편 국내 의료보험 상황을 이해하기에 앞서, 미국과 영국의 의료보험 상황에 대해 이해할 필요가 있다. 미국과 영국은 의료보험에서 양 극점에 위치한다. 미국의 의료보험을 한 마디로 표현하자면 자유방임이다. 그 결과 미국인의 20%는 무보험자로 살아가고 있다. 반면 영국은 전 국민이 의료 보장 혜택을 받고 있으며, 의료비 자기부담률이 가장 낮은 국가 중 하나이다.

미국은 세계 최고의 의료 수준을 자랑하지만 그 뒤에는 국내총생산 대비 의료비 지출이 가장 높은 국가라는 어두운 그늘이 드리워져 있다. 영국은 모두에게 균등한 의료 혜택을 보장해 주고 있지만, 의료 서비스 수준이 취약하다는 문제점을 안고 있다. 우리나라는 미국과 영국의 대척점 사이에서 어디에 방점을 둬서 의료보험 문제를 풀어 나가야 할지 고민이다.[2)]

또 최근에는 민영 보험사의 역할 확대와 의료보험 민영화 허용을 두고 치열한 공방이 진행되고 있다. 게다가 국내에서 정책을 성공적으로 추진하기 위해서는 국민 정서라는 현실을 무시할 수 없기 때문에 고소득층이 주로 이용하게 될 민영 의료 보험을 받아들이는 문제도 쉽게 결정할 수 있는 사안이 아니다. 또한 고령화 속도가 빨라지고 의료비 지출액이 급증함에 따라 건강보험료를 대폭 인상한다거나 정부 지출을 늘려야 하는데 현실적인 제약 요건이 너무 크다.

결국 보험과 의료 비용의 문제는 헬스케어 콘텐츠의 내용적 측면보다는 국가의 정책

---

2) 삼정KPMG 경제연구소, 2009, 『의료전쟁』, 올림, p.99.

과 예산, 사회적 비용과 구조, 국민의 정서에 더 중점을 두고 파악해야 하는 부분이다.

6) 건강과 보건 의료

건강과 보건 의료와 관련된 정보는 앞서 살펴본 의료 비용과 보험의 문제와 마찬가지로 국가 정책과 예산, 경제 상황, 사회적 구조, 국민의 정서 등과 관련성이 높다. 예컨대, 청장년층·고령층 등 전 세대를 아우르는 실업률의 증가는 이들 자신들의 건강 보건 문제에 소홀함을 가져오게 만든다. 또한 중요한 사회적 이슈인 노숙자의 증가 역시 건강과 보건 의료 문제와 관련된 부분이다. 왜냐하면 노숙자의 대부분이 알코올성 질환이나 영양 결핍 등 다양한 증세를 보이고 있고, 건강 이상이 취업을 못하는 주요 요인으로 작용하기 때문이다. 이 밖에도 경제 상황과 사회적 구조가 원인이 되어 발생하는 어린이 영양 문제, 자살 증가 같은 문제는 취약 계층에서 집중적으로 발생하는 부분이다. 해당 계층은 의료 서비스를 제대로 받지 못하는 환경이라는 점을 감안할 때, 건강과 보건 의료와 관련된 헬스케어 콘텐츠 내용이 어떻게 만들어져야 할지 가늠해 볼 수 있다.

한편 인터넷이 발달하면서 기술적 측면은 건강과 보건 의료 체계를 개선하기 위한 수단으로도 주목을 받아 왔다. 1990년대 후반 이후 선진 각국에서는 인터넷 정보기술이 급속히 확산되자 인터넷 기술을 기반으로 하는 새로운 건강과 보건 의료 정보화 전략 계획을 세우고 이를 실행해 나가고 있다. 특히 컴퓨터와 인터넷 등 다양한 네트워크의 보급 그리고 의사, 보건 의료 전문가 등을 위한 의료 정보 시스템이 발달하면서 의료 정보의 생산과 구축이 더욱 손쉽게 이뤄졌으며, 환자들이 이러한 정보에 접근하기도 쉬워졌다. 이런 환경들이 의료 정보를 다시 더 많이 생산하고 유통할 수 있도록 영향을 주고 있다. 이러한 환경은 경제적 약자, 취약 계층, 노인층에게 건강·보건 의료 콘텐츠에 보다 접근하기 쉽고, 적은 비용으로 콘텐츠를 적극 활용할 수 있다는 측면에서 현대의 보건 의료 분야가 당면한 가장 중요한 문제들을 해결할 수 있는 여지가 높다.

7) 과학으로서의 의학

헬스케어 콘텐츠의 트렌드를 알기 위해서는 과학으로서의 의학에 대해 살펴볼 필요가 있다. 헬스케어 시스템 내에서 지식적 기반이 되어 줄 의학 역시 비약적으로 지금까지 발전해 왔다. 의학은 처음에는 아주 원시적인 시혜의 차원에서 시행되었다. 신전으로 제사장을 찾아가서 그로부터 나오는 기(氣)를 이용해 치료해야 한다는 제정일치 사회에서부터 경험적으로 얻은 자연현상을 가지고 민간요법을 만들어 사용하기까지 다양했다.

이런 과정 속에서 서양의 생의학이 의료의 전반적인 체계에 지식을 공급하였다. 의사는 의료의 가장 최고층 지식 집단으로서, 의료 문화를 거의 독점하다시피 했다. 의료 문화를 독점한 의사는 의학을 점점 더 기술적으로 발전시켜 나가면서 건강에 관한 절대적 권위를 갖게 되었다.

그러나 의학은 여전히 불안하다. 과학이 인문학과 다른 점은 예측 가능하고 어디서나 일정하다는 데 있다. 이에 반해 의학은 실제 그렇지 못하다. 과학을 이용해서 많은 것을 해결하려 함에도 불구하고, 사실 많은 부분을 의사들의 통계와 경험에 의존한다. 한 마디로 현재 의학은 엄밀히 말해서 불완전한 과학이다. 좀 더 구체적으로 말하면, 과학과 인문학이 합쳐진 상태다. 현재는 생의학 대신 동종 요법, 추나 요법, 향기 요법 등 대체 의학과 같은 다양한 치료법을 통해 의학의 부족한 부분을 채워 나가고 있는 것이다.

2. 헬스케어 콘텐츠의 활용

1) 학문적 연구를 통한 활용

헬스케어 콘텐츠는 건강 · 질병에 대한 관심이 높아지면서 의학, 간호학, 약학, 보건학 분야에서뿐만 아니라 커뮤니케이션학, 사회학, 심리학, 행정학 등 인문사회의 영역에서도 연구자와 실무자 등의 관심 대상이 되고 있다.

특히 인문사회 분야의 학문적 연구에서는 공공 헬스 캠페인, 의료인-환자 상호작용, 건강 PR과 광고, 위기 커뮤니케이션, 미디어의 건강 재현과 건강 담론, 건강 리터러시, 건강 정책 및 건강 교육 등 다양한 분야의 헬스케어 영역에서 토론과 공론의 장(場)을 마련해 의견 교류를 이끌어 낼 필요가 있다.

학문적 연구를 통한 활용이라는 성격을 고려할 때, 헬스케어 콘텐츠 분야의 정기 학술 대회를 열고, 헬스케어 분야에 관한 학술 연구 및 조사를 병행해야 한다. 또한 헬스케어 콘텐츠 문제에 대해 단순히 학계에서만 논의하지 말고, 대중들에게 널리 알릴 수 있도록 학술도서나 잡지 및 일반 프로그램의 형태로 학문적 성과를 공유할 수 있는 공간을 넓혀 가야 한다.

2) 매스미디어를 통한 활용

매스미디어는 건강 증진에 광범위하게 활용되고, 더 많은 공중을 위해 건강을 증진시킬 수 있는 매력적인 방법이다. 매스미디어는 행동 변화를 촉진하기 위해, 또 건강 문제에 관한 정보를 제공하기 위해 건강 증진의 맥락에서 자주 이용된다. 또한 사회적 · 정치적 · 환경적 변화를 촉진하고 대규모 집단에 건강 주제에 관한 인식을 높이는 데에도 이용된다.

매스미디어가 건강 증진 프로그램과 캠페인 과정에서 중요한 역할을 하고, 헬스케어 콘텐츠 활용에 유용한 방편이 된다는 점은 많은 전문가들의 공통된 입장이다. 미디어에 대한 초기의 믿음은 미디어가 매스미디어 수용자에게 미치는 명백하고 강력한 효과에 관한 것이었다. 즉, 모든 인구 집단이 매스미디어의 건강 교육 메시지에 관심을 가지고 미디어 메시지에 따라 그들의 행동을 수정할 것이라고 가정했다.

이와 관련하여 매스미디어는 사회에서 몇 가지 중요한 기능을 수행한다고 정리할 수 있다. 첫째, 정보와 오락의 제공. 둘째, 의미 표현과 창조. 셋째, 개인과 사회적 담론을 위한 의제 설정. 넷째, 행동에 영향을 미침. 건강 실행자로서 건강 증진을 위해 미디어를 이용하는 것은 중요한 부분이다. 그 이유는 매스미디어가 건강 증진의 원칙과 관련해 광범위하게 이용될 수 있기 때문이다. 건강 실행자는 미디어를 통해 건강 위험과 건강 행동에 관해 정확하고 객관적인 정보를 전달할 것으로 기대된다.

매스미디어를 통해 헬스케어 콘텐츠를 전달한다고 할 때, 다음과 같은 이점을 얻을 수 있다. 우선 광범위한 공중에의 노출을 기대할 수 있다. 미디어는 전체 공중에게 접근 가능하면서도 비싸지 않고, 또한 전통적인 건강 정보 채널이 접근할 수 없는 집단에도 정보를 전파할 수 있다는 순기능이 존재한다. 다음으로 간결한 정보 형태로 전달하면서 콘텐츠 수용자의 행동 변화에 큰 효과를 기대할 수 있다. 또한, 미디어는 건강 이슈에 대한 흥미를 불러일으키고, 건강 이슈에 대한 정보를 제공하면서 건강을 공공 의제로 만드는 역할을 한다. 미디어를 신문이나 잡지 및 인터넷이나 스마트폰을 통해 무료로 이용하는 것은 건강 문제에 대한 공중의 인식을 증가시키는 중요한 방법의 하나다.

한편 매스미디어를 중심으로 한 헬스케어 콘텐츠 활용에 있어서 헬스 메시지를 전달하는 미디어 채널과 양식을 다음의 표로 정리해 볼 수 있다.

〈표 2-1〉 헬스 메시지를 전달하는 미디어 채널과 양식

채널 및 양식		접근[1]	도달[2]	목표 대상[3]	깊이[4]	신뢰도[5]	의제 설정[6]
TV	공익광고(무료)	○	++	+	+	+	+
	유료광고	++	++	+	+	+	+
	뉴스보도	+	+	+	+	++	++
	특집보도	+	+	+	++	++	+
	공익 프로그램	++	○	++	++	++	○
	토크쇼/잡지쇼	○	++	+	++	+	+
	오락	○	++	+	+	+	+
라디오	공익광고(무료)	+	++	++	○	+	+
	유료광고	++	++	++	○	+	+
	뉴스보도	+	+	++	○	+	+
	대화/시청자 전화 참여(콜인)	++	+	++	++	+	+
신문	광고	○	++	+	++	+	+
	뉴스기사	++	++	+	++	++	++
	특집기사	+	++	+	++	+	+
	사설	+	+	++	++	+	+
편집자에게 보내는 독자편지		++	+	+	+	+	○
잡지 광고/기사		+	+	++	++	+	+
인터넷 웹페이지		++	+	++	++	+	○
옥외광고/포스터		+	++	++	○	○	○
연극 속 장면/슬라이드		+	+	++	+	○	○
영화, 테이프, 슬라이드쇼		++	○	++	++	+	○
팸플릿/소책자		+	○	++	++	+	○
직접 우편 수단		+	+	++	++	+	○

※ +는 높음, ○는 낮음.

1. 채널 배분에 있어서 캠페인의 접근 가능성의 정도
2. 채널에서 메시지가 공적 영역에서 노출되는 비율
3. 채널에 따른 특정 세분화된 목표 수용자 도달 정도
4. 구체적이고 복잡한 내용을 전달하는 데 있어서의 채널의 수용성
5. 채널에 의해 전달되는 메시지 내용에 대한 믿음
6. 주제의 인지된 중요성을 증가시키기 위한 채널의 영향력

출처: 테레사 톰슨, 얼리샤 도르시, 캐서린 밀러, 록산 패롯, 2010, 『헬스커뮤니케이션』, p.364.

3) 인터넷에서의 활용

인터넷에서의 헬스 콘텐츠를 활용하는 데 있어서 특히 국내 환경을 놓고 볼 때 네이버의 '지식iN 서비스'에 대한 이야기를 하지 않을 수 없다. 사람들은 인터넷을 이용할 때 주로 뉴스 보기를 많이 이용하는 패턴을 보인다. 하지만 일상적으로 궁금한 일이나 모르는 것들을 찾아볼 때는 뉴스 보기가 아닌 네이버의 '지식iN 서비스'를 이용하는 경우가 많다.

우리가 건강과 관련된 정보를 인터넷에서 검색하고, 주어진 정보대로 믿고 따라했을 때의 결과를 가정해 보자. 건강 정보는 아무런 검증도 거치지 않은 채 인터넷 상에 올려지고, 우리의 삶에 직접적인 영향을 미칠 수 있다. 더구나 몸이 아픈 이는 마음도 약해져 있는 경우가 많기 때문에 자신의 병과 관련된 정보들을 의외로 쉽게 믿는다. 또한 이 같은 정보들은 인터넷에서 쉽게 구할 수 있으므로 병원에 가서 전문가의 진단을 받기 귀찮아하기도 한다. 인터넷에서 각종 질의응답 게시판과 블로그 등을 통해 쉽게 퍼지고 있는 검증되지 않은 헬스케어 콘텐츠들은 국민 건강의 위협과 의학 정보에 대한 불신 등 심각한 문제를 가져올 수 있다는 문제제기가 사회 일각에서 꾸준히 일어났다. 이러한 상황을 반영하여 최근 네이버에서는 진료 과목별, 소속 기관별로 전문인 의사 답변을 볼 수 있도록 '지식iN 서비스'를 개편하기도 했다.

4) 콘텐츠 수용자들의 활용

헬스케어 콘텐츠 수용자들을 대상으로 한 헬스 커뮤니케이션에 새로운 변화가 나타나고 있다는 점에 주목해야 한다. 과거 의료 지식은 고도로 훈련된 의료 관련 제공자들만 볼 수 있었다. 지식 상태가 보호되었기 때문에 환자들은 자신의 건강에 대해서 수동적인 역할을 할 수밖에 없었고, 비싼 대금을 지불해야 하는 전문가들에게 자신들의 문제가 맡겨지기 전까지 기다려야만 했다. 그러나 오늘날 뉴미디어 환경에서는 건강에 대한 정보는 인터넷 커넥션을 가지고 있고, 찾고자 하는 욕망이 있다면 누구든지 쉽게 얻을 수 있게 되었다.

인터넷은 이러한 의료 정보의 탈 중개 영역을 가져왔고, 소비자가 중간에 있는 사람들을 접하지 않고, 직접적인 정보 소스와 요구에 바로 응할 수 있는 서비스에 다가갈 수 있게 되었다. 환자들은 자신들의 질병에 대한 대화에 참여할 수 있고, 자신들이 직접 치료법을 선택할 수 있게 되었다. 이러한 수동적 자세로부터 사전 대응적 접근으로의 변화는 연구자들과 정책 결정자들이 콘텐츠 수용자들을 대상으로 한 헬스 커뮤니케이션에 대해 생각하는 방식에 중요한 변화가 왔음을 의미한다.

또한 인터넷에 의한 정보 혁명은 헬스 커뮤니케이션 연구에 새로운 바람을 불러일으켰다. 이것은 헬스 커뮤니케이션 연구자들이 공중 건강 지원을 생각해야 하는 방식에 구조적 변화를 가져왔다. 더욱이 웹에 의한 커뮤니케이션 혁명은 단지 개인에 대한 정보력을 가져왔을 뿐 아니라, 사회적 네트워크의 연결과 능력을 확장시켰다. 디지털 매체는 사람들이 질문에 답을 찾는 데 있어 더 새롭고 빠른 방식을 제공했고, 사람들을 서비스에 대해, 서비스에 대한 정보로 연결시켰으며, 의사 결정이나 자기 관리에 대한 지원을 하고, 더 강력한 새로운 컴퓨터 시스템으로 접속을 조절하게 하였다. 일반적으로 가상의 환경은 사용자로 하여금 물리적 세계에서 전통적으로 지워졌던 경계와 소유를 극복하게 한 것이다. 사용자들은 데이터와 리소스와 상호작용함으로써 정보 혜택을 받게 되었고, 지역적으로 그리고 전 세계적으로 리얼타임(동시성)과 지연된 시간(비동시성) 커뮤니케이션 사이의 갭을 연결시킬 수 있게 되었다.

제3장 헬스케어 시장과 콘텐츠 산업

비즈니스 측면에서의 헬스케어 산업은 기존의 제약 회사, 화장품 회사, 미용 회사, 건강 기기 회사, 의료 서비스 회사 등을 사업 기반으로 한 회사에서 헬스케어 산업 영역으로의 전환 내지 세부 영역 확대를 꾀하고 있는 상황이다. 여기에 국내에선 아직 초기 시장적 형태로 머물고 있는 헬스케어 시장에서 선점 효과를 노리는 대기업들의 경쟁이 불붙고 있는 상황이다. 삼성전자, 코오롱, SK그룹 등이 대표적이다.

삼성그룹은 삼성전자 주도 아래 이 사업 진출을 준비 중인 것으로 알려지고 있다. 분자 진단 및 단백질 진단 사업을 준비하고 있는 삼성테크윈과 의료 서비스 사업을 진행하고 있는 에스원이 중심축을 이루는 가운데 영상진단기기 시장에 본격적으로 진출할 것으로 예상된다. SK그룹은 SK케미칼이 U-헬스케어 부문을 담당하고, 계열사인 유비케어가 B2B모델의 사업 형태를 준비하고 있다.

또한 의료업계에선 현재 국회에서 계류 중인 원격 진료를 허용하는 의료법 개정안이 통과할 경우 의사와 환자 간 원격 의료가 제한적으로 허용되고, 원격 처방전 발행과 의약품 배달도 가능해질 것으로 기대하고 있다. 또 법이 시행되면 의료 서비스가 취약한 470만 명가량이 원격 진료를 받을 것으로 업계는 추산하고 있다.

1. 헬스케어 시장

전 세계 헬스케어 시장 규모는 2005년 기준, 3조 8,000억 달러에서 2020년 6조 3,000억 달러로 증가할 것으로 예측되었고, 미국 경제주간지 비즈니스위크(12월 2일자)에 따르면, 미국의 헬스케어 관련 산업 규모는 지난해 2조 2,600억 달러로 미 국내총생산(GDP)의 15.2%에 달했으며, 2017년까지 19.5%까지 성장할 것으로 예측되었다. LG경제연구원 자료(2007)인 "해외 사례로 본 영리법인 병원 도입 방안"에 따르면, 국내 의료 서비스 산업 규모는 약 26조 원이다. 국내 의료 서비스 산업은 병원 및 의원과 같은 의료 서비스 공급자, 건강보험공단과 같은 지불자, 약품 및 의료기 등의 공급자로 이뤄져 있다. 한편 한국보건산업진흥원(2007)의 통계에 따르면, 의료 공급자의 일부인 국내 제약 시장의 규모는 13조 원에 달하며 700여 개의 제약 회사들이 경쟁하고 있다. 특히 SK케미칼은 회사의 생명과학 부문과 의료정보화 솔루션 분야의 대표기업인 자회사 유비케어를 통해 헬스케어 시장에 참여하고 있다. 가장 최근(2010. 12)에는 삼성전자가 국내 최대 의료기기 업체이자 세계 초음파 진단기 시장의 6.7%의 점유율을 보유한 '메디슨'을 인수하면서 신사업으로 각광받고 있는 헬스케어 시장은 기업들 간의 경쟁이 갈수록 치열해지는 상황이다.

2. 헬스케어 사업자

헬스케어 시장에서의 산업 가치사슬은 크게 6단위의 플레이어들로 이뤄져 있다. 시장의 주요 플레이어들은 다음과 같이 보건 의료 제공 기관 및 보건 의료 증진 업체, 의료 솔루션 제공 업체, 서비스 제공자, 네트워크 제공자, 측정기기 및 단말기 제조업자, 고객으로 구성된다.[3)]

1) 보건 의료 제공 기관 및 보건 의료 증진 업체

- 보건 의료 제공 기관: 병원, 약국, 보건소가 해당되며 보건 의료 제공 기관이나 지원기관 또는 이용자 사이의 네트워킹을 구축하고 유무선 통신을 통하여 보건 의료 대상자에게 예방, 건강 증진과 진료, 사후 관리의 서비스를 제공하는 역할을 수행한다.

---

3) 이재영 · 유선실 · 권지인, 2007, 『디지털 컨버전스 환경에서의 신산업 활성화 전략 연구』, pp.119~121.

- 보건 의료 증진 업체: 체육관, 운동 기관, 헬스장과 같이 일반인이 건강이나 체력을 증진하는 장소나 방법을 제공하는 업체를 의미하며 센서가 부착된 첨단 운동 장비와 네트워킹을 통해 이용자나 보건 의료 제공 기관에 건강 정보를 제공한다.
- 현재는 대형 병원을 중심으로 첨단 기술을 바탕으로 한 다양한 헬스케어 서비스 제공을 위한 연구 개발이 활발히 이뤄지고 있으며 일부 병원에서는 시범 서비스가 진행 중이다.

2) 의료 솔루션 제공 업체

- EDI, OCS, PACS를 비롯하여 EMR, ERP, DW, CRM 등의 의료 및 정보 솔루션과 장비를 개발하여 보건 의료 제공 기관 및 보건 의료 증진 업체에 제공한다.
- 기존 영역에서 솔루션 개발 및 장비 제조에 강점을 가지고 있는 사업자들을 중심으로 의료 분야로 사업 확장을 목적으로 적극적으로 참여하고 있는 상황이다.

3) 서비스 제공자

- 보건 의료 제공 기관 및 보건 의료 증진 업체와 제휴하여 다양한 헬스케어 콘텐츠 서비스를 제공한다.
- 통신 사업자는 보건 의료 제공 기관 및 보건 의료 증진 업체와 이용자 사이에 유무선 네트워크를 제공하면서 이를 바탕으로 보건 의료기관과 협력하여 효율적이고 이용자 지향적인 비즈니스 모델을 개발, 이를 구현하는 역할을 수행한다.
- 홈네트워크 사업자는 보건 의료 분야의 새로운 사업 영역을 창출할 수 있는 신규 서비스 모델을 개발하기 위해 노력한다.
- 의료 솔루션 제공 업체는 의료 솔루션 제공과 더불어 의료기관과의 제휴를 통해 서비스를 직접 제공, 이용자의 편의성을 증진시킬 수 있는 솔루션 개발을 지속한다.

4) 네트워크 제공자

통신 사업자는 첨단 기술을 바탕으로 한 헬스케어 콘텐츠 사업 영역 특히, U-헬스의 근간이 되는 유무선 네트워크를 제공한다.

5) 측정 기기 및 단말기 제조업자

- 센서 및 측정 장치가 부착된 기기를 제조 및 판매한다.
- 기존 의료기기 제조업체뿐만 아니라 센서 및 측정 기기가 부착된 가전, 의류 등이 개발되면서 다양한 산업군의 시장 참여자들이 헬스케어 시장으로 들어오고 있다. 예컨대 아디다스의 '심전도 셔츠', 나이키의 'Air zoom Moire', 히타치의 '센서가 부착된 변기' 등이 대표적이다.
- 통신기기 제조업체는 통신 기능이 있는 단말기의 장점을 이용하여 센서 및 측정기기를 부착, 언제, 어디서나 측정이 가능하고 측정된 데이터를 즉시 전송할 수 있는 단말기를 개발하면서 동시에 제조에도 주력하고 있다.

이렇듯 헬스케어 사업이 발전하고 첨단 기술이 결합되면서 이 사업은 전통적 의료산업 시장 참여자뿐 아니라 통신사업자, 의료업체, 가전업체, 홈네트워크 사업자 등 다양한 산업군의 시장 참여자들이 유기적으로 협력하고 있다. 각각의 플레이어들은 거대한 헬스케어 콘텐츠 산업 생태계를 구성하고 있는 중요한 인자 역할을 한다. 결국 이 사업은 헬스케어 콘텐츠와 헬스케어 기기를 바탕으로 한 총체적 융합 서비스 산업 성격을 띠면서 잠재적 성장이 크게 기대되는 산업이다. 특히 헬스케어와 관련된 '콘텐츠'를 고려했을 때, 콘텐츠 생산의 기본 유닛이자 헬스케어 콘텐츠 산업의 가치사슬에서 핵심 역할을 하는 대형병원에서 생산해 내는 건강 정보에 대해서는 좀 더 구체적으로 살펴볼 필요가 있다. 이에 따라 대표적인 대형병원의 웹사이트를 중심으로 콘텐츠의 내용이 어떻게 구성되어 있는지 살펴볼 것이다.

(1) 서울대학교 병원

서울대학교 병원은 '의학정보'란 코너에서 헬스케어 콘텐츠를 접할 수 있다. 의학정보는 자기진단 서비스, 의학백과사전, 종합질병정보, 의료기기정보, 건강FAQ로 구성되어 있다.

자기진단 서비스는 이용자가 스스로 건강진단을 할 수 있는 항목들과 결과들에 대한 건강 콘텐츠를 통해 이용자가 원하는 증상 항목을 확인하도록 되어 있다(자가진단 서비스는 이용자가 스스로 건강진단을 할 수 있는 항목들로 이루어져 있으며, 건강진단 결과는 건강 콘텐츠를 통해 이용자가 알고자 하는 증상에 대한 정보를 얻을 수 있다). 세부적으로는 일반 증상, 남성, 여성, 어린이를 대상으로 나뉘어 있다. 의학백과사전과 종합질병정보 및 의료기기정보도 용어와 관련된 사항을 세부적으로 설명하고 있다. 이 서비스들은 서울대학교병원이라는 일종의 '후광효과(halo effect)'에 기대어 신뢰성 있는 정보로 생각할 수 있겠으나 오늘날과 같은 웹2.0 환경에서 이용자와의 상호작용성이나 소통형 정보 창출 측면에서는 보완해야 될 점들이 눈에 띈다.

[그림 3-1] 서울대학교병원(http://www.snuh.org/pub)

(2) 연세대학교 세브란스병원

연세대학교 세브란스병원의 헬스케어 관련 콘텐츠는 메인 홈페이지 상단에 '건강정보'라는 이름으로 서비스를 운영 중이다. 건강정보 코너에는 다음과 같은 헬스케어 콘텐츠가 담겨 있다. 여기에는 건강강좌 소식, 건강강좌 동영상, 건강정보, 베스트닥터 블로그, 영양정보, 새로 나온 책, 관련 사이트를 볼 수 있다. 건강강좌 소식이나 베스트닥터 블로그 등의 콘텐츠를 보면, 꾸준히 새로운 콘텐츠가 업데이트되는 것이 확인된다. 또한 세브란스 병원이 선정한 우수한 의료진들이 직접 블로그를 운영하기 때문에 헬스케어 콘텐츠에 대한 신뢰성을 높일 수 있다.

[그림 3-2] 세브란스병원(http://sev.iseverance.com)

〈표 3-1〉 서울 수도권 소재의 대학 및 종합병원

대학병원/종합병원	홈페이지 주소
가천의과대학 길병원	http://www.gilhospital.com
가톨릭대학교 중앙의료원	http://www.cmc.cuk.ac.kr
건국대학교병원	http://www.kuh.ac.kr
경희의료원	http://www.khmc.or.kr
계명대학교 동산의료원	http://www.dsmc.or.kr
고려대학교 의료원	http://www.kumc.or.kr
고신대학교 복음병원	http://www.kosinmed.or.kr
국민건강보험공단 일산병원	http://www.nhimc.or.kr
단국대학교병원	http://www.dkuh.co.kr
동국대학교 의료원	http://www.dumc.or.kr
삼성서울병원	http://www.samsunghospital.com
서울대학교병원	http://www.snuh.org

서울아산병원	http://www.amc.seoul.kr
순천향대학교병원	http://www.schuh.ac.kr
아주대학교병원	http://www.ajoumc.or.kr
을지재단 을지중앙의료원	http://www.eulji.or.kr
이화여자대학교 의료원	http://www.eumc.co.kr
인제대학교 백병원	http://www.paik.ac.kr
인하대학교병원	http://www.inha.com
중앙대학교 의료원	http://www.caumc.or.kr
한림대학교 의료원	http://www.hallym.or.kr
한양대학교 의료원	http://hmc.hanyang.ac.kr

3. 헬스케어 콘텐츠 제작과 환경

헬스케어 콘텐츠 시장에서 콘텐츠를 생산해 내고 유통시키는 플레이어들 못지않게, 콘텐츠를 보급하고 확대시키며 이용자들의 활용을 촉진시키는 행위를 하는 플레이어들 역시 헬스케어 콘텐츠 생태계를 유지시키는 데 있어 매우 중요한 역할을 한다. 물론 헬스케어 콘텐츠 생산자가 유통자와 이용자 역할을 하고, 유통자가 생산자와 이용자 역할을 하는 생산과 유통과 소비의 경계가 모호한 시대이기도 하지만, 헬스케어 콘텐츠 제작의 부대 환경을 지원해 주는 역할을 주로 하는 플레이어들을 콘텐츠 생산, 유통 플레이어와 구분하여 볼 수 있겠다.

이들은 해당 분야의 전문적인 지식과 경험을 갖춘 집단들이기 때문에 관련 분야의 헬스케어 콘텐츠에 대해 잘못된 정보를 바로잡을 수 있는 능력과 식견을 갖추고 있다. 또한 양질의 헬스케어 콘텐츠 생산을 위해 가이드라인을 제공해 줄 수 있고, 일반인들이 어려워하는 헬스케어 콘텐츠에 대해서 쉽게 접근하고 설명해 줄 수 있는 중간 교량(bridge) 역할을 해줄 것으로 기대된다.

한편 아래의 표는 헬스케어와 관련된 정부 기관, 각종 협회, 의학연구학회 등으로 헬스케어 콘텐츠 제작의 부대 환경을 지원해 주는 플레이어들이다. 여기에서는 기관 정보와 홈페이지 주소만을 명기했으며, 헬스케어 콘텐츠와 관련된 직·간접적 정보는 사이트를 통해 확인이 가능하다.

〈표 3-2〉 정부기관 및 각종 협회

이름	홈페이지
건강길라잡이	http://www.hp.go.kr
건강보험심사평가원	http://hira.or.kr
국가암정보센터	http://www.cancer.go.kr
국민건강보험공단	http://www.nhic.or.kr
국민고혈압사업단	http://www.hypertension.or.kr
보건복지부	http://www.mohw.go.kr
식품의약품안전청	http://www.kfda.go.kr
질병관리본부	http://www.cdc.go.kr
대한간호협회	http://www.koreanurse.or.kr
대한병원협회	http://www.kha.or.kr
대한약사회	http://www.kpanet.or.kr
대한여자치과의사회	http://kwda.org
대한의사협회	http://www.kma.org
대한치과의사협회	http://www.kda.or.kr
대한한방병원협회	http://www.komha.or.kr
대한한의사협회	http://www.akom.org
한국건강관리협회	http://www.kahp.or.kr
한국에이즈퇴치연맹	http://www.kaids.or.kr
한국금연운동협의회	http://www.kash.or.kr

〈표 3-3〉 의학연구학회

이름	홈페이지
대한가정의학회	http://www.kafm.or.kr
대한감염학회	http://www.ksid.or.kr
대한내과학회	http://www.kaim.or.kr
대한당뇨병학회	http://www.diabetes.or.kr
대한병리학회	http://www.pathology.or.kr

대한비뇨기과학회	http://www.urology.or.kr
대한산부인과학회	http://www.ksog.org
대한소화기학회	http://www.gastrokorea.org
대한심장학회	http://www.circulation.or.kr
대한신경과학회	http://www.neuro.or.kr
대한신경정신의학회	http://www.knpa.or.kr
대한약리학회	http://www.kosphar.org
대한의학회	http://www.kams.or.kr
대한태아의학회	http://www.fetalmed.or.kr
대한피부과학회	http://www.derma.or.kr
대한암학회	http://www.cancer.or.kr

〈표 3-4〉 미국 건강 관련 기관 및 협회

이 름	홈페이지
미국암학회 (American Cancer Society)	www.cancer.org
미국당뇨병협회 (American Diabetes Association)	www.diabetes.org
미국식이요법협회 (American Dietetic Association)	www.eatright.org
미국심장협회 (American Heart Association)	www.americanheart.org
미국폐협회 (American Lung Association)	www.lungusa.org
미국정신의학회 (American Psychological Association)	www.apa.org
질병통제예방센터 (Center for Disease Control and Prevention)	www.cdc.gov
출산희망 (Fertile Hope)	www.fertilehope.org

보건자원서비스청 (Health Resource and Service Administration)	www.hrsa.gov
국립암연구소 (National Cancer Institute)	www.cancer.gov
국립보건연구소 (National Institute of Health)	www.nih.gov
국립정신건강연구소 (National Institute of Mental Health)	www.nimh.nih.gov
국립골다공증재단 (National Osteoporosis Foundation)	www.nof.org
전국뇌졸중협회 (National Stroke Association)	www.stroke.org

4. 헬스케어 콘텐츠 산업의 발전 방향

헬스케어 환경의 빠른 변화는 기술 진보와 일반인들의 건강과 관련한 인식 수준이 높아지면서 계속될 것이다. 치솟는 비용, 숙련된 헬스 전문가의 부족, 의료 및 커뮤니케이션 테크놀로지의 진보, 변화하는 인구통계적 특성 등 수많은 변인들이 영리적 헬스케어 조직과 헬스케어 콘텐츠 생태계에 대한 새롭고 혁신적인 접근 방법을 요구할 것이다. 위협적이고 비우호적인 법률로부터 조직을 보호하고, 공중의 안녕과 예방 건강 실천을 촉진하고, 다양한 공중과 헬스케어 조직에게 제품과 서비스를 판매하려는 마케팅 노력을 돕는 등의 역할을 증진함으로써 헬스케어 콘텐츠 산업의 중요성과 수익성이 동시에 상승할 것으로 기대된다.

인터넷과 여타의 상호작용적 뉴테크놀로지들은 헬스케어 콘텐츠 산업을 더욱 발전시킬 수 있는 중요한 촉매제가 될 것이 분명하다. 인터넷은 영리적 헬스케어 조직이 이전에는 전혀 가능치 않았던 방식으로 특정 틈새 영역과 지리적으로 멀리 떨어진 수용자에게 도달하게 할 수 있다. 상호작용적 컴퓨터 테크놀로지가 면대면 커뮤니케이션이나 또 다른 형태의 중개된 커뮤니케이션을 효과적으로 대체할 수 있는지를 살펴볼 필요가 있다. 인터넷은 기업이 활동공중, 인식공중, 잠재공중 각각에 맞게 철저하게 차별적인 메시지를 설계하는 것을 가능하게 해준다.

인터넷과 첨단 테크놀로지 환경 덕분에 헬스케어 콘텐츠에 대한 이론적 · 경험적 · 실무적 · 과학적 · 윤리적 · 제도적으로 검증 작업이 가능하다. 헬스케어 사업의 전문가들뿐만 아니라 이해 관계자들 및 일반인들이 상호작용적 매체 환경에서 헬스케어 콘텐츠에 대한 검증과 논의 과정이 활발하게 일어날 수 있기 때문이다.

마지막으로 변화에 다소 둔감한 조직인 학계에서는 계속되는 헬스케어 산업의 욕구 변화에 민감하게 대처해야 한다. 헬스케어 콘텐츠 산업이 더욱 세분화된 것과 마찬가지로 이에 맞는 연구를 증진시키고, 이 분야에 취업을 원하는 학생들을 위해 체계적인 교육 과정을 마련해야 한다. 그러기 위해서는 헬스케어 콘텐츠 산업이 어떻게 발전해 나가는지 예의 주시하면서, 관련 콘텐츠 개발에도 힘써야 한다. 특히 앞으로의 헬스케어 콘텐츠 산업은 경영학, 의학, 간호학, 약학, 보건학 등에만 국한되지 않는다. IT를 접목시키고, 커뮤니케이션, 저널리즘, 심리학, 사회복지학 등이 통합된 첨단융합형 산업적 시각에서 봐야 한다.

이런 관점에서 헬스케어 콘텐츠 산업의 발전을 위해서 헬스케어 콘텐츠 시장의 주요 플레이어들이 역점을 두어야 할 사항은 다음과 같이 정리해 볼 수 있겠다.

첫째, 참여자(수용자) 중심의 콘텐츠 서비스 환경을 마련하는 것이다. 예를 들어, 건강 포털 등에서 질병별로 참여자들이 주제를 설정해 토론할 수 있는 토론방을 제공할 필요가 있다. 아직까지도 헬스케어 콘텐츠를 다루는 매체나 기업 및 커뮤니티 등은 정보 중심의 일방향적인 커뮤니케이션에 그치는 구조로 되어 있다. 정보 공급자와 헬스 공급자가 아닌 이용자 중심의 패러다임으로 변화해야 한다. 둘째, 신뢰성 있는 DB 구축이 필요하다. 헬스케어 주제로 운영되는 커뮤니티를 검색하다 보면, 의학 정보보다는 입소문이나 민간요법 위주의 정보가 떠돌아다니는 경우를 많이 접할 수 있다. 때론 전문가를 사칭하는 경우도 있어 피해 사례도 종종 들려오고 있다. 이를 위해 전문가와의 커뮤니케이션 서비스나 전문 의료진 확보를 통한 전문가와의 상담 서비스를 제공함으로써 건강 정보의 신뢰성을 높여야 한다. 셋째, 혁신적인 웹2.0을 기반으로 한 서비스 제공이다. 병원, 약국, 집 등 특정 장소에서만이 아닌 언제 어디서나 활용이 가능한 'one stop' 서비스를 제공할 수 있는 환경을 구축해야 한다. '진단-가상진료-처방-평가'로 이어지는 서비스를 개발하여 헬스케어 콘텐츠 서비스가 필요한 이용자라면 쉽고 편리하게 서비스를 받도록 기술 혁신을 추구할 필요가 있다. 동시에 의료 서비스 주체들의 적극적인 동참을 이끌어 내는 유인책이 마련되어야 한다.

제4장 헬스케어 콘텐츠의 생산 · 유통 · 소비

1. 의료계 종사자의 역할

의사와 환자 사이의 커뮤니케이션이 개선될수록 환자에게는 높은 만족감과 치료 효과의 증진을 가져다주며, 의사에게는 의료 실수로 인한 여러 가지 부작용을 줄일 수 있다는 긍정적인 효과가 있다.

그렇다면 의사와 환자와의 커뮤니케이션을 어떻게 개선할 것인가의 문제를 놓고, 의사를 포함한 의료계 종사자들의 역할을 되짚어 보는 일이 중요하다. 이 과정에서 미디어 환경 변화와 테크놀로지의 진화에 순응하고 이를 적극 활용해야 한다는 점을 간과해서는 안 된다.

헬스케어 콘텐츠의 디지털화 작업이 가속화되고, 점차 IT와 결합되고 있는 환경에서는 의료계 종사자들의 의식 변화와 역할 확대가 더욱 필요하다. 직접적인 면대면 커뮤니케이션에 의존했던 상당 부분의 커뮤니케이션들이 컴퓨터 원거리 기술, 텔레메디슨, U-헬스 기술에 의해 대체되거나 또는 촉진되기 때문이다. 또한 이를 잘 선용할 경우, 상당한 시간과 경비의 절감이 이뤄지고, 환자나 소비자들의 만족도는 증가하며, 이에 따른 치료 효과의 개선 등도 기대될 수 있기 때문이다.

웹2.0 환경과 인터넷을 기반으로 한 의료 환경의 변화를 감안해 의료계 종사자들에게 요구되는 사항은 몇 가지로 정리해 볼 수 있다.

첫째, 병원이나 개인의 웹사이트를 적극 활용해야 한다. 둘째, 환자와의 예약 및 온라인 상담에 적극 응한다. 셋째, 동료 의사들이나 환자들과의 소셜네트워크에 적극 참여한다. 넷째, 자신의 블로그 등을 통해서 자신의 전문 분야에 대한 지식 콘텐츠를 생산·공유한다. 이 같이 의료계 종사자들의 역할을 요구하는 것은 소비자 욕구와 기대의 문제이기보다는 한 차원 높은 새로운 의료 체계로 자리매김할 것이기 때문에 의료계 종사자들의 경쟁력과 직결되는 생존 전략의 차원에서 고려되어야 한다.

다음은 의료계 종사자들이 일반 이용자들로 하여금 헬스케어 서비스를 어떻게 편리하고 유용하게 활용할 것인지에 대해 표로 정리해 놓은 것이다.

〈표 4-1〉 서비스 영역에 따른 의료계 종사자들의 역할

시간	서비스	플랫폼	서비스
병원 방문 전	예약 온라인 상담 사전 교육/정보	BcN/3G	VoIP, IM, UCC, RSS, VR
병원 방문 시	예약시간 변경/재고지 진료장소 안내 진료 및 치료 관련 정보 온라인 결제	3G/WiB개/WiFi	Podcasting, LBS, Ajax
병원 방문 후	사후 관리 평가 검사결과 고지	BcN/3G	사후 관리 앱스(Apps), IM

출처: 현태원·이수영, 2010, 『헬스케어의 새로운 패러다임 '헬스2.0'』, 나남.

2. 미디어업계 종사자의 역할

우리나라의 국민소득 수준이 2만 달러에 가까워지고, 경제적 수준이 높아지면서 일반 대중의 건강과 의료, 삶의 질에 대한 관심이 꾸준히 증가되고 있다. 이런 대중의 기대에 따라 텔레비전, 라디오, 신문, 인터넷 등 다양한 미디어를 통해 주요 뉴스와 건강 섹션과 웹페이지에서 상당히 많은 시간과 지면을 할애해 헬스케어 관련 정보를 전달하는 데 사용하고 있다.

일반인들이 헬스케어 정보를 얻는 수단으로 대중매체의 비중이 크며, 헬스케어 정보는 국민의 건강, 생명과 같은 문제와 직결되므로 대중매체를 통해 제공되는 건강 의학 정보는 정확해야 하며 근거에 기초해야 한다.

그러나 의료담당기자의 전문 지식 부족, 정보 비판 능력의 부족과 시간의 부족으로 근거가 빈약한 기사가 검증 없이 제공되거나 잘못 해석, 보도되기도 하며, 방송의 특성 상 일반 대중이 이해하기 쉬워야 하므로 정보의 과장, 비약이 있기도 하다. 미디어업계 종사자들이 만드는 헬스케어 정보들은 이와 같은 문제점이 있을 수 있다는 점을 항상 인지하면서 건강 의학 정보를 다뤄야만 한다.

한편 인터넷 중심의 취재 환경이 보편화되면서 기자들을 필두로 한 미디어업계 종사자들은 속보 경쟁에 노출되는 경우가 비일비재해졌다. 당연히 기획이나 탐사 보도 분야에는 소홀해질 수밖에 없는 상황이 벌어졌다. 헬스 콘텐츠가 건강과 보건, 질병과 의료, 약품과 식품 등 인간의 생명과 관련된 분야를 다루기에 이 분야의 기자들은 속보 경쟁에 휘둘리지 않고, 기획이나 탐사 보도 부문에 신경 쓸 필요가 있다. 게다가 콘텐츠 이용자들이 요구를 반영해 다양하고 차별화된 기사를 독자에게 서비스한다는 신념으로 임해야 한다.

미디어업계 종사자들의 취재처 중의 하나가 바로 제약회사이다. 특히 거대 제약회사는 건강한 사람의 범위를 줄이려고 안간힘을 쓴다는 음모론적 지적도 심심찮게 언급된다. 거대 제약회사들은 모든 사람을 '예비 환자'로 만드는 메시지 전략을 택한다는 것이다. 이 예비 환자들은 규칙적인 운동이나 식습관, 금주, 금연 등 생활습관을 바꾸기보다는 수익의 30% 이상을 홍보와 광고, 마케팅 비용으로 쓰는 제약회사의 전략에 말려들기 일쑤다. 미국 미네소타대 저널리즘스쿨 허지수 교수(메디컬 저널리즘)는 "대중매체를 통한 자유로운 광고는 의료 정보를 전달한다는 명목을 내세워 잠재적 고객으로 만들려는 전략"이라고 지적하기도 했다.

미디어업계 종사자들은 헬스케어 시장의 상황이나 현장에서 벌어지는 사건에만 매몰될 게 아니라 이용자가 필요한, 이용자가 원하는, 헬스케어 콘텐츠가 무엇인지 선별해내는 선구안을 가져야 한다. 특히 각 신문사나 방송사에서 '의학전문기자'로 활동하고 있거나 헬스케어와 관련된 전문지 기자들의 노력이 무엇보다 중요하다고 할 수 있다. 의학전문기자들 외에도 헬스케어 콘텐츠를 만드는 미디어 관련 종사자들의 노력도 간과할 수 없다.

3. 학계 및 교육 종사자의 역할

수많은 학자들과 교육 종사자들은 매스미디어의 정보 제공 및 이데올로기 상의 한계점에 대해 자세히 논의해 왔다. 또 다른 학자들은 인기 있는 프로그램—예컨대, 국내에서는 건강 정보 관련의 대표적 프로그램인 한국방송공사의 〈비타민〉, 〈위기탈출 넘버원〉을 공중 보건 의제를 위해 전략적으로 사용할 것을 주장했다. 매스미디어가 널리 보급되어 있고 영향력이 있다는 점에는 대다수가 동의한다. 그렇다면 학자들은 건강 및 질병과 관련된 의미와 행동에 담론이 어떤 영향을 미치는지 알아내기 위해 다양한 방법론과 시각으로 계속 노력해야 한다.

이는 헬스케어 콘텐츠 지식이 소비자에게 어떻게 합리적이고 효과적으로 전달해야 할지에 대한 전략과도 연결된다. 그러나 매스미디어라는 정보적이고 이데올로기적 자원을 효과적이면서도 윤리적으로 사용해야 하는 책임은 대부분 소비자에게 있기 때문에 소비자들은 비판적인 시각에서 메시지를 습득하는 기술을 개발할 필요가 있으며, 그러한 기술을 가지고 다양한 미디어에 접근할 필요가 있는 것이다.

마지막으로 대중적인 건강 담론을 연구하는 학자들은 담론적 상황을 기술하기 위해서만이 아니라 건강 담론에 있어서 발생 가능한 반응을 예측하고 건강 담론과 사람, 사회 간의 관계를 설명하는 이론을 개발하는 데 노력해야 한다. 궁극적으로 이론적인 과제는 매스미디어에 나타나는 건강 이슈를 탐구하는 데 있다. 지금까지의 대중적 건강 담론 연구의 주요 초점은 흡연이나 다이어트, 에이즈, 유방암 등 어떤 특정한 건강 이슈에 따른 담론을 기술하는 데 있었다. 건강 담론에 관심이 있는 학자들의 궁극적인 목표는 그러한 담론을 신속히 향상시키는 것이다. 여기에서 향상이란 정보적 가치를 높이거나 개인의 행동 및 사회공중정책이 변화하도록 설득력을 높이거나 그 담론을 구성하는 이데올로기적 예시를 수정하는 것을 말한다. 이에 따른 연구과제는 다양한 연구로부터 비롯된 접근방법이나 개념을 종합하여 관찰한 바를 더 폭넓고, 더 체계적으로 설명할 수 있도록 발전시키는 것이다. 학계 및 교육 종사자들의 역할은 건강 증진에 기여할 뿐만 아니라, 더 나은 건강 담론을 촉진하기 위해 이론과 실천이 통합할 수 있는 가능성을 인지하며 노력하는 것이다.

4. 콘텐츠 가공 및 유통 종사자의 역할

온라인 콘텐츠가 범용화되면서 대부분의 헬스케어 서비스 역시 온라인화되어 가고 있다. 온라인 헬스케어 서비스의 가장 큰 특징으로는 개인 의료 정보의 온라인 데이터화를 꼽을 수 있다. 개인 의료 정보에는 이용자의 이름과 주소, 연락처, 고용 정보, 처방전, 알레르기, 가족병력 등이 담겨 있다. 이용자의 재량에 따라 온라인으로 전송할 수 있으며, 웹포털 사이트의 개인 계정으로 옮길 수도 있다. 이들 정보는 의사들이 의약품을 처방할 때 유용하다.

문제는 콘텐츠 가공 및 유통 종사자들이 개인의 헬스케어 정보를 다루는 데 있어서 신중해야 할 필요가 제기된다는 점이다. 이용자들은 개인정보 유출의 위험성에 대한 불안함을 가지고 있기 때문에 온라인 헬스케어 정보를 다룸에 있어 항상 조심해야 한다. 개인의 프라이버시를 보호해야 하고, 의료 기록의 중요성에 대해 인지하면서 콘텐츠를 가공하고 유통해야만 서비스의 대중화를 촉진시킬 수 있다. 한편 헬스케어 콘텐츠 서비스가 단조롭게 획일화되어서는 안 된다. 콘텐츠를 가공하고 유통하는 과정에서 고객(환자)은 뒷전이고, 광고와 수익에만 집착해서는 건전한 헬스케어 서비스 시장이 정착할 수 없다. 당연히 헬스케어 콘텐츠에도 좋지 못한 영향을 끼칠 것임이 분명하다.

콘텐츠 가공 및 유통 종사자들은 의료와 의약품 관련 정보뿐만 아니라 건강에 도움이 되는 운동이나 요가, 다이어트 등의 웰빙 정보를 비롯해, 이용자가 직접 생산한 콘텐츠를 주고받을 수 있는 블로그 게시판 등 이용자와 소통할 수 있는 창구를 마련해야 한다. 이렇게 차별화된 양질의 서비스 제공이야말로 콘텐츠 가공 및 유통 종사자들이 담당해야 할 중요한 몫이다.

5. 콘텐츠 소비자의 역할

헬스케어 콘텐츠 산업의 특성 상 과거의 콘텐츠 소비자들은 수동적인 위치에 머물 수 밖에 없었다. 일반 소비재의 경우, 제품의 선택과 비용의 지불이 소비자의 판단으로 이뤄지지만, 헬스케어 콘텐츠 분야는 다르다. 예컨대 소비자들이 병원을 방문하여 자신의 질환에 대해 의사의 검진을 받고, 약사의 처방을 통해 조제, 복용, 의료비 보험 상환 과정 등의 복잡한 과정을 거치게 된다. 이 과정에서 과거의 소비자들은 의사나 약사 등 전문 의료인들의 결정을 무조건 따랐다. 하지만 지금은 소비자들의 판단과 결정이 많은 영향을 미치고 있다. 그 이유는 콘텐츠 소비자들의 역할이 달라졌기 때문이다. 인터넷, 디지털 기술, 다양한 미디어 플랫폼의 발달에 따라 전문 의약 정보의 확산과 공유가 쉽게 일어나면서 헬스케어 콘텐츠가 널리 퍼질 수 있는 사회구조적 환경이 조성되었기 때문이다.

오늘날 헬스케어 콘텐츠 소비자들은 단순한 '소비자'의 역할에만 국한되는 게 아니라 주도적인 생산자의 역할을 같이 하고 있다. 인터넷과 디지털 기술이 발달하지 못했고, 사용자 참여 환경이 구현되지 않았던 과거의 환경에서는 소비자는 그저 콘텐츠 생산자가 제공하는 정보를 일방적으로 수용하는 사람에 불과했다. 하지만 지금의 콘텐츠 소비자들은 수동적이 아니라 콘텐츠와 상호작용하며 소비자의 개입을 통해 콘텐츠가 완성되고 있다.

또한 싸이월드(Cyworld), 페이스북(Facebook)과 같은 인터넷 커뮤니티를 통한 관계 형성에 익숙한 디지털 시대의 소비자들은 사이버 공간에의 적극적인 참여를 통해 사회적 커뮤니티를 형성한다. 그리고 UCC, UCG의 활성화 사례는 디지털 시대의 소비자가 단순한 소비자를 넘어서 생산자의 역할을 겸하는 프로슈머(prosumer, producer+consumer)로서, 참여가 확대되어 생산자로서 전문가적 콘텐츠를 생산하는 단계로 변화하고 있음을 보여 준다. 헬스케어 콘텐츠와 콘텐츠 소비자들 역시 이러한 변화의 흐름에 맞춰 각각 콘텐츠 소비가 진행되어야 할 것이며, 콘텐츠 소비자들 역시 주도적 생산자의 역할을 할 필요성이 있다. 이제 소비자들의 적극적인 참여와 상호작용이 중요시되면서, 헬스케어 콘텐츠 개발에서 소비자의 경험, 체험, 노하우, 암묵적 지식 등을 어떻게 고려할 것인지는 더욱 중요해진 세상이 도래한 것이다.

특히 헬스케어 콘텐츠 소비자들의 역할에서 한 가지 짚고 넘어가야 할 것은 공공기관, 정부의 정책적 측면을 고려해야 된다는 점이다. 말하자면 헬스케어 콘텐츠 소비자들이 어떻게 행동하느냐에 따라 정부의 정책 결정에 반영이 되고, 예산 편성도 달라질 수 있다는 것이다. 헬스케어 콘텐츠 산업은 공공의 생명, 건강, 이익이 걸린 분야이기 때문에 필연적으로 정부의 정책 및 예산 편성과 그 궤를 같이할 수밖에 없다. 이를 감안해 헬스케어 콘텐츠 소비자들은 의료인, 정책 결정자, 헬스케어 콘텐츠 시장의 이해와 관련된 모든 이들과의 커뮤니케이션 채널을 통해 소통해야만 한다. 결국 이 같은 행위들이 헬스케어 콘텐츠 소비자들의 역할을 충실히 해내는 것이다.

제5장 헬스케어 콘텐츠와 인터넷

1. 인터넷의 특성

1) 기술로서의 인터넷

많은 사람들은 인터넷과 월드와이드웹을 구별하지 않고 사용한다. 하지만 이 둘은 하나가 아니며 같은 것도 아니다. 인터넷은 LAN이나 ISP를 통해서 전 세계 어디에 있는 사용자와도 연결해주는 대중적이고 글로벌한 네트워크라고 정의된다. 즉, 인터넷은 글로벌 데이터 커뮤니케이션 시스템이며 하드웨어와 컴퓨터들 사이를 연결하는 소프트웨어 인프라스트럭처를 의미한다. 인터넷 프로토콜과 다른 종류의 컴퓨팅 네트워크와의 차이점은 인터넷의 개방형 표준이 기존의 시스템과 응용 프로그램의 끝임 없는 결합을 가능하게 해준다는 것에서 찾을 수 있다. 그러므로 인터넷의 가치는 어디서나 적은 비용으로 정보를 저장, 분석 그리고 통신하는 것에서 가장 빛을 발한다.

웹은 인터넷을 통해 전달되는 서비스들 중의 하나로 하이퍼링크와 URL에 의해 링크되는 상호 접속된 자료들의 집합이다. 1995년 이후 인터넷의 일반화에 따른 저비용의 접속이 조직 간 그리고 개개인 간 접속성의 새로운 메커니즘을 촉진시켜 왔는데 이로 인해 2자간

소통뿐 아니라 다양한 방향의 커뮤니케이션 및 데이터 전송이 가능해졌다. 또 광대역 망으로 인한 데이터 처리가 원활화되면서 사회 전반에서의 완전히 새로운 형태의 사회적 작용과 활동이 가능해졌다. 이는 한편으로 공통의 관심사와 해결책을 찾아 가려는 노력 그리고 다른 한편으로 타인과의 접속 그 자체를 즐기는 행위들이 복합적으로 상호작용한 결과이다.

오늘날 인터넷 공간에서 사람들은 월드와이드웹(www), 이메일, 정보데이터베이스, FTP(File Transfer Protocol) 등과 같은 수단을 이용하여 의사소통을 하고 있다. 이러한 수단들로 인하여 공간 및 시간 등과 같은 전통적인 의사소통의 제약 요인들이 사라지게 되었다. 또한 인터넷 공간의 익명성이라는 특성 때문에 과거와 비교할 수 없는 자유로운 커뮤니케이션이 가능한 기술적 공간도 확보될 수 있었다.

2) 문화로서의 인터넷

인터넷 사용 환경이 쉬워지면서 일반인이 정보 생산자로 나서고 정보의 공유와 참여가 활성화되었다. 만약 인터넷 사용이 쉬워지지 않았다면 보통 사람의 참여라는 현상은 나타날 수 없을 것이고, 집단지성도 나타날 수 없었을 것이다. 몇 년 전만 해도 자신이 알고 있는 요리법을 웹에 올리려면 디카, 포토샵, html, ftp, 호스팅 서버 사용법 등의 어려운 기술을 익혀야 했다. 그러나 지금은 블로그나 미니홈피에서 글쓰기 아이콘만 누르면 손쉽게 자신의 요리법을 담은 웹문서를 만들 수 있다. 이처럼 쉬운 글쓰기 덕분에 요리법, 청소법 등의 일상 경험과 지식을 웹에 올리거나 자동차 정비법, 치과 지식, 사진 촬영법 등의 자기 직업과 관련해 얻은 전문 지식에 대한 공유가 가능해졌다.

인터넷의 범용화로 정보 소비자였던 일반인이 정보 생산자 역할을 하기 시작했고, 웹을 통해 지식과 철학, 감정을 공유하거나 사회적 활동에 참여하는 일이 당연한 현상으로 받아들이게 되었다. 또한 개인의 지식과 경험이 집단으로 합쳐지면서 집단지성에 의한 우수한 결과물이 나타나기에 이른다.

사용자 참여와 공유를 쉽게 도와주는 인터넷 서비스는 개인의 힘이 세상에 변화를 가져오는 시대를 열게 해준 원동력이 된다. 평범한 일반 네티즌의 지식과 경험을 이용해 세계 최대 백과사전으로 성장한 위키피디아, 북마크를 공유하는 딜리셔스(Delicios.com), 사진을 공유하는 플리커(Flickr), 동영상을 공유하는 유튜브(Youtube) 등 다양한 인터넷 사이트가 사람들의 주목을 끌었고, 참여와 공유의 폭이 한층 넓어짐으로써 '크라우드소싱', '집단지성', '오픈 이노베이션', '사용자 참여', '수평적 네트워크'라는 인터넷 특유의 문화가 형성된 것이다.

3) 매체로서의 인터넷

인터넷은 종종 매스미디어나 매스커뮤니케이션으로 분류되지만 대인 커뮤니케이션과 공유되는 특성이 있으며, 매스미디어와 대인 커뮤니케이션이 융합된 특징도 지닌다. 인터넷은 실시간 상호교환 피드백이 가능하고, 폭넓은 건강 증진 수단으로서 잠재력이 있으며, 전통적인 매스미디어에 비해 장점이 많다. 인터넷은 대인 접촉의 기회를 제공해 주는 역할을 한다. 예컨대 건강 관련 온라인 커뮤니티는 조언과 격려를 해주고 건강 추구 행위의 이해에 중요한 역할을 한다. 인터넷을 기반으로 한 온라인 게시판은 동일한 관심을 가진 전 세계 네티즌과 온라인에 모여서 토의할 수 있으며, 건강 변화, 질병, 건강 관련 행동 등 다양한 헬스케어 주제를 놓고 서로 정보를 주고받을 수 있다. 매스미디어를 통해 헬스케어 콘텐츠를 접했던 이용자들은 매체로서의 기능을 하는 인터넷을 통해 건강 정보를 얻을 수 있는 것이다.

4) 국내 인터넷 사용자들의 유형

국내 인터넷 사용자들의 유형에 대해 이야기할 때, 단순히 인터넷 사용자들의 온라인 이용 동기, 이용 목적, 이용 패턴으로만 카테고리화해서는 안 된다. 네이버, 다음, 네이트 등과 같은 국내 거대 포털 사이트와 연계해서 생각할 필요가 있다. 포털 사이트의 영향력과 지배력이 매우 크기 때문에 인터넷 사용자들에게 어떤 영향을 미치는지와 직접적인 연관성이 있다.

사전적 의미의 포털(portal)은 안과 밖을 나누는 입구의 관문이자 다른 장소로 연결해 주는 통로이다. 포털은 내부로 들어가려면 먼저 통과해야 하는 입구를 말한다. 포털이라는 용어가 사전적 의미와 다르게 쓰이기 시작한 것은 인터넷이 널리 사용되면서부터이다. 포털의 '통과한다는' 본연적 기능과는 달리 지금의 포털은 종합 잡화상이나 백화점, 양판점처럼 온갖 다양한 정보를 자체 사이트에서 제공하고 있다.

국내 인터넷 사용자들은 대부분 포털의 울타리에서 인터넷을 활용하는 상황인 만큼 이들의 특성 역시 상황적 여건에 맞게 규정지어질 수밖에 없다.

포털은 대중화 시기의 인터넷을 주도하고 틀 짓는 '빅브라더(big brother)'이다. 인터넷 사용자는 사용자(user), 고객(client), 소비자(consumer)라는 세 가지의 다른 형태를 지닌다.

인터넷을 사용하는 사람들은 이메일을 비롯한 각종 편의를 포털로부터 제공받는 사용자, 자신의 생각을 서버에 올리는 고객, 디지털 아카이브의 내용물을 소비하고 구매하는 소비자의 세 가지 역할을 번갈아 가면서 수행한다. 결국 인터넷 사용자는 이메일을 사용하고, 기사를 검색하거나 검색엔진의 도움을 받아 네트를 서핑하고, 게시판에 글을 올리고, 물음과 답을 올리고, 자신이 좋아하는 파일을 올리거나 내려받고, 인터넷 마켓에서 물건을 사고파는 역할을 유형별로 반복하며 수행하는 것이다.

2. 인터넷의 진화

1) 인터넷의 발전 과정

인터넷의 기본 아이디어는 1969년 미국 국방성이 인터넷의 전신이 된 아르파넷(ARPANET)의 개발에 착수하면서부터였다. 그 기본 목적은 구(舊)소련의 핵공격을 받아도 계속 작동할 수 있는 컴퓨터 통신망을 구축하는 것이었다. 그 당시만 해도 하나의 호스트 컴퓨터가 작동을 중지하면 그에 연결된 통신망 전체가 불능 상태에 빠질 가능성이 있었다. 이러한 상황에 대비하여 송수신되는 정보를 패킷(packet)이라는 작은 단위로 나누어서 여러 경로를 통해서 보내는 방법이 개발되기에 이른 것이다.

최첨단 무기 개발 연구 등의 군사적 목적으로 주로 사용되던 이러한 통신망은 '미 국립과학재단 통신망(NSFNET)'이 1986년 설치 · 가동되면서 보다 많은 교육기관들과 정부기관, 기업 등이 자신들의 통신망을 여기에 연결하기 시작했고, 이것이 오늘날의 인터넷으로 발전하기에 이르렀다.

인터넷은 그 엄청난 잠재력에도 불구하고 1990년까지만 해도 주로 대학이나 연구기관의 학자들과 연구원을 중심으로 사용되었다. 그러다가 1991년 '유럽 미립자 물리연구소(CERN)'의 팀 버너스리(Tim Berners-Lee)에 의해 하이퍼텍스트를 주고받는 월드와이드웹(www)이라는 아이디어가 제안되고, 그후 특히 1993년에 모자이크, 1994년에 넷스케이프 등의 웹브라우저가 개발되면서 인터넷은 일반인들의 폭발적인 관심을 끌게 되었다. 1994년에야 비로소 상용 서비스가 시작된 우리나라의 경우만 하더라도 보급 1년 만에 인터넷 사용자가 20만 명을 넘어선 바 있다.

현재 세계 최대의 컴퓨터 통신망인 인터넷은 상호작용적 커뮤니케이션과 정보의 디지털화를 극명하게 보여 주는 대표적인 예라고 할 수 있다. 결국 인터넷은 세계 각 지역의 크고 작은 네트워크들이 '공통의 전송조절 프로토콜'과 '인터넷 프로토콜(TCP/IP)'을 통해서 연결된 '네트워크의 네트워크'라고 보면 될 것이다.

2) 웹2.0 환경과 새로운 정신

(1) 웹2.0의 주요 개념

1989년 팀 버너스리에 의해 고안된 이후로 웹은 단순히 기술이나 비즈니스적인 측면에서만이 아닌 미디어, 법, 마케팅 등을 포함한 사회와 문화 전반에 걸쳐 엄청난 변화를 불러일으켰다. 그리고 최근 이러한 영향은 웹2.0이라는 변화와 함께 더욱 가속화되고 있다. 웹2.0은 기존의 웹과는 다른 웹 상의 중요한 변화를 나타내는 용어로, 2005년 팀 오렐리(Tim O'Reilly)와 미디어라이브 인터내셔널의 컨퍼런스 브레인스토밍 과정으로부터 탄생했다. 이들은 2000년 닷컴 버블 붕괴 이후에도 지속적으로 성장을 이어 온 아마존(Amazon)과 구글(Google) 등의 성공한 인터넷 기업들이 공통적 특징을 보인다는 것을 찾아내었고, 이를 표현하기 위해 웹2.0이라는 용어를 채택했다. 그리고 2004년 이후 웹2.0 컨퍼런스를 통해 웹2.0 기술과 응용에 대한 다양한 가능성과 논의들을 발전시켜 왔다.

현재의 웹2.0의 핵심 개념은 웹을 '플랫폼으로서의 웹'으로 발전시키고자 하는 것이다. 플랫폼으로서의 웹이란 2004년 10월 열린 최초의 웹2.0 컨퍼런스에서 존 바텔(John Battelle)과 팀 오렐 리가 소개한 개념으로 웹이 운영체제 및 데이터에 접근하는 디바이스, 데이터 자체 및 UI 등에 대한 독립성을 제공해 주는 플랫폼의 역할을 한다는 것이다. 이러한 플랫폼 위에서 사용자의 참여를 통해 정보가 생산되고 서비스 제공자의 개방된 서비스를 통해 정보의 공유가 일어나며 생산된 정보는 더욱 가치 있게 재가공된다. 웹2.0의 주요 개념은 팀 오렐리가 2005년 웹2.0 컨퍼런스에서 제시한 웹2.0의 7가지 원칙에 잘 나타나 있다. 이는 가장 중요한 개념인 플랫폼으로서의 웹을 포함한 다음의 7가지 원칙으로 이뤄진다.

① 플랫폼으로서의 웹(The web as platform)
② 집단지능(Collective intelligence)
③ 데이터는 차세대의 '인텔 인사이드'
④ 소프트웨어 릴리스 주기의 종말
⑤ 가벼운 프로그래밍 모델

⑥ 특정 디바이스에 한정되지 않는 소프트웨어
⑦ 풍부한 사용자 경험

(2) 웹2.0의 발전

웹2.0으로 인한 인터넷 상의 변화에 힘입어 최근 몇 년 동안 새로운 서비스를 출시하는 업체들이 늘어나기 시작했으며, 성공적인 웹2.0 대표 기업들의 서비스들 또한 매우 다양해졌다. 이에 따라 인터넷 상에서의 웹2.0으로의 변화 현상과 더불어 웹 자체뿐만이 아닌 미디어, 모바일, 마케팅, 엔터프라이즈 분야 등 여기의 헬스케어 분야에 이르기까지 총체적인 변화가 일어나고 있다. 이러한 사회, 문화, 기술적인 변화의 내용을 개념화하고 정리하기 위해 다양한 2.0 개념들이 등장하게 된 것이다.

(3) 기타 다양한 2.0의 등장

① 모바일 웹2.0

모바일 웹2.0은 유선 웹 환경에서 시작된 변화를 무선 웹 환경에서도 수용하여 '플랫폼으로서의 웹'을 실현하고 차세대 웹 기술 기반의 다양한 응용 서비스를 활성화시키기 위한 새로운 시도들을 나타낸다.

② 엔터프라이즈2.0

엔터프라이즈2.0이란 기업 내 및 기업 간 혹은 협력업체나 고객 간에 자유롭게 소셜 소프트웨어 플랫폼을 활용하는 것을 정의하는 용어로, 웹2.0의 핵심 원칙들을 엔터프라이즈 환경에 적용하여 협업이 가능한 플랫폼을 기반으로 기업과 연관된 이해관계자들 간의 커뮤니케이션 및 관계를 활성화하고 생산성을 증대시키고자 하는 개념이다. 엄격한 위계질서, 기업 내의 개별화된 부문과 단절된 R&D 부서는 사라지고, 투명하고 개방적인 '크라우드소싱(crowdsourcing)' 전략이 이를 대체하게 된다. 최고경영진에서 일반 직원에게, 기업에게 소비자로, 독점주의자에게서 시장으로 권력이 이동하고 있다. 그 결과 직원들의 사기 제고, 집단지성의 향상, 생산성 증대, 전략적 초점 및 혁신 강화가 가능하며, 나아가 수익 향상이 기대된다.

③ 마켓2.0

지금의 소비자는 시장 검열자의 중개 없이도 공급자와 직접 거래할 수 있다. 또한 소비자 스스로 생산자가 되어 공급자와 경쟁할 수 있다. 신인 가수가 자신의 노래를 홍보하기 위해 거대 기획사나 음반사의 힘을 빌릴 필요도 없다. 유튜브를 활용하여 직접 팬층을 확보할 수 있기 때문이다. 창조적 기업가들도 더는 자금 확보 및 제품 출시를 위해 전통적 자금원에 의존하지 않아도 된다. 권력이 소비자에게로 넘어간 시장에서 모든 소비자는 생산자, 즉 프로슈머가 될 수 있다.

④ 헬스2.0

양방향의 디지털 미디어를 기반으로 하는 헬스커뮤니케이션 환경에서 웹2.0을 기반으로 한 헬스 메시지의 공유, 헬스 메시지의 참여, 헬스 메시지의 생산이 자유롭게 이뤄지는 것을 지칭한다. 즉, 헬스2.0은 새로운 미디어 체계에서 오디언스가 중심이 되는 헬스커뮤니케이션 환경을 의미한다고 말할 수 있다.

결국 참여, 공유, 개방이라는 특성을 지닌 웹2.0과 관련된 핵심 이슈는 각각의 특성 자체에서 도출된다. 참여의 과정을 어떻게 잘 통제하고 지원하여, 진정한 집단지성을 텍스트뿐만 아니라 동영상 등 다른 포맷에 대해서도 구현할 것인가. 공유를 촉진시키면서 어떻게 프라이버시, 저작권을 보호할 것인가. 개방에도 불구하고 어떻게 수익성을 창출할 것인가. 웹2.0의 새로운 정신과 이 같은 문제는 향후 우리가 다룰 헬스케어 콘텐츠 문제와도 직접적으로 관련이 있다.

웹2.0 환경에서 콘텐츠와 서비스의 제작, 유통, 소비가 어떤 방향으로 진행될 것인지, 새로운 커뮤니케이션 환경이 새로운 콘텐츠와 서비스의 형태를 어떤 방식으로 요구할 것인지에 대해 생각해 볼 필요가 있다. 이는 다시 오디언스가 얼마나 편리하고 즐겁게 콘텐츠를 소비하게 할 것인가, 얼마나 재미있고 유익한 콘텐츠와 서비스를 만들도록 장려할 수 있을 것인가, 특히 건강과 생명에 관련된 콘텐츠이므로 얼마만큼 신뢰성이 있고, 범용적으로 활용할 가치가 있는 것인가는 대단히 중요한 이슈가 아닐 수 없다.

3) 소셜미디어 서비스로의 변화

2000년대 이후 IT산업의 부흥은 2004년 검색 시대를 연 구글의 탄생과 함께 더욱 번성하였다. 2005년 소셜네트워킹 서비스인 마이스페이스(Myspace)의 시작과 2006년의 인터넷 커뮤니케이션 패러다임을 바꾼 동영상사이트 유튜브의 확산으로 소셜미디어에 대한 관심이 늘어났으며, 2008년에는 웹2.0을 반영한 오픈 플랫폼으로서의 SNS, 페이스북이 큰 주목을 받았다.

2009년에는 끊임없는 새로운 서비스를 제공하는 인터넷 시장과 이를 순발력 있게 수용하는 초기수용자(early adopter)들에 의해 마이크로블로깅 서비스인 트위터(Twitter)의 인기가 급상승하면서 소셜미디어 서비스에 대한 관심이 엄청나게 확대되었다. 이는 마침 불어닥친 스마트폰의 혁명과 맞닿아 있다. 새로운 소셜미디어는 위치 기반, 메시지, 인간관계, 상거래 등의 기본 개념을 토대로 다양한 형태로 진화하고 있다. 소셜미디어의 특징은 기존의 웹이 수동적이고, PC 중심적이었던 것에 비해서 적극적이고 참여 지향적이며, 인간 중심적인 서비스로 변하고 있다는 점이다. 이와 같이 소셜미디어는 기존 웹질서를 일거에 무너뜨리고 새로운 서비스를 탄생시키며, 가입자와 이용자가 폭증하는 현상을 만들어 내고 있다.

4) 모바일 혁명

모바일 혁명은 눈에 보이는 기술적 발전뿐 아니라 사회 문화적 발전과 더불어 다른 미디어와의 공진화 현상으로까지 그 파급력이 대단하다고 볼 수 있다. 모바일의 발전 양상은 휴대성은 기본이고, 네트워크적 속성까지 같이 고려해야 한다. 이전의 모바일 미디어가 단독형의 휴대성을 중심으로 하는 디바이스(device)였다면, 최근 모바일 미디어는 네트워크에 연결하여 정보를 주고받는 양방향성을 실현하도록 진화하고 있다. 모바일 미디어와 다른 미디어와의 관계에 있어서도 보다 첨예하고 복잡한 양상으로 전개됨으로써 인쇄 미디어, 방송 미디어, 영상 오락 미디어, 통신 미디어 등 다양한 분야의 미디어들이 엄청난 변화를 겪고 있는 것이다. 일례로, 과거 미디어 이용자들은 지하철이나 버스에서 신문과 잡지를 읽으면서 이동 중의 무료함을 달랬다. 하지만 지금의 경우는 사정이 달라졌다. 신문과 잡지의 효용성이 완전히 사라진 것은 아니지만, 지금의 미디어 이용자들은 신문과 잡지 없이도 이동 중의 무료함을 달래는 것이 가능해졌기 때문이다. 예컨대 휴대전화 이용자들은 이동 중에 전화를 하거나 문자 메시지를 보낼 수도 있을 뿐만 아니라, 방송을 시청할 수도 있게 되었다. 굳이 아날로그 모바일 미디어를 이용할 필요가 없어진 것이다.

특히 아이폰의 등장을 필두로, 스마트폰은 수십 년에 걸쳐 일어날 변화를 단축시켜, 반년 만에 우리 삶의 총체적 변화를 가져왔다고 할 수 있다.

아침에 눈 뜨자마자 날씨를 확인하고, 출근 시간 시내 교통 상황을 실시간으로 알아본다. 친구와 외부에서 밥을 먹을 때는 스캔서치로 주변 먹을거리를 검색하고, 아이쿠폰으로 할인되는지 확인한 뒤, 다음(Daum) 지도로 최단거리를 찾는다. 공부할 때는 영어 · 일본어 · 한자 백과사전으로 사용하고, 주요 내용은 스캔해서 저장한다. 친구들과 이야기도 카카오톡이나 탱고 등 아이폰 앱을 이용한다. 일상뿐만 아니라 회사 업무의 패러다임도 바뀌고 있는데 회사 이메일을 일과 시간 이후나 주말에도 수시로 확인하면서 근무 시간에 주식을 하는 직장인도 늘게 되었다.

2010년 기준으로, 전 세계 스마트폰 판매는 2억 5,000만 대에 이르러 전체 휴대폰 가운데 20%를 넘어설 예정이라고 한다. 전문가들은 2013년에는 스마트폰 비중이 40%에 육박할 것으로 보고 있다. 스마트폰은 실시간(Real-time), 정보 · 소통의 무한 확장(Reach), 공간 제약을 극복한 실제감(Reality)의 '3R'을 통해 개인 · 기업 · 사회를 변화시키고 있는 것이다.

과거 철도, 고속도로, 유선 인터넷 등의 보급으로 새로운 산업과 라이프스타일이 창출됐듯이 스마트폰은 무선 인터넷 시대를 활짝 열고 다양한 변화를 몰아 오고 있다. 특히 모바일 시대의 주도권 선점을 위해 모바일 관련 업계(네트워크, 기기, 콘텐츠, 소프트웨어 등)뿐만 아니라 연관 산업의 기업들도 새로운 비즈니스 모델을 창출하고 있다.

3. U-헬스케어

최근 신성장 산업으로 주목받고 있는 U-헬스케어 사업에는 정부 각 부처뿐만 아니라 대기업과 대형병원 및 건설회사 등에서도 관심이 높아지고 있다. U-헬스케어가 급부상하는 이유는 인구 고령화와 만성질환 증가로 국민건강보험이 부담하는 의료비가 지속적으로 증가하기 때문이다. 실제 국민건강보험 노인 의료비 비중은 2000년 18.0%에서 2006년 26.8%로 증가 추세에 있다. 증가하는 의료비를 줄이기 위해서는 평소 질병을 예방하고 건강을 관리하는 시스템이 필요하다. 삼성경제연구소는 U-헬스케어의 경제적 효과와 성장 전략이라는 보고서에서 원격 환자 모니터링으로 연간 노인 의료비 5조 6,000억 원(2006년 기준) 중 1조 5,000억 원을 절감할 수 있을 것이라고 추산했다.

이 때문에 정부 각 부처에서는 U-헬스케어 사업을 분담, 다양하게 추진 중이다. 보건복지부는 공공부문 시범사업과 서비스 연구개발(R&D)을 지원하고 있으며, 국토해양부는 U-시티와 연계 사업을 진행하고, 문화체육관광부는 '인터넷TV(IPTV)'를 기반으로 한 콘텐츠를 개발 중이다.

1) U-헬스케어의 개념

'U-헬스케어'란 '유비쿼터스(ubiquitious, 언제 어디서나)'의 첫 이니셜인 'U'를 따고, 헬스케어와 접목시킨 합성어이다. 즉, U-헬스케어는 초고속인터넷 · 이동통신망과 IT(정보통신) 기기를 활용해 언제 어디서나 건강을 관리해 주는 서비스를 지칭한다. 좀 더 구체적으로 설명하면, 홈네트워크 상의 장치나 휴대용 장치 등을 통해 생체 정보를 실시간으로 모니터링하고, 자동적으로 병원 및 의사와 연결되어 언제 어디서나 진료 및 치료가 가능한 시스템을 말한다.

(1) U-헬스케어의 특성

- 환자의 상태가 악화될 경우 바로 응급센터 및 방제센터, 병원 등에 환자의 상태에 대한 정보가 전송되어 신속한 의료 서비스가 이뤄진다.
- 실시간이며 지속적인 모니터링 및 진료가 가능하므로 질병의 사후 치료가 아닌 건강상태 사전 관리 및 예방이 가능하다.
- 환자가 의식하지 않은 상태에서 생체 신호를 감지하고 관리한다.
- 생체 데이터의 관리는 중앙 처리화하는 반면 진료는 분산화한다.
- 환자 이외에도 노약자, 장애인, 독거인 등 관리에 활용할 수 있으며, 전통 헬스케어에 비해 저렴하고, 유연한 시스템을 보유하고 있다.

〈표 5-1〉 전통적 헬스케어와 U-헬스케어의 비교

구분	전통 헬스케어	U-헬스케어
위치	병원 등 전문기관	소비자
조직	분산	네트워크화
임상 접근	발병 위주	건강관리
의사 결정자	의사	의사와 환자
데이터	일정 기간 자료 관리	상시적 자료 접근 · 관리 가능
벤더	헬스케어 제공업체	헬스케어, IT, 통신, 소매

자료: MindBranch Asia Pacific Co. Ltd., 2005, 「U-Health 시장현황 및 전망」.

- U-헬스케어는 기본적으로 융복합 산업적 특성을 띠고 있다. 이는 여러 산업이 동반 성장할 수 있는 시스템을 의미한다. IT서비스 업체들이 기본 시스템을 완료하면 진단회사들이 혈당, 혈압, 체중, 심전도, 콜레스테롤 등을 측정하는 기기를 만든다. 그후 통신회사가 들어와야 한다. 의료용 PC, 휴대폰, 건강 정보 취합기 등의 진료 데이터들이 주치의에게 통신망을 통해 전송돼야 하기 때문이다. 이 모든 것이 원스톱으로 이뤄지기 위해선 IT 서비스, 건강관리 회사, 통신 회사, 병원이 함께 참여해야 한다.

2) U-헬스케어 사업의 내용

U-헬스케어의 대표적인 서비스 유형은 아래의 표와 같이 U-헬스의 목적과 활용 영역에 따라 구분될 수 있으며 이들 서비스에 대해 개략적으로 설명하면 다음과 같다.

(1) RFID 센서를 응용한 자산 관리

RFID 센서를 응용하여 병원이나 지원 기관의 자산을 효율적으로 관리하는 서비스로 이를 통해 자산의 적정 재고 관리가 가능하며 운영 비용을 절감

(2) 병원 환자 정보 시스템

병원 정보(입원 환자 상태 및 병상 정보)와 건강 정보 네트워킹을 의료기관 내부 정보시스템에서 구현하여 유무선 단말기를 통해 필요한 정보를 통합 제공하는 서비스

(3) 의료 텔레매틱스

원격 조정, 텔레매틱스, 구급 시스템을 통합한 신개념의 의료 서비스로 환자나 대상자의 생체 신호 발생에 따라 모니터링 센터와 응급병원 등이 GPS와 연계하여 긴급 출동 서비스를 제공

(4) 전자 처방전 서비스

문서로 발행되는 전자 처방전을 휴대폰 인증이나 암호화를 사용하여 유무선 통신 서비

스로 제공되는 서비스며 특히 약국에서 이용자의 대기 시간을 감소시키는 편리성을 제공

(5) 모바일 건강관리 서비스

휴대폰을 이용하여 혈압, 당뇨 등 실시간으로 무선망을 통해 건강 상태의 제공과 건강을 위한 정보 서비스를 제공하는 서비스

(6) 온라인 피트니스 서비스

이용자의 스케줄 체크, 건강 상태나 트레이닝 메뉴를 전문가가 작성하고 이를 바탕으로 트레이닝의 진척 관리나 조언을 온라인 상에서 제공해 주는 서비스

(7) 예약 관리 에이전트 시스템

복수의 병원에서 이용자 본인의 가용 시간에 따라 적정한 해당 병원 및 의사를 검색, 예약해 주는 시스템

(8) 의료 스마트카드 서비스

스마트카드를 통해 개인별 기본 의료 정보를 저장하고 진료 등을 위한 예약, 수납, 처방 기록 등의 저장이 가능하도록 하는 의료 서비스

(9) 모바일 간호 관리 서비스

모바일 환경을 기반으로 간호 관리를 효율적으로 지원하는 서비스이며, 이동성과 휴대성이 향상된 업무 환경에서 보다 다양한 간호 관리 및 응급 환자 조치 가능

(10) 적외선 응급 구호 서비스

가정이나 실내에서 적외선 장치를 이용하여 사람의 움직임이 없을 경우 즉각적인 유무선 응급 신호를 통해 구호할 수 있는 서비스

〈표 5-2〉 U-헬스 서비스 유형

활용 영역 및 목적	예방과 건강 증진	진료와 사후관리
의료기관 내	RFID 센서를 응용한 자산 관리, 병원 환자 정보 서비스	
의료기관과 의료기관 사이	의료 텔레매틱스 건강 정보 보험사 이용 시스템	전자 처방전 서비스 원격 EDI 부가 서비스
의료기관과 개인	건강관리 포털 서비스 모바일 건강관리 서비스 온라인 피트니스 서비스 노약자 보호 서비스	예약 관리 에이전트 서비스 의료 스마트카드 서비스 모바일 간호 관리 서비스 적외선 응급 구호 서비스

출처: ETRI 디지털홈연구단, 2007, 「네트워크 기반의 u-Health 서비스 추진 동향」, 『주간기술동향』 통권 제1321호.

3) U-헬스케어 사업 규모와 현황

국내의 U-헬스케어 주요 사업체들은 대형병원, 대기업, 건설회사, 다국적 기업 및 솔루션 업체 등이 주를 이루고 있으며, 이들 플레이어들은 U-헬스케어 시장을 이끄는 중추적 역할을 한다. 특히 병원들의 의료 정보화가 활발해짐에 따라 LG CNS, 삼성 SDS, HP 등은 의료 정보화 시장 경쟁의 심화를 촉발하고 있다. 특히 선진국을 중심으로 한 U-헬스케어 시장의 괄목한 만한 성장은 경제적인 이유와 함께, 각국의 소득 수준이 꾸준히 향상되면서 보다 나은 의료 서비스를 제공받으려는 국민적 욕구가 증가됐기 때문인 걸로 풀이된다. 또한 전 세계적인 고령화 추세로 의료비가 급격히 증가하는 추세여서 IT로 새로운 의료 서비스 체계를 구축해 이런 문제를 해결할 수 있을 것으로 기대한다.

세계 시장 현황으로 볼 때, U-헬스케어 산업은 의료기기 산업과 서비스 및 장비 산업으로 대별되며 고부가가치 산업으로서 시장 규모가 매우 클 것으로 전망된다. 세계 의료기기 시장 현황 및 전망, 국가별 의료기기 시장규모는 다음과 같다.

〈표 5-3〉 세계 의료기기 시장 규모(2003~2010)

(단위: 백만 달러)

구분	2003	2004	2005	2006	2007	2008	2009	2010
시장 규모	143,159	149,539	156,233	164,341	172,905	181,951	191,508	201,606

자료: World Medical Market report, 2005.

〈표 5-4〉 국가별 의료기기 시장 규모(2005~2010)

(단위: 백만 달러)

구분	2005	2006	2007	2008	2009	2010
세계 시장 규모	156,233	164,341	172,905	181,508	191,508	201,606
아프리카	669	693	719	745	773	802
아메리카	83,672	88,593	93,815	99,358	105,242	111,487
아태평양	27,309	28,378	29,493	30,658	31,876	33,149
서유럽	38,967	40,748	42,614	44,570	46,621	48,771
동유럽	2,189	2,334	2,489	2,654	2,831	3,021
중동/아프리카	3,427	3,596	3,776	3,965	4,165	4,376

자료: World Medical Market report, 2005.

U-헬스산업에 대한 다양한 접근 방향 때문에 시장 규모의 예측은 조사기관마다 그 분류와 금액이 상이하게 보고된다. 미쓰비시총합연구소에 따르면, 세계 헬스케어 시장은 2001년 3.4조 달러에서 2010년 5.8조 달러로 연평균 6% 성장할 것이라고 전망했다. 또한 세계 e-헬스케어 시장은 2001년 700억 달러에서 2010년 3,800억 달러로 연 20%까지 성장할 것으로 내다봤다.

〈표 5-5〉 세계 헬스케어 시장 및 e-헬스케어 시장 전망

분류 / 연도	2001년	2010년	CAGR
세계 헬스케어 시장	3.4조 달러	5.8조 달러	6%
세계 e-헬스케어 시장	700억 달러	3,800억 달러	20%

자료: 미쓰비시총합연구소, 2002.

세계 헬스케어 시장과 국내 헬스케어 시장을 놓고 보면, 규모 면에서는 차이가 많이 나지만, 높은 성장세를 이루고 있는 점이 눈에 띈다.

〈표 5-6〉 국내 U-헬스케어 시장 전망

연도	2010년	2020년	CAGR
U-헬스케어 시장	3조 원	11조 원	12.5%

자료: 산업자원부.

〈표 5-7〉 U-헬스케어 사업의 주요 사업 및 현황: IT 서비스 · SW 기업

구분	주요 사업	현황
삼성 SDS	바이오 인포매틱스	바이오인포매틱스 클라우드 시스템 구축—LT(life technologies) · 삼성의료원 제휴, 유전자 분석 기술 공동 개발
LG CNS	의료 정보화	원주 기독병원 신생아 RFID 시스템 구축 사업, 영동 세브란스 u-hospital 시스템 구축 사업, 국립경찰병원 병원 의료 정보 시스템 구축 사업, 국민건강보험공단 일산병원 통합 의료 정보 시스템 구축 등—연세대 의료원과 MOU, 원격 건강관리 솔루션 개발 · 파일럿 프로젝트
현대 정보 기술	의료 정보화	건국대병원 EMR 구축, 국립정신병원 병원 정보 시스템 구축 시범 사업, 질병관리본부 예방접종 관리 시스템, 보건복지가족부 공공 의료 정보화 사업 등—의료 IT 서비스 프레임워크 자산화를 통한 솔루션 라이선스 공급
비트 컴퓨터	U헬스케어 토털 서비스	RFID, WSN(Wireless Sensor Network), 지그비(Zigbee) 통신 등 다양한 분야와 u헬스케어 접목—국군의무사령부 수도통합병원과 최전방 OP, 울릉도와 해군1함대 의무대, 안산시 단원구 보건소와 대부도 원격 진료 시스템 구축 등
유라클	U헬스케어+모바일	SK텔레콤과 삼성전자의 모바일 오픈 마켓 '티스토어'와 '삼성 앱스토어'에 총 7종 헬스케어 애플리케이션 서비스—u헬스케어 시스템 구축 및 건강관리 서비스 제공

출처: 전자신문(2010. 8. 14.자), 「IT서비스 업계 U헬스 움직임」.

4) U-헬스케어 사업의 발전 방향

U-헬스케어 시장은 하루가 다르게 성장하고 있다. 관련 보고서와 연구들을 종합해 보면, 세계 헬스케어 시장 규모가 2020년 6조 달러를 상회할 것으로 전망하며, 매년 성장률이 25% 이상 지속될 것으로 예상하고 있다. 한편 국내 U-헬스케어 시장 규모는 오는 2012년 약 1조 5,000억~2조 원으로 예상되고 있으며, 환자 모니터링 서비스로 인한 건강보험 지출과 환자 부담금 절감 효과는 연간 1조 4,000억 원에 달한다는 분석도 있다.

특히 선진국들이 적극적으로 U-헬스케어 사업을 추진하는 것은 경제적인 이유도 있지만, 각국의 소득 수준이 꾸준히 향상되면서 보다 나은 의료 서비스를 제공받으려는 국민적 욕구가 증가되었기 때문이다. 또 전 세계적인 고령화 추세로 의료비가 급격히 증가하는 추세여서 IT로 새로운 의료 서비스 체계를 구축해 이런 문제를 해결할 수 있을 것으로 기대된다.

2020년까지 전개될 U-헬스케어 시장을 예측하는 데 있어서 강력한 변수가 될 산업은 정보통신, 특히 전화이다. 초기 집전화에서부터 시작하여 지금의 스마트폰에 이르기까지, 현재 휴대전화를 통해 거의 모든 정보와 문화 콘텐츠를 즐기는 것이 가능하고, 병원에서는 개인의 체질 특성까지 반영한 질병 및 건강관리가 강화된다. 이처럼 스마트폰으로 대표되는 모바일 시장이 급속도로 확산되고, 스마트폰과 관련된 산업적 수요가 폭증함에 따라 미래의 U-헬스케어 사업 분야에서도 특히, 모바일 헬스케어 시장에도 관심을 기울여야만 한다.

현재 우리나라의 이동통신 네트워크 인프라와 기술 수준이 국내는 물론이고 해외 모바일 헬스케어 산업을 선도할 위치에 있지만 정작 실생활에 다가갈 수 있는 서비스는 외국에 비해 뒤처져 있다. 이에 반해 인텔 · 퀄컴 · 마이크로소프트 등 주요 글로벌 기업은 헬스케어 서비스 준비를 마치고 실용화 단계에 임박해 있다. 이 시스템들은 개인별 맞춤 건강관리가 가능한 모바일 헬스케어—환자의 생체 신호를 모니터링해 이동전화 등의 모바일 단말기나 네트워크를 통해 의료진이 건강 상태를 관리하는 시스템을 말한다. 다시 말해 환자와 의사가 시간과 공간, 장소 등에 구애받지 않고 자유롭게 의료 서비스를 주고받는 것을 가리키는 말이다. 생체 신호 계측 및 자동 진단, 응급 경보가 가능한 휴대형 무선 생체 계측 시스템과 스마트폰, 개인 휴대 정보 단말기(PDA), 태블릿 PC, 랩톱 컴퓨터 등의 이동 컴퓨팅 장치, 의료 정보 시스템 등 인프라가 유기적으로 연동되어 환경을 구성한다. 이와 같은 개념은 선원을 대상으로 1920년대부터 논의되었으나 데이터 통신 비용 문제로 1990년대까지 외면받다가 최근 광섬유 개발과 인터넷 · 디지털 전송 기술의 발달로 다시 관심이 높아졌다.

이와 관련해 모바일 헬스케어와 U-헬스케어 산업의 국내 상황을 고려해 볼 때, 원격 의료를 인정하지 않은 현행 의료 법제도가 큰 걸림돌이 되고 있다는 게 중요한 문제로 지적된다. 현행법은 원격 의료 행위를 허용하는 범위가 좁은 데다 의료기관의 영리 행위 금지, 의사자격 및 생체 신호의 유통 규제 등 외국에 비해 원격 진료가 성장하는 환경을 제공하는 데 소극적이다. 이 때문에 우리나라보다 뒤늦게 시작한 미국의 모바일 헬스케어 서비스가 더욱 활성화되어 가고 있다는 것이 업계의 공통된 지적이다. 이에 따라 앞으로 U-헬스케어 사업의 발전 방향에 대해 논의할 때, 기술적 여건과 시장 수요에 대한 예측은 물론, 국내외 시장의 법적 · 행정적 제도 등을 반드시 고려해야 할 것이다.

U-헬스케어 사업의 발전 방향에 대해 논의할 수 있는 또 다른 점은 U-헬스케어 관련 장비와 네트워크 시스템 시장의 과점화에 대한 부분이다.

중소 전문업체부터 외국 기업에 이르기까지 치열하게 경합을 벌여 온 U-헬스케어의 장비, 네트워크 및 시스템 영역의 시장은 향후 몇 년 내로 대부분 교통 정리되고, 2020년까지는 각 부문별로 몇몇 메이저 업체에 집중될 것으로 예상된다. 이들 업체는 국내 U-헬스케어 시장을 선도하고, 특히 U-헬스케어 관련 장비 업체는 외국 시장으로 본격 진출할 전망이다. 한편 U-헬스케어는 의료 국경을 없애는 데에도 크게 기여할 것이다. 건강 검진과 외래 진료 위주의 기능을 수행하던 해외 분원도 U-헬스케어와 접목되면 본원의 수준 높은 의료 서비스를 지원받을 수 있게 된다. 물론 이는 국내 병원뿐만 아니라 세계적인 병원에도 적용될 수 있다. 즉 존스홉킨스나 MD 앤더슨 같은 세계적인 병원도 동아시아 주요 지역에 거점 병원을 설립하고, 각국의 주요 병원과 전략적 연계를 확대해 나갈 가능성이 크다. 그야말로 국경 없는, 세계 의료 시장 장악을 위한 진검승부가 벌어지는 것이다.

마지막으로 U-헬스케어는 병원 간의 네트워크 체계를 강화하는 역할을 한다. 또한 병원-시스템 회사-통신사-장비 제조 회사에 이르는 각 영역별 승자들이 전략적 연계를 통해 고유 시장을 확대해 나가는 데 중요한 촉발자가 될 가능성이 높다.[4)]

4. 헬스케어 콘텐츠와 소셜미디어

소셜미디어는 전 세계적으로 인터넷과 모바일 적용을 통해 우리 사회에 혁명적인 변화를 가져오게 만들었다. 예컨대 커뮤니케이션의 패러다임 시프트(paradigm shift), 이용자들의 라이프스타일 변화, 비즈니스 모델의 진화, 경영 방식과 조직 문화의 혁신, 경영 일선에 새로운 마케팅적 요소를 도입하는 등 소셜미디어를 통한 다양한 변화에 주목할 수 있다. 이에 따라 헬스케어 콘텐츠 영역에서도 소셜미디어를 통해 콘텐츠의 생산성, 주목도, 활용도 등을 높일 수 있는 여지가 높다. 이에 따라 소셜미디어의 전반적인 특징과 장단점을 살펴보고, 헬스케어 콘텐츠를 소셜미디어에 어떻게 활용할 것인지에 대해 논의하도록 하자.

---

4) 삼정KPMG경제연구원, 2009, 『의료전쟁』, 올림, pp.175~177.

1) 소셜미디어의 종류와 특징

위키피디아(한국판)에 따르면, 소셜미디어(social media)란, 사람들이 자신의 생각과 의견, 경험, 관점 등을 서로 공유하고 참여하기 위해 사용하는 개방화된 온라인 툴과 미디어 플랫폼으로, 가이드와이어 그룹의 창업자인 크리스 시플리(Chris Shipley)가 처음 이 용어를 사용하였다. 소셜미디어는 그 자체가 일종의 유기체처럼 성장하기 때문에 소비와 생산의 일반적인 메커니즘이 작동하지 않으며, 양방향성을 활용하여 사람들이 참여하고 정보를 공유하며 사용자들이 만들어 나가는 미디어라고 생각하면 된다.

보통 소셜미디어라고 하면 블로그(blog), 위키(wiki), 페이스북과 같은 SNS, 손수제작물(UCC) 그리고 마이크로블로그(micro blog)를 꼽을 수 있다.

소셜미디어 가운데 SNS는 온라인에서 공통의 관심사를 가진 사용자들 사이에 관계 맺기나 축적된 지인 관계를 통해 인맥 관리, 정보 공유 등의 활동이 가능한 서비스로서, 페이스북과 트위터가 폭발적인 관심을 받으면서 각광받고 있는 온라인 인맥 구축 서비스이다. SNS는 기본적으로 프로필, 관계 맺기 기능을 중심으로 커뮤니케이션, 콘텐츠 생산, 네트워크 활용 등의 기능을 제공한다. 프로필을 통해서 사진, 성별, 지역, 학교, 관심사 등 자신의 아이덴티티에 대해 밝히고 이를 시스템에 축적할 수 있다. 또한 텍스트 메시지, 이미지, 동영상 등을 통해 자신을 표현하고, 커뮤니케이션하며, 콘텐츠를 생산할 수 있다. 이러한 활동은 관계 네트워크를 통해 SNS 시스템 내외부로 공유시킴으로써 폭넓은 범위에 확산된다. 특히 2006년 등장한 트위터는 무선 인터넷 시장의 견인차 역할을 할 것이라는 기대감과 함께 검색도구로 나아가 게임도구나 e-커머스 시장의 다른 형태로의 성장 가능성도 전망되고 있다.

위키피디아에 따르면 소셜미디어의 특징을 다음과 같이 4가지로 정리해 볼 수 있겠다.

첫째, 접근성(accessibility). 다른 매스미디어 채널에 비해 소셜미디어는 유무선 인터넷 환경이 가능하다면 적은 비용 혹은 무료로 누구나 이용이 가능하다는 점이다. 둘째, 유용성(usability). 예전과 달리 소셜미디어 시대에서는 미디어에 대한 전문화된 기술 없이도 누구나 제작 수단을 쉽게 사용하면서 콘텐츠를 생산하고 유통하며 가공할 수 있다. 셋째, 최신성(recency). 보통 미디어가 생산하는 커뮤니케이션 발생 시차는 며칠, 몇 주에서부터 몇 달이 걸리기도 한다. 이에 비해 소셜미디어는 거의 즉각적인 반응을 초래할 수 있으며, 참가자들만이 반응에 대한 지체 여부를 결정한다. 넷째, 영속성(permanence). 디지털 기술의 속성 상, 뉴스 콘텐츠나 본인이 생성한 동영상, 이미지, 텍스트 등 어떤 콘텐츠든지 코멘트나 편집을 통해서 거의 즉각적으로 변경이 가능하다.

2) 소셜미디어 서비스의 장단점

(1) 소셜미디어의 장점

① 유명인과 일반인의 유용한 홍보 채널

트위터와 같은 마이크로블로깅을 가장 활발하게 이용하는 사람들은 연예인, 정치인, 스포츠 선수, 기업인들을 꼽을 수 있다. 특히 연예인들은 트위터를 활용하면서 일반인에게 흥미와 관심을 불러일으키고, 사적으로 '강한 유대 관계(strong ties)'가 형성된 것 같은 느낌을 제공하기 때문에 소셜미디어는 유용한 홍보 채널로서 활용이 가능하다. 최근 통계에 따르면 국내 트위터 가입자는 약 200만 명에 이르고, 지금도 이 숫자는 가파르게 상승 중이다. 국내 대기업의 대표적 총수인 정용진 신세계 부회장과 박용만 두산 회장은 재계의 '파워 트위터'로 널리 잘 알려져 있다. 이들은 트위터를 통해 시시콜콜한 이야기, 개인 사진 등을 올리며 대중들과 소통하는 모습을 보여 주기도 하지만, 민감한 사안(eg. 이마트 피자 논란, 그룹의 자금 위기설)에 대해서는 리스크 관리를 위한 전략적 대응, 회사의 이미지를 제고시키는 차원에서 소셜미디어를 유용하게 활용한다.

정치인들 역시 자신의 신념과 의견을 유권자들에게 즉각적으로 배포함으로써 국민과 소통하는 수단으로 마이크로블로깅을 이용하기도 한다. 특히 오바마 대통령은 열성적인 트위터 사용자로 알려졌으며, 2008년 대선에서도 소셜미디어를 활용해 젊은 유권자 층을 투표장으로 이끌어 내는 데 상당한 기여를 했다는 후문이다. 이와 같이 유명인들이 소셜미디어를 잘 활용한다면 적은 시간과 노력을 들여서 당사자들이 원하는 효과를 이룰 수 있다는 점이 소셜미디어의 가장 큰 장점이라고 할 수 있다.

② 기업의 온라인 소통 채널

치열한 경쟁이 지속되는 상황에서 고객의 충성도를 높이고, 고객을 유인하기 위한 전략의 하나로서, 기업들은 저마다 '고객 가치 실현'을 구현하기 위해 애를 쓴다. 이를 위해 기업들은 트위터나 페이스북 등 소셜미디어를 활용해 고객과 좀 더 밀착할 수 있는 커뮤니케이션 채널을 늘리고 있다.

기업이 현재 소셜미디어를 활용하는 형태는 세 가지로 분류된다. 첫째, 소셜미디어를 통해 제품을 직접 판매하는 판매 채널로 사용하는 경우로서 기업의 매출과 직접적인 연관성을 갖는 형태이다. 둘째, 즉각적이고 디테일한 서비스를 제공하는 고객 서비스 형태이다. 제품에 대한 단순 문의에서부터 사용 후 A/S까지 고객 서비스의 보완책을 활용해 좋은 성과를 거두고 있는 것이다. 셋째, 고객 데이터 수집 채널로서의 서비스 이용 형태이다. 고객의 구매 패턴, 구매 동기, 사용 가치의 효용성 등 소셜미디어를 이용해 자사 제품이나 서비스에 대한 다양한 의견을 수집할 수 있다는 것이 강점이다. 물론 소셜미디어의 이 같은 활용은 시장 조사 비용을 획기적으로 낮출 수 있다는 점도 고려할 수 있겠다.

(2) 소셜미디어의 단점

① 허위 정보의 파급력

> "23일 오후 북한의 연평도 해안포 발사 소식이 국내외를 충격에 빠뜨린 가운데, 몇몇 네티즌들이 소셜네트워크서비스(SNS) 등으로 허위정보를 유포해 물의를 빚고 있다. 이날 북한의 갑작스런 해안포 공격 뉴스는 트위터 등을 통해 급속히 퍼져 나갔다. 트위터는 순식간에 연평도 피해 상황을 걱정하고 정보를 공유하는 트위터리안들의 목소리로 뒤덮였다. 이 상황에서 한 네티즌은 "연평도 위성사진이라고 하네요. 상황이 정말 심각한 듯"이라며 위성사진 1장을 트위터에 올렸다. 검은 연기가 무섭게 치솟는 이 실감 나는 사진은 순식간에 RT(리트윗 · 퍼나르기)를 통해 전파됐다. 심지어 국내 방송과 CNN 등 해외 매체에서도 이 사진을 썼다. 그러나 이 사진은 금세 가짜로 판명됐다. 지난 2003년 4월 미국의 이라크 침공 당시 공습을 받았던 바그다드 위성사진을 한 네티즌이 '연평도 현재 상황'이라며 유포한 것이다. 워낙 트위터 상의 메시지 전파 속도가 빠르다 보니, 언론마저 사실 여부를 확인하지 않은 채 '낚여버린' 웃지 못할 촌극이었다. (중략) 허위 문자메시지도 잇따랐다. 이날 오후 일부 시민의 휴대폰에는 '23일 6시까지 각 지역 기차역으로 소집 명령', '동원령 선포됐습니다. 가까운 부대로 집결', '국방 비상태세 발령, 예비군 및 민방위 대원 소속 동사무소로 소집' 등의 메시지가 국방부 교환 전화번호(02-748-1111)로 유포됐다. 예비군들의 문의가 쏟아지자 국방부는 "연평도 사태와 관련, 군 당국이 예비군 소집을 명령했다는 것은 사실무근"이라며 "이에 현혹되지 않기를 바란다"고 밝혔다. 경찰청 사이버테러대응센터는 이 같은 허위 문자메시지 유포건에 대해 발송자를 추적하는 등 수사에 착수했다고 밝혔다."
>
> (조선일보, 2010. 11. 23.자 기사)

위에서 인용한 일간지 기사는 소셜미디어로 분류되는 '트위터'에서 잘못 퍼뜨린 거짓 정보와 유언비어를 보여 주는 대표적인 사례다. 소셜미디어를 통해 잘못된 정보와 가십이 급속하게 유포될 수 있는지, 네티즌들을 혼란스럽게 할 수 있는지를 여실하게 보여 주는 사건이라고 할 수 있다.

이와 같이 소셜미디어의 네트워킹 시스템과 오픈형 구조로 인해 잘못된 정보 유포는 통제가 거의 불가능하다. 특히 단문의 메시지는 논리적인 생각이나 글을 담기 쉽지 않아서 정보의 정확성을 담보하지 못하는 경우도 발생한다. 면대면 커뮤니케이션이 아닌 휴대전화나 PC로 커뮤니케이션이 오고 가기 때문에 한 번 잘못 올린 글은 휴대전화와 PC에 연결되어 있는 지인들, 수많은 추종자들, 불특정 다수에게로 동시에 전달될 수 있기 때문에 부정적인 파급 효과가 클 수 있다.

② 목적 지향적 도구로 전락

앞서 소셜미디어가 커뮤니케이션의 패러다임 시프트를 가져왔다고 언급했다. 이는 참여와 개방을 통해 진정한 소통을 이룰 수 있다는 것과도 일맥상통하나 부정적인 측면에서 보면, 소셜미디어는 소통의 도구라기보다는 목적 지향적인 도구로 전락되기 쉽다는 의미로도 이해할 수 있다. 특히 유명인들과 기업의 마케팅, 홍보 담당자들은 트위터라는 매체를 많이 이용하고 있다. 트위터 속의 인간관계를 분석해 보면, 전략적 파트너로서 수용자들이 이용당할 가능성도 있는 것이다. 트위터의 주 이용자층을 보면, 관계 지향적 인맥을 형성하는 10~20대보다 목적 지향적 인맥을 원하는 30~40대 층이 많고, 혁신적인 소통 방식을 통해 짧은 시간 안에 자신의 목적과 정확하게 부합하는 사람을 만나고자 하는 경향이 강하다고 보도된 바도 있다.

3) 소셜미디어 서비스의 전개 전망

소셜미디어는 서비스의 유형에 따라 다양한 범주로 구분해 볼 수 있다.

가장 대표적인 모델은 블로그로 대표되는 커뮤니케이션 모델로 이 범주에는 블로그와 마이크로블로그, 소셜네트워킹 사이트, 이벤트 네트워킹 사이트로 세분화된다. 블로그의 경우 이미 국내에서도 개인 미디어를 대표하는 서비스로 활성화되어 있는 상태이고, '트위터'로 대표되는 마이크로블로그는 국내 가입자 수만 현재(2010년 11월 기준) 200만 명을 돌파하며 폭발적인 성장 추세이다. '싸이월드', '페이스북'으로 대표되는 소셜네트워킹 사이트는 개인 간 네트워크 구축 형태로 이미 확산되어 있는 형태다. 싸이월드는 국내에서 '싸이질', '관심일촌', '파도타기', '도토리' 등 유행어와 사이트에서 사용하는 용어가 인구에 널리 회자되면서 꾸준히 관심을 받는 서비스이다. 특히 페이스북은 지난 2004년 설립돼 가입자 수가 1억 명을 돌파하기까지는 4년 가까운 시간이 걸렸지만, 2010년 가입자 수가

4억 명에서 5억 명으로 돌파하기까지는 불과 5개월밖에 걸리지 않았다고 한다 한편, '프랜드피드(Friendfeed.com)'와 같이 소셜네트워크 사이트들을 네트워크 형태로 집적시켜 주는 기능을 갖는 사이트도 등장하게 되었다.

다음으로 협업(collaboration) 모델로, 위키, 소셜 북마킹, 소셜 뉴스, 리뷰 & 오피니언 사이트, 커뮤니티 Q&A 사이트로 분류된다. 위키는 전 세계적으로 활성화된 모델로서, 위키피디아는 대중들이 스스로 올리고 편집한 온라인 백과사전의 형태로서, 200년 이상의 권위를 내세우는 브리태니커 백과사전을 압도하고 있다는 뉴스도 등장했다. 또한 소셜 북마킹 모델은 인터넷 공간의 즐겨찾기 기능을 수행하는 모델로 생활 정보 중심으로 활성화되어 있고, 뉴스에 기반을 둔 소셜 뉴스, 제품에 대한 리뷰와 사회적 의제에 대한 의견을 중심으로 구성되는 리뷰 & 오피니언 사이트로 구분할 수 있다.

다음 유형으로는 공유되는 콘텐츠 형태에 따른 콘텐츠 공유 모델과 마지막으로 게임과 연결된 엔터테인먼트 모델로 유형이 분류된다.

국내외 사이트를 중심으로 소셜미디어의 서비스 유형에 따른 분류를 정리해 보면 다음과 같다.

〈표 5-8〉 소셜미디어 유형

	서비스 유형	해외 사이트	국내 사이트
커뮤니케이션 모델	blog	Blogger, LiveJournal, Open Diary etc.	포털 블로그, 이글루스, 티스토리
	micro blog	Twitter, Plurk, Jaiku	미투데이, 토씨, 플레이톡
	social networking	Bebo, facebook, LinkedIn, Myspace 등	싸이월드, 아이러브스쿨
	event networking	Upcoming, Eventful, Meetup.com	
협업 모델	wikis	Wikipedia, PBwiki, wetpaint	
	social bookmarking (or tagging)	Delicious, Google Reader	마가린, 네이버 북마크
	social news	Digg, Mixx, Reddit	다음 뷰
	review & opinion sites	epinions, Yelp, City-data.com	디시인사이드, 아고라

	community Q&A	Yahoo! Answers, WikiAnswers, Google Answers	네이버 지식iN, 네이트 Q&A
콘텐츠 공유 모델	photo sharing	Flicker, Zooomr, Photobucket	
	video sharing	YouTube, Vimeo	판도라TV, 엠군
	livecasting	Ustream.tv, Justin.tv, bizbuzztour.com	아프리카
	audio and music sharing	imeem, ccMixter	벅스뮤직
엔터테인먼트 모델	virtual worlds	Second Life, Forterra	누리엔
	game sharing & play	Miniclip, Kongregate	

자료: 최민재, 2009, 「소셜미디어의 확산과 미디어 콘텐츠에 대한 수용자 인식연구」, 한국언론정보학회.

4) 소셜미디어를 이용한 헬스케어 콘텐츠의 활용

수많은 버즈워드(buzzword) 중에서 작금의 미디어 환경을 반영하는 'T.G.I.F'라는 말이 있다. 'T.G.I.F'하면 본래 'Thanks God, it's Friday'를 뜻하는데 최근에는 소셜미디어를 대변하는 트위터(Tweeter), 구글(Google), 아이폰(iphone), 페이스북(Facebook)의 앞 글자를 딴 말로 불리고 있다. 그만큼 소셜미디어가 새로운 소통의 키워드이자 이 시대의 화두로 부상하고 있다.

이는 비단 특정 분야 혹은 영리 기업에만 해당하는 사항이 아니다. 많은 정보를 접해도 지인의 한 마디, 신뢰하는 사람을 통해 들은 정보가 더 설득력 있게 의료 소비자를 움직인다는 점에서 병원, 의료 환경에서도 소셜미디어의 파급력은 엄청나다. 이미 소셜미디어를 통해 많은 의사들이 직접 소비자와 소통하고 있고, 아주 개인적인 감회에서부터 전문적인 의료 정보 제공에 이르기까지 소통의 내용 또한 예전과 확연히 달라졌다. 소비자들도 이젠 몇 명의 지인을 거치지 않아도 소셜미디어 상에서 의사 혹은 병원 직원과 소통을 하기란 그리 어렵지 않은 시대가 오고 있는 것이다.

소셜미디어가 명실상부 마케팅의 필수 요소로 자리 잡은 지금, 과연 헬스케어 콘텐츠를 어떤 측면에서 활용할 수 있을 것인지 검토해 볼 필요가 있다.

(1) 페이스북의 활용

소셜네트워킹 기술은 한 마디로 이용자들의 관계를 통해서 정보와 지식이 재해석될 수 있는 문맥을 만드는 기술이다. 미국의 인맥 형성 서비스인 페이스북이 그러한 소셜네트워킹 기술이 적용된 대표적 예다. 간단한 예로 객관적인 정보, 꽃 한 송이가 있다고 했을 때, 그 꽃을 길거리의 판촉원이 주는 것과 오랫동안 남몰래 날 좋아하던 사람이 멋진 고백과 함께 주는 것이 같은 의미를 가질까? 분명히 다르다. 일반적인 지식과 정보도 마찬가지다. 그것이 객관적이라 할지라도 누가 주느냐에 따라 신뢰도가 달라진다. 그러한 이해가 최근 소셜네트워킹 기술을 통한 서비스에 의존하는 지식과 정보의 검색이 구글 등을 통한 단순 검색보다 앞서고 있는 까닭을 설명해 준다.

헬스케어 콘텐츠와 관련된 중요한 문제 역시 바로 콘텐츠의 '신뢰성'에 대한 점이다. 특히 헬스케어 콘텐츠는 다른 콘텐츠와 달리 건강과 생명에 직결된다는 점에 주목해야 한다. 이 때문에 헬스케어 콘텐츠를 이용하는 사람들이 콘텐츠 자체를 신뢰할 수 있느냐 없느냐의 문제는 이들이 (온오프라인 상에서) 콘텐츠를 공유하고 확산시키고 활용하는 데 있어서 중요한 판단 기준이 된다. 이런 점을 고려했을 때, 페이스북의 사용이 확대되면서 익명성으로 대표되는 인터넷의 특성이 실명성으로 전환되는 계기가 되고 있다. 익명성은 정보를 올린 사람의 신원이 불분명하고, 내가 올린 정보가 어떤 경로로 어떻게 소비되는지도 정확히 알 수 없다. 하지만 실명성이 기반이 된 정보는 콘텐츠에 대한 신뢰는 물론, 정보의 공유 · 확대 · 활용에서 그 가치가 뛰어나다고 할 수 있다. 페이스북에서 '나'는 비밀스런 존재가 아니고 내가 올리는 모든 정보는 나와 연결이 되어 움직이는 것이다.

페이스북에서 지인들로 연결된 그룹이나 커뮤니티를 통해 정보의 개인화 및 맞춤화는 사용자뿐만 아니라 기업들에게도 새로운 마케팅의 가능성을 열어 준다. 지금까지 기업들은 고객들이 인터넷을 어떻게 사용하는지를 속속들이 파악하지 못했기 때문에 불필요한 광고를 무차별적으로 쏟아 내야 했다. 하지만 헬스케어 기업들이 만든 콘텐츠를 페이스북을 적절히 활용하여 마케팅 한다면 자원의 효율적 배분이 일어나고, 콘텐츠의 활용도 역시 높아질 것이라 기대된다.

헬스케어 기업들이 페이스북을 활용할 때, 주목해야 할 점이 바로 '맞춤형 정보'에 대한 부분이다. 페이스북 이용자들은 가입 시 나이와 성별은 물론, 직업, 종교, 결혼 여부 등을 프로필에 자발적으로 적어 넣고 있다. 정보 입력에 대한 사항은 개인의 자유의사에 달렸지만 좀 더 새로운 인간관계를 갖기 원하는 사람들은 자신의 개인 정보를 정확하고,

아무 거리낌 없이 페이스북에 제공하게 된다. 개인별 정보는 단순히 가입 정보로만 그치지 않는다. 사용자가 남긴 사이트를 넘나들며 남긴 행동들은 마케터들이 주목해야 될 점이다. 특정 지역에 사는 40대의 직장 여성이 매일 모 다이어트 식품 회사에서 제공하는 정보(콘텐츠)에 가장 많은 클릭을 하고, '좋아요'를 표시했다면, 이 회사는 중요한 타깃 층이 어느 지역, 어떤 연령층의 어떤 성을 가진 사람인지를 금방 알 수 있고, 회사의 제한된 가용 자원(광고 마케팅 비용, 콘텐츠 제작 비용 등)을 목표 타깃 층에 집중적으로 투입할 수 있게 되는 것이다.

(2) 헬스커뮤니케이션의 정의

① 헬스커뮤니케이션 정의 (1)

이와 관련하여 헬스커뮤니케이션은 건강과 관련된 의료 처치 및 건강관리 활동으로 얻어지는 성과들을 향상시킬 수 있는 강력한 도구이며, 건강에 있어서 사람들 간의 차이와 차별 그리고 건강에 관련된 개인적 혹은 사회적인 변화를 촉진하는 데 공헌하는 포괄적인 분야의 커뮤니케이션 기술을 말한다.

② 헬스커뮤니케이션 정의 (2)

헬스커뮤니케이션은 대단히 포괄적이며, 다양한 분야의 지식들이 혼합된 성격을 띠고 있다. 헬스커뮤니케이션은 개인, 커뮤니티, 헬스 관련 종사자, 정책 입안자 및 관련자 그리고 대중들 모두에게 건강과 관련된 정보를 소개하고, 채용하며, 그리고 마침내 행동의 변화를 꾀하게 만드는 모든 계획적 노력의 포괄적 의미이다.

헬스커뮤니케이션의 궁극적인 목적은 건강과 관련된 결과를 인간이 바라는 방향으로 얻게 하기 위함이다. 헬스커뮤니케이션은 이상과 같은 목적을 달성하기 위해 다양한 분야의 지식들을 차용하기에, 학문의 성격을 다중 분야 관련성으로 제시하는 것이다.

헬스케어 콘텐츠와 관련된 다양한 용어들이 쏟아져 나오고 있다. 여기에서는 이러한 용어들의 정의, 특징을 알아보고, 앞으로 헬스케어 콘텐츠를 제작하는 데 있어서 어떻게 활용할지에 대해 생각해 보자.

(3) 메디슈머와 사이버 콘드리아

① 적극적 의료 소비자의 등장

인터넷 환경은 환자와 의사의 관계에 많은 변화를 가져오게 만들었다. 공유하기 어려웠던 질병 관련 정보들은 인터넷을 통해 환자들의 경험으로 생산되고 있다. 환자들은 예전과 달리 자신과 관련된 의료 행위 정보를 보다 쉽고 빠르게 접할 수 있어 병원에 방문하기 전에 인터넷을 통해 정보를 탐색하는 행위가 이루어지고 있다. 이러한 변화로 새롭게 '메디슈머'가 나타나고 있으며, 더 나아가 '사이버 콘드리아'까지 등장하고 있다.

메디슈머란, 'medical+cosumer'의 약자로 의료 서비스에 대한 관심이 크며 인터넷을 통해 각종 의학 정보를 수집하고, 이와 관련된 커뮤니티 활동을 주도하는 의료 소비자를 뜻한다. 메디슈머들은 단지 인터넷 서핑을 통해 의료 정보를 획득하는 데 그치지 않고, 의료기관별 치료 수준, 가격, 개별 의사의 능력 정도에 대한 정보를 공유한다. 이러한 적극적인 의료 소비자의 등장으로 의료 행위와 관련된 정보가 생산되고 있으며, 이를 이용하여 자신과 관련된 정보를 획득하는 사람들 또한 증가하고 있다. 이에 등장하고 있는 것이 '사이버 콘드리아' 현상이다. 사이버 콘드리아는 '사이버(cyber)'와 '건강 염려증(hypochondria)'의 합성어로 인터넷 건강 정보를 보고, 자신이 그 병에 걸렸다고 믿는 것으로, 지나치게 건강을 염려한 나머지 인터넷의 의학 정보에 의존해서 임의로 자가진단이나 자가 처방을 내리는 증상이다. 사이버 콘드리아 환자들 중 일부는 인터넷에서 알게 된 치료법을 의사에게 해달라고 요구하는가 하면 치료법에 대해서 의사와 격렬한 논쟁을 벌이기도 한다.

메디슈머와 사이버 콘드리아는 현재 인터넷 의료 정보 생산과 이용 체계와 문제점을 모두 드러내는 대표적인 사례라고 볼 수 있다. 그렇지만 이들에 대한 본격적인 연구는 아직 미흡한 실정이다. 따라서 이에 메디슈머 집단과 사이버 콘드리아 현상을 연구하여 인터넷을 통한 의료 정보 생산과 이용에 있어 나타나는 특징을 밝혀 보는 것은 헬스케어와 헬스커뮤니케이션 연구를 하는 데 있어 중요한 자료로 활용될 수 있는 측면이 높다.

② 사이버 콘드리아의 일반적인 증상

- 인터넷을 이용하여 건강 정보를 탐색한다.
- 인터넷을 이용하여 얻은 건강 정보로 자가 진단 및 처방을 한다.
- 건강 염려증적 증상을 보인다. 닥터 쇼핑을 하고, 참을성이 없고, 신체 감각에 과민한 편이다.
- 인터넷 건강 정보를 보고 자신이 그 병에 걸렸다고 굳게 믿는다.

- 인터넷을 통해 찾은 치료법을 의사에게 제시한다.
- 증상과 병을 정한 후 치료법을 결정하여 병원을 찾는다.

③ 건강 염려증

김연 심리상담소(http://www.kimyon.co.kr)

- 건강에 대해서 항상 걱정된다.
- 잠을 잘 자고 일어나도 아침에 몸과 마음이 개운치 않다.
- 때로는 암에 걸린 것 아닌가 두려운 마음이 든다.
- 나는 남들보다 건강하지 못하다.
- 몸에 병이 있을까봐 걱정스런 생각이 떠나지 않는다.
- 친구를 만나면 머리가 아프다는 말을 자주 한다.
- 가슴이 뛸 때는 심장병이 아닌가 생각한다.
- 병에 대한 막연한 불안 때문에 실제 증상이 올라오기도 한다.
- 기침을 하면 폐나 가슴 쪽에 병이 있지 않나 걱정한다.
- 어지러울 때는 내가 무슨 병이 걸렸구나 하고 놀란다.
- 조금만 일을 해도 쉽게 피로가 온다.
- 나는 원치 않는 아이로 태어났다.
- 몸이 안 좋을 때는 죽을 것 같은 생각을 한다.
- 피곤할 때는 잠깐 걷는 것도 힘들다.
- 아프다는 말을 해도 내 말을 믿어 주지 않는다.
- 불치병이 걸리면 어쩌나 생각할 때가 있다.
- 중병으로 돌아가신 가족을 생각하면 알 수 없는 불안을 느낀다.
- 몸에 조금만 이상이 있어도 불치병 아닌가 의심이 든다.
- 긴장하거나 조금만 신경 쓰면 골이 아프다.
- 마음의 안정감이 부족하다.
- 몸이 많이 아픈데도 의학적 검사에서는 이상이 없다.
- 허리가 아플 때가 있다.
- 부모의 사랑과 인정을 받지 못했다.
- 병에 걸릴까봐 걱정하다 보면 진땀을 흘리기도 한다.
- 복통으로 고통스러울 때가 있다.

(아니다/가끔/자주/항상, 4점 척도)

(4) 헬스케어 콘텐츠 활용을 위한 전략적 케이스 스터디(Case Study) 1/2

헬스케어 콘텐츠 활용의 연장선상에서, 헬스커뮤니케이션 캠페인을 한다고 가정해 보자. 주어진 사례 연구 ①, ②를 통해 연구문제와 가설을 검증해 보고, 헬스커뮤니케이션 캠페인 활동에서 메시지 전략과 행동적 유인을 어떻게 연결시킬 것인지에 대해서도 논의해 본다.

사례 연구 ①

대한민국 중년층의 기능적 식품 섭취와 다차원적 커뮤니케이션 요인 간 관계—유기농 식품 · 보양 음식 및 보약 · 혐오 식품을 중심으로

▶ 연구문제 및 가설

■ 연구문제 1. 자아적 차원: 건강 염려증(hypochondriasis: 건강 염려 인식, 건강 염려 생활습관)
건강 염려증과 중년 남성의 기능적 식품 섭취 상에는 어떠한 관계가 있는가?

- 가설 1. 건강 염려증이 높은 중년 남성일수록 유기농 식품/보양 음식(장어/삼계탕/보신탕 등) 및 보약/혐오 식품(뱀/번데기/개구리/지네 등)의 섭취 빈도가 높을 것이다.

■ 연구문제 2. 대인적 차원: 친구/가족
중년 남성의 기능적 식품 정보원으로서 친구와 가족의 영향력은 어떠한가?

- 가설 2-1. 가족/직장 동료/친구를 기능적 식품의 주요 정보원으로 둔 중년 남성일수록 유기농 식품/보양 음식 및 보약/혐오 식품의 섭취 빈도가 높을 것이다.
- 가설 2-2. 여러 명의 직장 동료/친구들과 동시에 어울려 노는 것을 선호하는 중년 남성일수록 보양식 및 혐오 식품의 섭취 빈도가 높을 것이다.

■ 연구문제 3. 매스미디어적 차원: 매스미디어 메시지 노출
기능적 식품 섭취에 대한 텔레비전 메시지의 영향력은 어떠한가?

- 가설 3-1. 식품 위해성(food-risk) 관련 텔레비전 메시지(우연/선호) 노출 빈도가 높은 중년 여성일수록 유기농 식품 섭취 빈도가 높을 것이다.
- 가설 3-2. 다이어트 관련 텔레비전 메시지(우연/선호) 노출 빈도가 높은 중년 여성일수록 유기농 식품 섭취 빈도가 높을 것이다.

■ **연구문제 4. 유기농 식품 · 보양 음식 · 보약 · 혐오 식품 섭취 간 관계는 어떠한가?**

- 가설 4. 중년층의 보양 음식과 보약 섭취 간에는 정적인 상관 관계가 있을 것이다.

사례 연구 ②

신종인플루엔자의 예방 행동에 대한 심리적 반발 과정에 대한 고찰

다음은 신종인플루엔자와 관련된 기사의 일부분이다.

> 세계보건기구(WHO)는 신종플루는 이미 '대유행기'에 접어들었고, 대유행기가 종료될 때까지 세계 인구의 약 30%인 20억 명이 신종플루에 감염될 수 있다고 밝혔다. (중략) 최근에는 신종플루 바이러스가 폐나 심장뿐 아니라 뇌를 공격할 수 있다는 것이 우리나라에서 첫 사례로 밝혀진 바 있다. 신종플루 바이러스가 뇌염을 일으킨 후 뇌 부종과 뇌사 상태를 유발한다는 것이다. 손을 씻는 것만으로도 신종플루 예방은 90% 가능하다는 게 전문가의 견해다.

이렇듯 신종플루에 대한 사회적 위험과 개인적 위험이 도처에 존재함에도 불구하고, 예방 행동들이 일상생활에서 적극적으로 일어나고 있지는 않는 경우가 많이 발생한다. 각종 매체는 신종플루 예방 행동 지침에 대해 보도하고 있고, 학교 및 관공서, 기업 등에서 신종플루 감염 주의에 대한 안내 및 배너를 걸고 있고, 손 소독 의무 등을 권고하는 등 사회적인 예방 캠페인이 벌어지고 있음에도 불구하고, 개인적인 예방 행동들은 일어나지 않거나 그나마 주의했던 행동들도 시간이 지남에 따라 줄어들고 있는 것처럼 보인다.

그렇다면 왜 이렇게 예방 행동들이 일어나지 않는 것일까. 우리는 헬스커뮤니케이션 전략적 활용 측면에서 예방 행동들이 일어나지 않는 것에 어떠한 태도가 영향을 미치고, 그러한 태도에는 어떠한 요소들이 영향을 미치는지를 알아볼 필요가 있다. 참고로 언론

에서 유포되는 메시지 요소와 매개 효과를 중심으로 심리적 반발과 행동 사이의 관계를 규명해 보자.

* TIP

- 메시지 요소

  심각성(결과의 심각성 인지 정도), 요구의 크기(요구하는 예방 행동의 정도), 주장의 강도(설득력 있는 근거의 제시)

- 매개 효과

  제3자 효과(나는 안 걸릴 것이라는 생각), 사회적 시선(다른 사람이 유난스럽게 볼까봐 하는 시선)

하루에도 각종 매체에서 수백 건 이상 헬스케어 콘텐츠와 관련된 기사가 쏟아져 나오고 있다. 앞서 계속 강조했듯이, 헬스케어 정보는 사람의 건강과 생명에 직접적으로 영향을 줄 수 있다는 점을 간과해선 안 된다. 왜냐하면 개인적 측면에서는 질병 방지와 신체적 건강관리, 사회적 측면에서는 정확한 정보의 유통을 통한 헬스케어 사업의 지속적 성장과 사회적 비용의 감소라는 두 가지 차원을 고려할 수 있기 때문이다. 따라서 향후 헬스케어 콘텐츠 제작자의 역할을 하기 위해서 기사를 평가하고, 실제로 작성해 보는 시뮬레이션 과정이 반드시 필요하다고 할 수 있다.

기사 평가 및 작성 ①

> "커피-홍차, 치매 예방에 도움"
>
> 커피와 홍차가 치매에 앞서 나타나는 인지기능 저하 속도를 늦추는 효과가 있다는 연구 결과가 나왔다. 미국 로스앤젤레스 캘리포니아 대학의 리노어 애럽(Lenore Arab) 박사는 65세 이상 남녀 4,809명을 대상으로 최장 14년에 걸쳐 커피 또는 홍차를 얼마나 마시는지를 조사하고 인지기능을 측정하는 간이정신기능검사(3MSE)를 매년 실시한 결과 홍차는 인지기능 저하 속도를 17~37%, 커피는 20% 늦추는 효과가 있는 것으로 나타났다고 밝힌 것으로 영국의 일간 데일리 메일 인터넷판 등이 12일 보도했다. 홍차를 마시는 횟수를 연간 5~10회,

월 1~3회, 주 1~4회, 주 5회 이상일 때 인지기능 저하 속도를 지연시키는 효과는 각각 17%, 32%, 37%, 26%로 나타났다. 이는 홍차를 많이 마실수록 효과가 커지는 것이 아니라 일정한 수준을 넘기기만 하면 일정한 효과를 기대할 수 있는 이른바 '문턱 효과(threshold effect)'가 있음을 보여 주는 것이라고 애럽 박사는 설명했다. 한편 커피는 홍차와는 달리 일주일에 5번 이상을 마셔야만 인지기능 저하 속도를 20% 늦출 수 있는 것으로 밝혀졌다. 커피는 홍차보다 카페인이 2~3배 더 많이 들어 있는 만큼 이러한 효과가 있는 것이 카페인과는 연관이 없을 가능성이 높다고 애럽 박사는 말했다. 이 연구결과는 하와이에서 열리고 있는 국제알츠하이머병회의(International Conference on Alzheinmer's Disease)에서 발표되었다.

(연합뉴스 2010. 7. 13.자. 한성간 기자)

"'다방커피' 즐기다 골다공증 생길라"

Q. 70대인 부모님이 눈길에 낙상해 골절상을 입을까봐 걱정이다. 골다공증이 있으면 골절 위험이 높아질 것으로 여겨져서다. 고용량의 칼슘 보충제를 꾸준히 복용하면 골다공증을 예방할 수 있다고 들었다.

A. 결론부터 말하면 '2% 부족'하다. 골다공증에 대한 우려가 커지면서 칼슘 보충제를 매일 챙겨 먹는 사람이 수두룩하다. 칼슘 보충제의 칼슘 함량은 100~2000mg까지 다양하다. 칼슘 함량이 높은 제품을 선호하는 사람이 많은데 고용량이 늘 좋은 것은 아니다. 칼슘을 과잉 섭취하면 부작용으로 변비 · 우울 · 결석 · 마그네슘 부족 증상 등이 나타날 수 있다. 칼슘 보충제는 대개 구연산칼슘 · 탄산칼슘의 형태로 판매된다. 이들의 체내 흡수율은 30%가량. 구연산칼슘은 아무 때나 복용해도 괜찮다. 하지만 탄산칼슘은 식사 후에 복용하는 것이 좋다. 빈속에 먹으면 칼슘의 체내 흡수율이 크게 떨어지기 때문이다. 한국영양학회가 정한 50세 이상 남성의 하루 칼슘 섭취 권장량은 700mg(50세 이상 여성 800mg)이다. 골다공증학회는 폐경 전 여성에겐 하루 1200mg, 폐경 후엔 1500mg을 추천한다. 그러나 칼슘 보충만으로 노인의 골다공증 · 골절을 예방하기엔 역부족이다. 게다가 칼슘은 체내 흡수율이 낮은 미네랄이다. 몸 안에 칼슘을 더 많이 쌓아 두려면 비타민 D를 함께 보충해야 한다. 노인에게 하루에 15분 이상 외출해 햇볕을 쬐라고 강조하는 것은 비타민 D가 자외선을 받으면 피부에서 생성되는 '선샤인' 비타민이기 때문이다(한양대병원 류마티스내과 성윤경 교수). 걷기 · 수영 등 유산소 운동도 골다공증 예방에 크게 기여한다. 근육의 수축 · 이완 과정에서 뼈에 적절한 자극이 가해져 뼈가 단단해지는 것. 반면 근력 운동은 골다공증 예방 · 치료에 별 도움이 되지 않는다(건국대병원 정형외과 오정환 교수). 흡연 · 음주와 과도한 카페인 섭취도 금물이다. 술과 담배는 뼈의 생성을 방해하는 요인이다. 카페인은 장에서 칼슘 흡수를

막고, 칼슘이 소변으로 빠져나가도록 한다. 특히 설탕이 듬뿍 든 이른바 '다방 커피'를 하루에 4잔 이상 마시는 것은 삼간다.

(중앙일보 2010. 1. 18.자. 박태균 기자)

상기 기사는 '커피' 복용에 대해 긍정적 측면과 부정적 측면이 뚜렷하게 대비되고 있다. 이 기사의 문제점은 각각 무엇이고, 실제 커피를 마시고 있거나 혹은 커피를 마시려고 하는 일반인들이 이런 정보를 접한 후, 과연 어떤 생각과 행동을 취할 것인가. 만약 본인이 헬스케어 콘텐츠를 제작하는 기자라면 이와 같은 기사들을 어떻게 다뤄야만 기사를 읽는 사람들에게 좋은 정보가 되고, 유용하게 활용할 수 있을지 이야기해 본다. 이후 평소 관심이 있거나 취재하고 싶은 특정한 아이템이 있다면, 헬스케어 콘텐츠와 관련된 기사를 실제로 작성해 보는 연습을 해보자.

기사 평가 및 작성 ②

"MRI보다 훨씬 선명한 3D 영상진단기"

인천성모병원-하버드의대 공동개발…암조직 선택해 볼 수 있어

가톨릭대 인천성모병원이 미국 하버드 의대와 인체가 갖는 전류의 저항값을 이용해 질병을 파악하는 새로운 개념의 영상진단기기 개발에 성공했다. 가톨릭대 인천성모병원은 신경외과 한영민 · 영상의학과 정용안 교수팀과 하버드 의대 영상의학과 유승식 교수팀이 전기임피던스 단층촬영장치(EIT)라는 새로운 개념의 영상진단기기를 개발했다고 3일 밝혔다. 새로 개발된 영상진단기기는 방사선이나 전자기 신호, 초음파 등을 사용한 기존 의학적 영상제작 방법이 아닌 생체조직의 전기 저항을 측정해 이를 실시간 입체영상으로 만들어 낸다. 인천성모병원은 "인간의 연부조직을 확인하는 데 탁월한 기능을 갖추고 있으며 해부학적 영상 획득뿐만 아니라 실시간으로 신경조직을 포함한 생체의 생물학적 기능 변화까지 관찰할 수 있다"며 "특히 암조직만 선택해 영상화가 가능해 암의 조기진단에 기여할 수 있게 됐다"고 설명했다. 또 손쉽게 이동이 가능해 외래 진찰실에서도 사용할 수 있고 반복 촬영해도 안전하며 검사 시 환자의 불편함을 최소화했다고 병원 측은 덧붙였다. 한영민 · 정용안 교수는 "EIT는 인체가 갖는 전류의 저항값을 이용해 질병을 파악하는 영상진단 방법으로 새로운 암 진단의 가능성을 보여 줬고 그 결과를 국내외에 발표할 것"이라고 말했다. 이 기기는 이미 국내 특허를 획득했으며 현재 미국을 포함한 7개국에 특허출원 중이다. 병원 측은 이 기

기가 향후 몇 년 내 상용화될 것으로 내다봤다. 또 연구팀은 저주파의 펄스화된 초음파를 특정한 신체 위치에 집중시켜 주는 기기를 개발해 뇌종양 등 뇌혈관 질환과 파킨슨병 등 운동성 질환에 대한 비침습적 치료를 목표로 연구 중이다.

(매일경제 2010. 11. 3.자 이병문 의료전문기자/김지수 매경헬스 기자)

"분당차병원 IRB, 임상연구 국제 인증"

분당차병원 의학연구윤리심의위원회(IRB)는 최근 중국 상하이에서 열린 '제10차 아시아·서태평양 윤리위원회 연합포럼(FERCAP)' 총회에서 생명의학연구윤리 분야의 국제인증을 받았다고 10일 밝혔다. 지난 8월 12일부터 3일간 FERCAP 감독관이 분당차병원에 직접 방문해 IRB의 활동과 규정, 연구과제 심사 과정 및 내용, 시설 등에 대해 국제기준 적격성을 실사했으며, 이후 추가 보완답변서에 대한 확인과 승인을 마침으로써 인증을 획득했다. 분당차병원 IRB 권성원 위원장은 "FERCAP 인증은 분당차병원 IRB가 환자를 대상으로 하는 임상연구의 윤리적, 과학적, 타당성 심사에서 국제적인 기준에 따라 수행하고 있음을 공식적으로 인정받았다는 것을 의미하는 것"이라고 밝혔다.

분당차병원 최중언 병원장은 "분당차병원에서 이루어지는 임상 연구가 국제적 기준에 따라 심의됨으로써 연구 경쟁력 향상에도 일조하게 되었다는 점에서 큰 의의가 있다"며 "향후 분당차병원이 연구중심의 병원으로서 생명의학 연구의 선도 기관으로 자리매김하도록 최선을 다할 것"이라고 밝혔다.

(파이낸셜뉴스 2010. 12. 10.자 정명진 의학전문기자)

하루에도 무수한 건강 관련 기사와 정보들이 쏟아져 나오고 있다. 과도한 업무량과 스트레스로 현대인들이 언론에서 보도한 수많은 건강 의료 기사와 정보들 중에서 자신에게 필요한 정보들만을 선별해 내는 것도 어려운 일이다. 현재 우리나라는—강제성이 있는 사항은 아니지만—언론사 자체적으로 '의학(의료)전문기자' 제도를 실행하고 있다. 이들은 의학·의료 방면의 전문적인 지식과 관련 분야의 탁월한 경험을 바탕으로 양질의 건강 의료 기사를 생산하는 데 일조를 하고 있다. 하지만 일부 의학전문기자들의 보도 형태는 큰 문제점을 보여 주고 있다. 건강 관련 외신들을 엄격한 여과 장치 없이 그대로 전달하거나 특정 질병의 확산과 잠재적 위험성을 과장하여 이야기하는 경우가 많다는 지적이 제기된다. 또한 제약회사와 의료기관들의 홍보와 마케팅 수단으로서 건강 의료 기사들을 생산해 내는 일방통행식 정보 전달 기능을 수행하고 있다는 비판도 받는다.

상기 기사들의 보도 형태에 대해서 문제점을 찾아보고, 각 언론사별로 의학(의료)전문기자들이 어떤 보도를 하고 있는지 비교, 분석해 본다. 또한 기사들을 유형화하여 건강의료 정보들을 어떻게 다루고 있는지 알아보고, 국내의 의료 환경을 고려할 때 향후 의학(의료)전문기자들의 위상과 역할, 의학(의료)전문기자 제도의 개선점에 대해서도 이야기해 보자.

(5) 헬스케어 콘텐츠 활용을 위한 액티비티(activity) 1/2

주지했듯이 헬스커뮤니케이션은 건강 증진을 위해 개인, 가족, 조직 및 공동체 차원의 인식, 태도 및 행동 변화를 추구하는 커뮤니케이션 활동이다. 즉, 개인 또는 공공의 건강상태를 개선하기 위한 커뮤니케이션의 실행과 이에 관한 연구를 뜻하는데, 암, 에이즈, 심장병, 음주, 안전하지 않은 성 행위, 흡연, 비만, 신체 이미지 등 건강 이슈에 관해 설득적이고 공감적인 메시지를 적절한 미디어 및 대인 채널을 통해 전파하고 평가하는 과정을 포함한다. 이런 점을 고려할 때 헬스커뮤니케이션은 헬스케어 콘텐츠 활용을 위해서 중요한 액티비티가 된다. 여기에서는 유방암과 소아비만 관련 내용을 중심으로 헬스커뮤니케이션 활동을 가정해 봤다. '주요 사실의 진술-문제점의 정의-캠페인 목표-메시지 전략-미디어 및 프로모션 전략-슬로건(or 인터넷 주요 콘텐츠)'라는 일련의 과정 하에 헬스커뮤니케이션 전략을 적절하게 구성해 보자.

헬스커뮤니케이션 활동 ① [유방암]

1. 주요 사실의 진술

최근 몇 년간 유방암 환자들이 한국에서 급증하는 추세다. 이에 ㅇㅇ사의 한국 지사인 ㅇㅇ는 새로운 목표 시장으로서 한국 내 유방암 환자들을 위한 모금 활동 캠페인을 2011년 3월부터 5월까지 서울/수도권 지역에서 20억 원의 예산으로 집중적 마케팅을 펼치고자 한다. 활동에 따른 모금액은 전부 한국 내 유방암 관련 수술비 및 연구비 기금으로 조성된다.

2. 문제점의 정의

한국의 일반 대중은 유방암 질환 관련 이슈에 관대하지 않다.

3. 캠페인 목표
- 목표 수용자의 80%가 본 캠페인을 재인(recognition)한다.
- 목표 수용자의 60%가 본 캠페인에 대해 호감(liking)을 갖게 한다.
- 목표 수용자의 40%가 본 캠페인에서 모금 행동을 하게 만든다.

4. 메시지 전략
- 'Physical Healing & Mental Healing'
- 목표 수용자 정의: 35~60대 남녀
- 주요 경쟁자: 기존의 질병 관련 모금 활동으로서 핑크리본 캠페인
- 목표 수용자가 얻을 이익
 · 물질적 측면
 · 의식적 측면

5. 미디어 및 프로모션 전략
- 미디어: TV, 인터넷, 모바일, 잡지, 옥외
- 프로모션: 바자회, 음악회, 정기검진/무료검진, 기획연계 상품판매

6. 슬로건
eg. "가슴으로 통한다, NOW 2U 캠페인"

헬스커뮤니케이션 활동 ② [소아비만]

1. 주요 사실의 진술
미국을 비롯한 서방국가들만큼은 아니지만, 한국 또한 소아비만 부분에서 적신호가 켜지기 시작했다.

2. 문제점의 정의
소아비만에 책임이 있는 한국의 소아 부모들은 비만 심각성에 '인식'과 '지식'이 부족함
- 인식: 비만의 위험성
- 지식: 예방 및 처치 방법, 예방 및 처치 방법, 접근 방법의 부족

3. 캠페인 목표

- 목표 수용자의 70%가 본 캠페인을 통해 소아비만에 대해 인식(recognition)한다.
- 목표 수용자의 50%가 소아비만에 대한 지식을 갖는다.
- 목표 수용자의 30%가 본 캠페인 활동에 참여한다.

4. 메시지 전략

- 목표 수용자 정의
- 캠페인 장벽
- 목표 수용자가 얻을 이익

5. 미디어 및 프로모션 전략과 워크숍

- 인터넷: 커뮤니티 개설 및 활동, 기자단 체험단 모집 및 활동
- TV: 프로그램, 공익광고
- 라디오: 잠깐만 시리즈, 관련 전문가 조언
- 신문: 헬스조선
- 이벤트: 가족참여 체험학습, 워크숍

6. 인터넷 주요 콘텐츠

식이요법(먹을거리), 운동법(놀거리)로 이루어진 다이어트 시뮬레이션을 실행하여 접근성, 친근함 제고

(6) 헬스케어 콘텐츠 제작의 질적 향상을 위한 논의 · 이슈들

아래 논의와 이슈들은 실제로 헬스케어 콘텐츠를 제작할 때 자칫 놓치기 쉬운 부분들이다. 콘텐츠의 내용, 수용자, 공급자, 커뮤니케이션 등 몇몇 사항은 반드시 고려해야만 하는 측면이고, 이런 점을 반영하여 콘텐츠를 제작한다면, 헬스케어 콘텐츠의 질적 향상을 꾀할 수 있을 것이다. 헬스케어 콘텐츠 제작 실무에 앞서, 이것만은 반드시 염두에 두자.

① 콘텐츠의 내용

“건강 정보를 다루는 매체의 뉴스나 각종 헬스케어 콘텐츠들을 수용자들은 어떻게, 어

떤 근거로 신뢰할 수 있는가? 정부나 규제 기관에서 실질적인 법적 · 제도적 장치를 마련해야 할 것인가? 아니면 콘텐츠 공급자의 윤리성에 호소해야 하는 것인가?"

"웹2.0의 속성 상, 개인의 의료 정보가 공개되고, 공유의 확대가 전제되어야만 헬스2.0의 발전을 꾀할 수 있다. 하지만 개인의 프라이버시 보호 차원에서 환자들과 일반 사용자의 사적인 의료 정보는 어디까지 공개되고, 공유되어야만 할 것인가?"

② 수용자

"헬스케어 콘텐츠 생산이 확대되고, 이를 다루는 플랫폼이 다양해지면서 헬스케어 정보가 과잉생산된다는 지적도 있다. 이런 환경에서 정보 소비자와 환자들을 어떻게 보호할 것인가?"

"헬스2.0이 추구하는 목표는 가능하면 많은 사람들이 디지털 미디어에 자유롭게 접근해 헬스케어 콘텐츠의 이해도를 높이고, 필요한 곳에 적절하게 활용하는 것이다. 하지만 현실적으로 존재하는 대중들 간 디지털 미디어의 접근도 차이와 콘텐츠 이해의 간극들은 어떻게 극복해야 할 것인가?"

③ 공급자

"헬스케어 콘텐츠 산업 생태계에서는 양질의 헬스케어 콘텐츠 덕분에 환자와 일반 사용자가 누리는 편의와 혜택이 존재한다. 그렇다면 헬스케어 콘텐츠 산업의 또 다른 주체인 의사들에겐 홍보 수단 외에 어떤 이익을 보장할 수 있을까? 헬스케어 콘텐츠 사업이 본격적으로 활성화되면 보다 실질적이고, 궁극적인 혜택을 누리게 될 수 있겠는가?"

④ 커뮤니케이션

"U-헬스케어 시스템에서는 온라인 진단, 온라인 치료, 원격 진료 등이 지속적으로 시도되고 있지만, 일단 질병에 걸린 환자들의 경우 결국 의사와 환자가 면대면으로 만나야 질병에 대한 해결책이 나오게 된다. 온라인과 오프라인의 커뮤니케이션 문제와 온오프라인 시너지 효과와 관련된 논의가 필요하지 않을까?"

제6장 헬스케어 콘텐츠와 게임

1. 헬스케어 게임

1) 헬스케어 게임의 정의

기능성 게임은 오락, 즐거움, 재미보다 다양한 교육과 훈련을 우선적인 목적으로 기획된 게임을 지칭한다. 기능성 게임은 게임 이용자를 교육하고, 훈련 상황에서 특정 목표를 성취하기 위해 동기를 유발하는 데 목적을 두고 있는 경우가 대부분이며, 마케팅이나 광고에 활용하는 비율도 늘고 있다. 국내에는 어린이 청소년을 위한 학습 게임이 기능성 게임산업의 대부분을 차지하고 있지만, 외국에서는 건강관리 및 질병의 치료나 예방, 대인 관계 개선, 불안이나 공포 완화 등 정서적이고 심리적인 목적을 위한 게임이나, 공공 영역에서 특정 주제에 대한 사회적 교육을 강화하기 위한 캠페인을 위해 활용하는 등 사회 전반에 걸쳐 널리 이용되고 있다. 이 장에서는 어떻게 치료와 재활 훈련과 같은 헬스케어 분야에서 게임이 활용되며 미래의 헬스케어 게임 콘텐츠는 어떻게 발전해 가는지 살펴볼 것이다. 또한 이러한 헬스케어 게임 콘텐츠를 개발하고 디자인하기 위해서는 어떠한 측면을 고려해야 하는지도 살펴보기로 하자.

게임은 과도한 몰입으로 인해 시력 저하, 손목 통증, 만성 피로 등의 부정적인 측면이 있다고 알려져 있지만 대리 만족을 경험함으로써 오히려 개인의 공격적 행동이 감소되거나 댄스 게임을 의료 도구로서 활용함으로써 체중 감량에 성공하거나, 우울증과 자살 충동 등 정신 건강면에서도 긍정적인 효과가 있는 것으로도 나타나고 있다(한국콘텐츠진흥원 2009). 따라서 기능성 게임은 교육과 홍보에 이용될 뿐만 아니라 재활 훈련, 트레이닝과 같은 헬스케어를 목적으로 이용되며 헬스케어 게임은 단순히 헬스케어 콘텐츠의 정보적 측면을 넘어서 실제적인 헬스케어의 증진을 가져올 수 있는 실감형 콘텐츠의 기능을 수행한다. 헬스케어 게임이란 환자들의 회복 훈련과 의사들의 정교한 수술과 준비, 일반인들의 건강 증진, 정신적 문제를 해결하고, 더 나아가서는 건강관리와 복지를 위해 개발된 게임을 총칭한다. 환자들의 재활이나 현 상태의 개선을 위해 시뮬레이션을 주로 사용하며, 운동신경 개선을 위해서는 가상현실을 활용하기도 한다. 예를 들면 닌텐도 DS와 Wii를 플랫폼으로 소개된 몇몇 타이틀들이 대중적 기능성 게임으로 성공한 케이스이다. 체중 및 체지방 관리와 몇 가지 실내 트레이닝 프로그램으로 구성되어 있는 〈Wii Fit〉이나 치매 예방에 효과가 있다는 〈말랑 말랑 두뇌 교실〉이 바로 그러한 사례 중의 하나라 할 수 있다. 이와 같이 헬스케어 콘텐츠로서의 게임의 활용은 일반 헬스케어 콘텐츠에 대한 경험이 정보적인 자극이라는 일방향적인 형태의 정보라고 한다면 헬스케어 게임 콘텐츠는 시각적 · 청각적 자극과 함께 물리적인 상호작용 다시 말해 신체 감각의 접촉을 통해서 다차원적으로 정보를 인식한다는 점에서 정보 콘텐츠의 기능을 확장시키는 콘텐츠의 새로운 유형이라 할 수 있다.

치료 시 환자는 새로운 환경에 대한 초조함과 질병에 대한 불안감, 공포감을 가지고 있다. 이런 감정들은 치료의 효과를 감소시킨다. 수술 예정 중인 환자나 보호자는 병 자체에 의한 고통뿐만 아니라 자신이 처한 환경과 본인의 장래 등에 대한 걱정으로 극도의 정서적 불안 상태에 놓여 있게 된다. 헬스케어 게임은 기존의 병원 안에서 환자가 느끼는 불안감, 공포감을 극복하여 치료 효과를 높이도록 도와준다. 치료 시의 조정과 치료 중 고통을 감소하기 위한 주의 분산용 게임이 최우선으로 활용될 수 있다. 정신 장애에 대한 치료는 복잡한 정신과적 구조와 연결되어 있어 결핍이나 욕망의 근원적인 문제 해결이 상호작용을 통한 가상 공간에서의 치료가 더 효과적일 수도 있다(이연숙 2007). 또한 자전거나 러닝머신과 같은 헬스기구를 응용한 형태나 건강 용품이나 도구들을 게임으로 응용하거나, 건강에 관한 지식이나 건강관리를 유도하는 컴퓨터 게임 등이 다양하게 활용되고 있다.

2) 헬스케어 게임의 활용

헬스케어 전문가들은 비디오게임의 상호작용성과 몰입성에 주목하면서 헬스케어를 위한 교육적 목표를 성취하기 위해 어떻게 비디오게임을 활용할 수 있는지에 관심을 가져왔다. 현재 헬스케어나 웰빙을 목적으로 하는 다양한 게임들이 출시되어 있다. 예를 들면 신체의 훈련과 게임을 결합한 Your self Fitness나 호흡 기법 그리고 바이오피드백을 활용하는 정신 훈련(meditation)을 결합한 게임이 개발되기도 하였다.

이와 같은 헬스케어를 위한 게임 콘텐츠의 활용은 헬스케어 분야의 다양하고 발전적인 연구를 기반으로 하는 것이 보통이다. 헬스케어 연구에서 게임은 환자들의 상태를 조사하고 진단하기 위한 자료를 수집하기 위해 활용되기도 한다. 또한 게임 자체가 직접적인 치료 요법(therapy)으로서 사용되기도 한다. 최근의 헬스케어를 위한 게임의 잠재성에 대해서 마크 비더홀트(Mark Wiederhold) 박사는 다음의 분야를 주목할 필요가 있다고 하였다. 첫째로 헬스케어 게임은 고통스런 의료 및 치료의 과정에서 환자들의 관심과 초점을 분산시키기 위해 활용될 수 있다. 이러한 게임은 치료 과정의 고통을 완화해 주는 기능을 강조한 것이다. 둘째로 다양한 재활을 돕고 향상시키기 위해 시뮬레이션을 활용하는 것이라 할 수 있다. 셋째는 운전 기술을 향상시키기 위해 가상현실 환경을 활용하거나 치료를 위해 직접 게임을 활용할 수 있다고 하였다. 이러한 헬스케어 콘텐츠의 활용이 대중적으로 이루어지기 위해서는 비교적 저렴하고 범용으로 사용되는 소프트웨어나 장비를 기반으로 하는 것이 중요하다고 하겠다.

이와 같은 헬스케어 게임은 일본에서도 노년층을 위한 게임을 개발하여 재활에 활용하거나 Konami와 같은 게임 개발 회사는 스포츠클럽이나 헬스클럽 프랜차이즈와 공동으로 헬스케어 게임을 개발하여 오락과 헬스를 결합하고 있다.

2. 헬스케어 게임의 플랫폼

게임의 플랫폼은 아케이드, 콘솔, 컴퓨터, 모바일, 인터넷 게임으로 구분해 볼 수 있다. 이러한 게임의 플랫폼의 기능과 특징 그리고 플랫폼이 헬스케어 게임의 내용과 디자인에 어떠한 영향을 미치는지를 살펴보자.

1) 아케이드 게임

아케이드 게임은 오락실과 같은 게임장에서 이용할 수 있는 게임이다. 동전을 넣고 조이스틱을 사용하는 등의 형태로, 배우는 데 시간이 걸리지 않고 단순한 진행으로 초보자도 쉽게 즐길 수 있는 게임이 주를 이룬다. Atari를 창시한 놀란 부시넬(Nolan Bushnell)에 의해 시작되었다고 하는 아케이드형 게임은 대중에게 개방된 공공적인 장소에서 설치되어 플레이하는 독립형 게임 시스템으로 구성되어 있다. 이러한 아케이드형 게임은 다양한 컨트롤러를 이용하게 되는데 예를 들면 총이나 페달, 자동차 핸들과 같은 실감형 컨트롤러가 있다. 아케이드형은 상업적으로 플레이어들이 가능한 많은 동전을 투입하도록 콘텐츠가 구성되는 것이 보통이다. 따라서 아케이드 게임은 짜임새 있는 스토리텔링이나 섬세한 캐릭터가 성장하고 발전하면서 게임을 전개하는 방식이 아니라 짧은 시간 내에 신속한 게임플레이를 전개하는 방식으로 발전해 왔다. 주로 액션과 같은 신속한 플레이를 할 수 있는 장르가 주로 개발되었으며 슈팅, 레이싱과 같은 게임이 적합한 플랫폼이라 할 수 있다.

아케이드 게임은 하드웨어 제작자가 어떠한 유형의 콘텐츠를 구성할 것인지를 결정하게 되며 콘텐츠 제작자는 하드웨어 제작자를 위해서 그에 적합한 게임 콘텐츠를 개발하게 된다.

2) 콘솔 게임

비디오게임으로 불리는 콘솔 게임은 텔레비전세트와 같은 외부 모니터와 연결되어 컨트롤러를 통해 플레이하게 된다. 소니의 플레이스테이션, 마이크로소프트의 엑스박스, 닌텐도의 위가 대표적인 콘솔시스템의 유형이다. 이러한 콘솔 게임은 제작 회사들로부터 라이선스를 받아 콘텐츠를 개발하게 된다. 기술이 발전함에 따라 화려한 그래픽, 뛰어난 게임성을 자랑하며 특히 플레이스테이션 3와 같은 차세대 콘솔은 DVD 방식이 아닌, 블루레이 디스크 방식을 사용하는 등 점점 그 모습을 진화시키고 있다.

(1) 플레이스테이션 3

플레이스테이션 3(PlayStation 3, PS3)은 소니 컴퓨터 엔터테인먼트가 개발한 세 번째 가정용 게임기이다. 마이크로소프트의 엑스박스 360, 닌텐도의 Wii와 경쟁하고 있다. 이전

[그림 6-1] 플레이스테이션 3

제품에서 온라인 플레이 기능을 비디오 게임 개발사에 전적으로 의존하던 것과 달리 통합 온라인 게임 서비스인 플레이스테이션 네트워크 서비스를 발매와 함께 제공하고 있으며, 탄탄한 멀티미디어 재생 기능, 플레이스테이션 포터블과의 연결, 고화질 광학 디스크 포맷인 블루레이 디스크 재생 기능 등의 기능을 갖추고 있다.

(2) 엑스박스 360

[그림 6-2] XBox 360

엑스박스 360(Xbox 360)은 마이크로소프트가 엑스박스에 이어 두 번째로 개발한 가정용 게임기이다. 하드웨어와 연계된 엑스박스 라이브 서비스로 플레이어들이 온라인에서 대전하거나 아케이드 게임, 게임 데모, 트레일러 같은 콘텐츠를 다운로드할 수 있다. 윈도 미디어 센터와 연계된 멀티미디어 기능, 거의 모든 게임을 고화질로 즐길 수 있고, 마켓플레이스를 통해 영화를 대여할 수도 있으며, HD-DVD 플레이어를 별도로 설치하면 HD-DVD 영화를 볼 수 있다.

(3) 위(Wii)

[그림 6-3] 닌텐도 Wii

Wii(위)는 닌텐도의 차세대 게임기이다. 위라는 이름의 뜻은 영어 단어 We를 이미지화해서 가족 누구나 편안하게 즐길 수 있는 콘셉트를 표방한다고 한다. 2006년 4월 정식으로 지금의 이름을 발표했으며, 정식 이름 발표 전의 게임기 개발 코드네임은 '레볼루션(Revolution)'이었다.

3) 온라인 게임

온라인 게임은 네트워크를 통해 서버에 접속하여 함께 접속되어 있는 다른 사람들과 실시간으로 진행하는 게임이다. 우리나라에서는 1994년 이후 매년 많은 게임이 개발되고 있다. 우리나라는 세계 최고 수준에 이르는 초고속인터넷의 보급, PC방의 확대 등으로 지속적인 성장을 거듭하고 있으며 우리나라의 온라인 게임 산업의 수출 규모가 영화의 50배에 달할 정도로 성장하였다. 최근에는 콘솔 시스템이 인터넷과 연결되어 콘솔형 인터넷 게임이 가능하게 되었다. 플레이어는 인터넷에 접속하여 게임을 수행하고 게임의 정보는 컴퓨터 서버에 저장된다. 대중적인 온라인 게임은 동시에 수만 명이 접속하여 게임을 수행하는 다중사용 온라인 게임(massively mutiplayer online games)의 형태를 취하고 있다.

이러한 온라인 게임은 두 가지 방식의 인터넷 네트워크 모델을 사용하게 된다. 첫째 유형은 client/server모델로 각 플레이어는 자신의 컴퓨터에서 게임소프트웨어인 클라이언트 프로그램을 동작하고 서버에 게임을 저장하게 된다. 개별 클라이언트는 플레이어들에게 게임을 제공해 준다. 한편 피어투피어(peer to peer)모델은 모든 플레이어의 컴퓨터가 중앙의 서버를 통하지 않고 직접 연결하여 통신을 하는 방식으로 상당수 전략 및 액션 게임에서 사용하는 네트워크 모델이다. 이러한 피어투피어 네트워크 방식의 온라인 게임은 개별 플레이어의 컴퓨터가 클라이언트와 서버의 역할을 동시에 수행하는 것으로 분권형 시스템이다.

4) PC 게임

콘솔형 게임과 같이 특정 게임기에서만 플레이할 수 있는 것이 아니라 적정한 사양을 갖춘 모든 범용 컴퓨터에서 플레이할 수 있는 게임 형태이다. PC 게임은 CD나 DVD 등의 저장장치에 수록되어 유통되는 게임으로 개인용 컴퓨터에서 즐길 수 있는 게임을 말한다. 따라서 개별 PC 게임 콘텐츠는 최소 및 권장사양 등을 통해서 게임이 적절하게 플레이될 수 있도록 제시되어야 하며 이를 만족한 어떠한 PC에서도 게임플레이가 가능하다.

5) 모바일 게임

모바일 게임은 휴대전화, PDA 등의 모바일 기기를 이용하여 즐기는 게임으로, 휴대용 기기에 내장되어 있는 게임이나 모바일 인터넷에 접속하여 다운을 받아 이용하는 게임을 모두 포함한다. 핸드폰으로 대표되는 모바일은 언제 어디서나 게임을 할 수 있다는 큰 장점이 있다. 최근 무선 인터넷의 비약적인 발전과 와이파이의 대중화로 인해 모바일 게임은 언제 어디서나 여러 사람과 함께 게임을 할 수 있다는 장점을 갖게 되었다. 모바일 게임은 주로 킬링타임이 주된 목적이기 때문에 단순하고 간편한 캐주얼 게임에 가장 적합한 플랫폼으로 평가받고 있다. 모바일 게임은 또한 스마트폰, 아이폰 등의 새로운 모바일 환경 변화에 따른 새로운 시장 창출 가능성이 높아지고 있다.

3. 헬스케어 게임의 유형

헬스케어 게임은 게임을 하면서 건강을 관리하고 질병을 예방하는 기능을 제공하는 게임으로 주로 운동용 기구에 컴퓨터 게임 요소를 더하여 운동 과정과 성과를 게임과 유사하게 표현함으로써 운동의 효과를 높일 수 있는 게임을 포함한다. 헬스케어 게임이라는 것은 일반적 의미의 기능성 게임과 달리 게임 사용자에게 직접적인 효과를 의도하는 게임을 말한다. 기존의 게임이 '재미'와 '몰입'과 더불어 플레이어의 정신적 효과를 의도하여 기능성 게임이 제작되었다면 헬스케어 게임은 기존 게임의 특징과 더불어 플레이어에게 신체적 · 정신적 효과를 표방하고 있다. 헬스케어 게임은 용도를 기준으로 해서 분류하면 환자들의 치료를 보조하는 치료용 게임과 게임 플레이어의 건강을 증진시키는 헬스용 게임으로 분류할 수 있다.

첫 번째로 치료용 게임의 경우, 게임을 통하여 치료 효과를 확신시키고 치료에 따른 불안감과 공포감을 극복하여 치료 효과를 높이기 위한 게임이 주류를 이루고 있다. 질병을 예방하거나, 만성 환자에게 질병의 중요성과 응급대처 방법 등을 알게 하는 예방용 게임과 가상현실 기술을 이용하여 직접 치료하기 힘든 공황 장애, 예를 들면 고소공포증, 폐쇄공포증 등을 치료하는 게임들이 여기에 해당된다. 둘째로 시공간적인 환경에서 벗어나 게임기를 통해 건강을 향상시키는 게임인 헬스용 게임을 들 수 있다. 헬스용 게임은 기존의 건강 용품이나 기구들을 게임과 접목시키거나, 건강에 관한 처방이나 조언들을 서포트하는 게임들로서 기능성 게임 중 가장 빠르게 상업화되고 있는 분야이다.

1) 치료용 게임

미국 HopeLab의 소아암 치료 게임인 'Re-Mission'은 암을 소재로 한 암세포 극복 액션 게임이다. 캐릭터는 몸에 이곳저곳을 돌아다니며 암을 물리치는 내용이다. 암에 대하여 심리적 불안감을 해소할 수 있다.

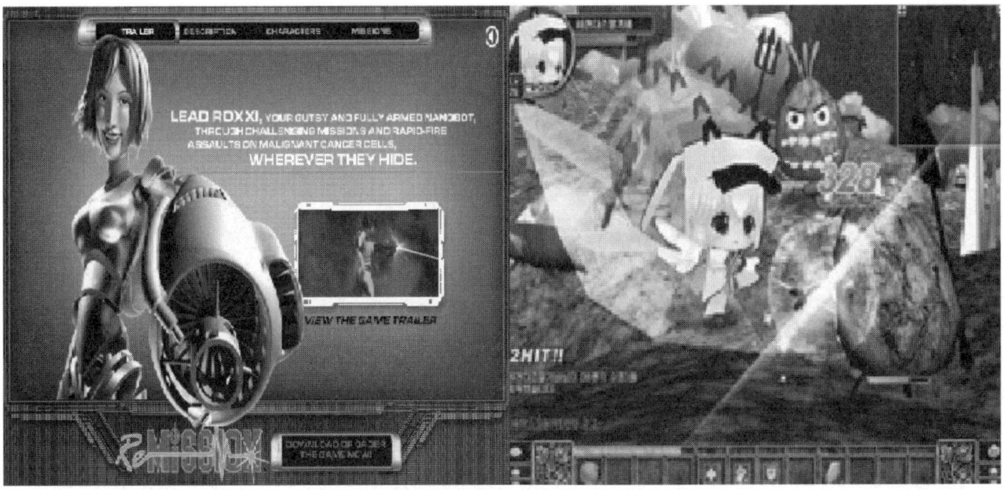

[그림 6-4] Re-Mission

'K.I.C.K.(Kid's Interactive Creation Kiosk)'은 카네기 멜론 대학 학생들이 개발한 게임으로 어린이 환자들이 불안감과 초조감을 덜기 위해 만들어졌다. 병원의 실제 대기실을 랜더링을 통해 게임에 접목했으며 색깔 칠하기, 숨은그림찾기 등의 미니 게임을 선택할 수 있다.

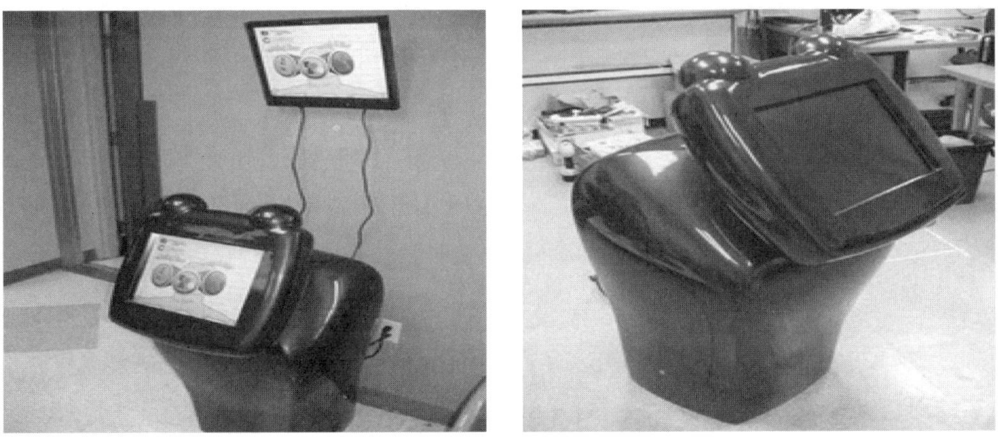

[그림 6-5] K.I.C.K.

영국의 브리지게임 스튜디오가 개발한 '패이션트 리소스'는 환자들의 증상을 살피고 이에 맞는 응급처치 및 처방을 직접 시행하도록 유도해 현장에 처음 투입된 초보 의사들이 빠르게 실전에 적응하도록 돕는다.

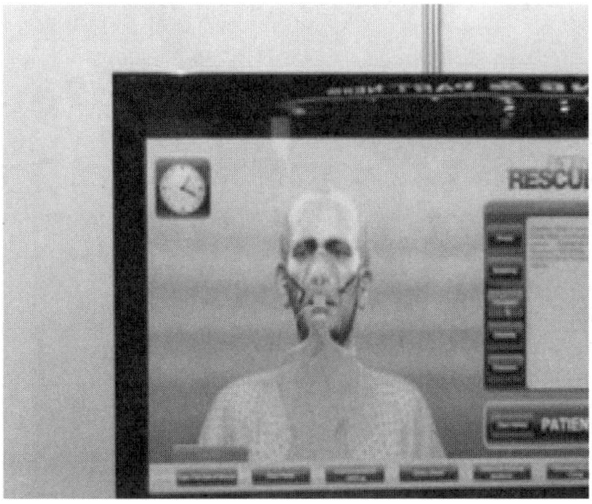

[그림 6-6] 패이션트 리소스

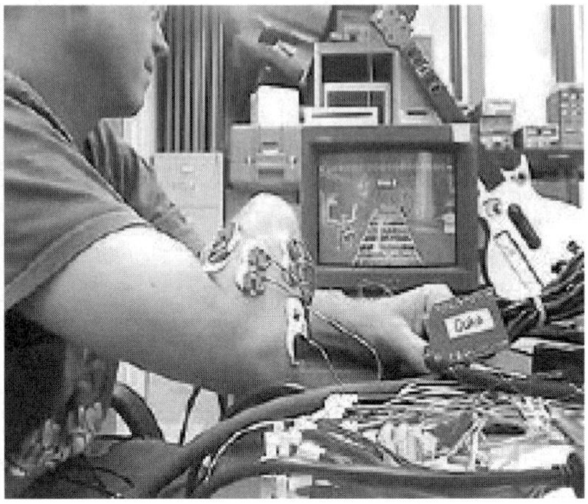

[그림 6-7] Guitar Hero

미국 DARPA(Defense Advaced Research Project Agency)는 'Guitar Hero'라는 게임을 장애인들도 쉽게 즐길 수 있도록 수정하여 재미와 함께 재활 기능도 부가하였다. 기타를 연주하는 게임을 통해 근육을 지속적으로 훈련하도록 함으로써 근육퇴화 방지를 할 수 있다.

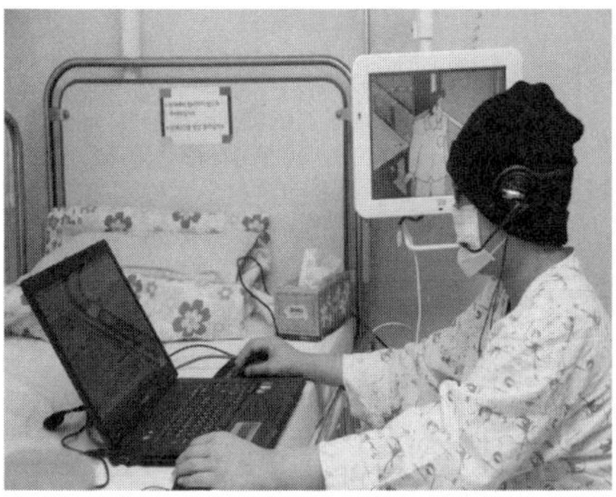

[그림 6-8] 헬시랜드를 구하라

국내 치료 게임으로 '헬시랜드를 구하라' 게임은 어린이 소아암 환자를 위한 기능성 게임 공모전에서 대상을 수상했다. '헬시랜드'는 현재 소아암을 앓고 있는 게이머인 환자가 헬시랜드라는 가상의 공간 속에서 암세포를 상징하는 캐릭터를 하나씩 무찌르는 영웅으로 재탄생하는 과정을 통해 질병에 대한 이해와 힘들고 두려운 소아암 치료 과정에 대한 자신감을 키울 수 있도록 설계되었다.

2) 헬스용 게임

자전거, 러닝머신 등 실제 운동 기구와 연동시켜 현실과 똑같은 운동을 할 수 있도록 한 게임들이 큰 인기를 끌고 있다. 특히 미국 웨스트버지니아 주는 학생들의 비만 해소를 위해 765개 학교에 댄스 게임을 설치하였다.

비전테크시스템에서 제작된 '싸이클로이드'는 질주형 PC 게임을 아케이드 게임으로 이용하도록 설계되어 자전거를 타면서 게임을 즐길 수 있다. 헬스 센터 및 각종 공공시설에 적합하도록 디자인되어 있다. 이 밖에도 헤가소프트에서 나온 게임과 러닝을 동시에 할 수 있는 운동기구인 'RNB러너'와 '퀴즈러너'도 있다.

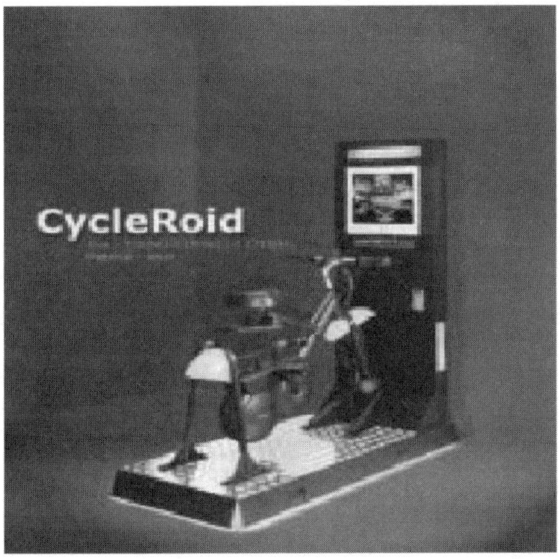

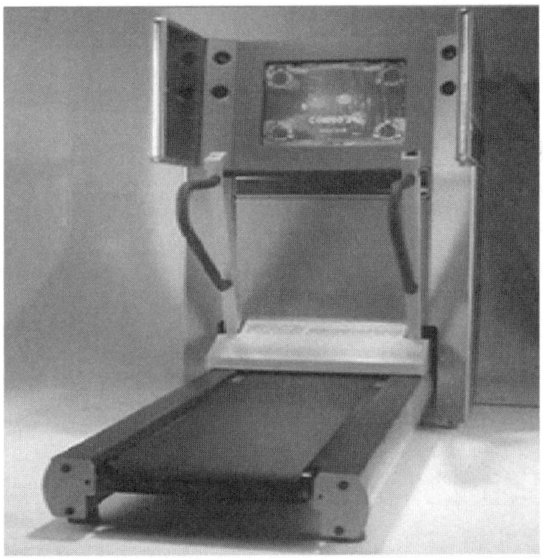

[그림 6-9] 싸이클로이드와 RNB러너

'eXerbike'라는 게임은 실제 페달을 밟는 속도와 게임의 자전거 속도를 연동시켜 게임을 하면서 실제와 같은 운동 효과를 얻을 수 있다.

닌텐도사의 'Wii Sports'와 'Wii Fit'는 사용자가 착각할 정도의 극사실주의와 이를 통해 실제 운동 효과를 볼 수 있다. 존 무어스 대학교 케이블 교수는 "'Wii 스포츠'를 했을 때 일반 게임기보다 운동 효과가 40% 이상 높다"는 연구결과를 발표하였다.

[그림 6-10] eXerbike

[그림 6-11] Wii Sports와 Wii Fit

[그림 6-12] Yourself! Fitness

국내 기능성 게임은 교육 분야로 치우쳐 있으며 심리 · 건강 · 치료 등의 분야는 해외 시장의 규모나 투자 면에서 적은 편이다. 하지만 고령화사회나 여타의 사회적 문제와 맞물려 주목을 받고 있으며 닌텐도 위(Wii)의 세계적 성공과 더불어 헬스케어 기능성 게임에 대한 투자가 늘어나고 있다.

엑서게임코리아사의 '브레인바이크'는 운동이 필요한 아이들을 위해 체력 향상과 두뇌 개발을 함께 할 수 있게 개발되었다. 게임 플레이 방식은 페달을 밟으며 화면에 나오는 문제를 맞히는 형식이다. 페달을 밟는 것을 멈추면 마우스가 움직이지 않아 게임을 할 수 없으며, 각 두뇌 트레이닝 게임은 5분 동안 짧게 제시되기 때문에 사용자가 게임 진행에 맞춰 자신의 운동량을 적절히 조절하기에도 용이하다.

[그림 6-13] 브레인바이크

R1 솔루션사의 러닝머신 '프레볼라'는 사람의 동작과 위치에 따라 실시간으로 자동 속도 조절이 가능한 러닝머신이다. 여기에 '나는 신발'이라는 게임을 탑재해 엔터테인먼트적 요소인 게임과 러닝머신의 주된 목적인 운동이라는 두 마리 토끼를 모두 겨냥한 제품이다. 터치스크린이 가능한 17인치 LCD를 장착해 게임뿐만 아니라 영화 감상 및 TV 시청도 가능하다.

[그림 6-14] 프레볼라

4. 헬스케어 게임의 구성과 개발

1) 헬스케어 게임 디자인

치료나 재활을 위한 헬스케어 기능성 게임은 의사나 치료사를 대체하는 것은 아니다. 따라서 헬스케어 게임 역시 다른 기능성 게임과 마찬가지로 전문가가 감독할 수 있는 시스템이나 헬스케어의 목표를 달성하기 위해 도움을 줄 수 있도록 게임 디자인을 설계할 필요가 있다. 특히 헬스케어 게임 디자인 설계에서 다음과 같은 요소가 포함하는 것이 필요하다.

- 치료사나 의사들이 게임의 과정을 모니터하고 관찰할 수 있도록 하는 관찰자 모드
- 관찰자 모드로부터 헬스케어 게임 플레이어에 대한 코칭을 할 수 있는 옵션
- 게임을 신속히 재개하거나 중단할 수 있도록 하는 중지 및 플레이 기능과 버튼

-다양한 몰입 수준이나 강도로 구성되는 레벨 중에 환자에게 적합한 미션과 레벨을 쉽게 조정할 수 있도록 하는 디자인 설계

-환자의 나이 또는 치료사의 판단에 따른 게임 디자인 설계

또한 게임 컨트롤러나 인터페이스 그리고 디스플레이가 유연하고 적절하게 사용될 수 있도록 해야 한다는 점도 중요하다. 예를 들면 고통을 완화하기 위해 게임을 디자인하는 경우 가장 중요한 점은 한 손으로 컨트롤러를 가지고 플레이할 수 있어야 한다는 점이다. 왜냐하면 보통 환자의 다른 손은 정맥주사(IV)를 맞고 있기 때문이다. 혹은 헬스케어 게임은 머리에 장착될 수 있는 VR 디스플레이가 필요할 수도 있다. 이와 같은 헬스케어 게임은 다른 기능성 게임과 마찬가지로 정확하게 현실을 묘사할 수 있기 위해서 시뮬레이션 유형이 된다.

2) 헬스케어 게임 디자인 구성과 분석

대중적으로 확산된 헬스케어 게임인 Your Shape Fitness Evolved를 사례로 디자인과 게임의 구성을 분석함으로써 헬스케어 게임 콘텐츠의 구성과 디자인을 이해해 보기로 하자. 'Yourself! Fitness'는 2004년 후반부터 2005년 초까지 responDESIGN's 회사가 만든 게임으로 기존의 건강 비디오나 정신 요법과 관련된 책들을 활용하는 것을 뛰어넘어 게임 형태로 제공한다. 플레이어에게 건강을 증진시키기 위해 다양한 정보와 실습이 가능한 환경을 제공하며 개인화된 건강 프로그램에 맞게, 가상 훈련 트레이너인 마야가 훈련 과정을 도와주며, 요가, 필라테스, 심장 강화 운동, 체력 강화 운동, 유연한 몸 풀기 연습, 특성화된 다이어트 등과 관련된 훈련을 포함되어 있다. Your Shape Fitness Evolved는 2010년 엑스박스에서 나온 헬스케어 게임이다. 단순히 플레이어가 게임의 영상을 따라하는 모습이 아니라 게임과 플레이어 간의 상호관계를 통해서 칼로리 계산, 운동 처방을 해주는 등 플레이어에게 직접적인 영향을 준다. Your Shape Fitness Evolved는 헬스케어 게임 중 플레이어와의 상호관계성을 한층 높인 게임으로 5가지 구성 요소가 적절하게 반영되었다.

(1) 낮은 사용 장벽

상당수 게임들은 사용성이라는 측면에서 높은 진입 장벽을 가지고 있는 것이 보통이

다. 특정 게임을 수행하기 위해서는 플레이어는 상당한 지식을 보유해야 한다. 능숙한 게임플레이어는 특정 게임이 어떠한 방식으로 진행되며 게임을 수행하기 위해서는 특정 게임에 적용되는 방식만을 이해하면 된다. 반면에 초보 게임플레이어는 이러한 지식을 습득하기 위해서 혹은 게임을 원활하게 수행하기 위해서는 방대한 양의 매뉴얼을 철저히 읽어야만 한다는 것이다. 이러한 사용 장벽은 초보 게임플레이어를 끌어들이지 못하게 하는 요소이다. 따라서 헬스케어 사용자들을 위한 디자인은 게임 눈높이가 매우 중요하다. 특별한 지식을 따로 학습하고 노력을 많이 기울이지 않고도 게임을 신속하게 실행할 수 있어야 하며 게임 화면이 무엇을 보여 주고 있는가에 대해서 쉽게 파악할 수 있도록 디자인되어야 한다. 따라서 게임을 플레이하게 되면 초보 플레이어들도 다음 액션을 어떻게 해야 할지를 신속하고 정확하게 이해할 수 있도록 게임이 구조화되어야 한다.

Your Shape Fitness Evolved의 장점은 게임을 어렵게 즐길 필요가 없다는 것이다. "남녀노소 누구나 쉽게 조작이 가능해진 만큼 아이나 노년층 경계 없이 가족 단위로 게임을 즐길 수 있게 되었고, 일일이 기기를 연결하고 컨트롤러를 설치하고 인식하는 과정이 없는 것도 장점"이라고 할 수 있다(한국MS 송진호 이사). 키넥트 센서는 몸을 스캔하고 플레이어의 움직임을 포착하여 화면에 보여 줌으로써 기존 헬스케어 게임의 가지고 있던 컨트롤러의 복잡성이나 접근성을 쉽게 하였다. 게임 화면은 단순하게 디자인되어 있으며 한눈에 모든 상황을 볼 수 있게 되어 있다.

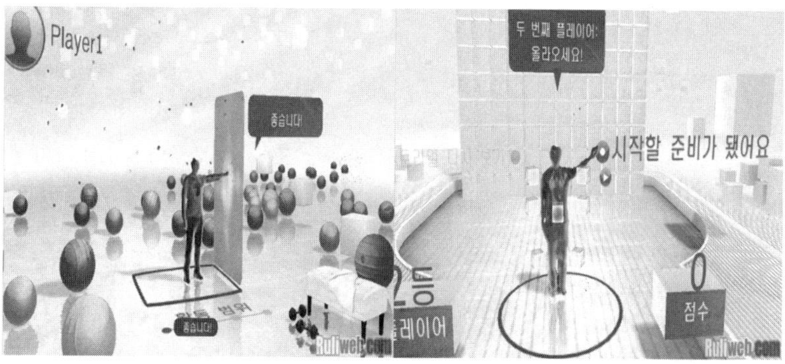

[그림 6-15] Your Shape Fitness Evolved 플레이 화면

(2) 분명한 게임 수행 방식

헬스케어 사용자들을 위한 게임들은 게임의 작동 원리가 눈에 쉽게 보이게 하도록 노

력해야 한다. 헬스케어 게임들은 화면을 통해 사용자의 행동을 유도하거나 따라하는 형식을 취한다. 예를 들면 특정 타깃을 맞출 경우 그 타깃을 맞춘 강도는 타깃이 얼마나 흠이 갔는지 구멍이 나 있는지를 그래픽을 묘사해서 보여 줄 수 있다. 이렇게 묘사하는 것은 실제 현실과 유사할 수 있다. 그러나 게임플레이어는 보다 더 명확한 성공률을 확인하고 싶어 한다. 따라서 디스플레이 한 편에 10단계 중에 5단계의 강도로 타깃을 맞추었다는 바(bar)가 있다면 더욱 명확하게 다음 게임을 수행하는 데 도움을 줄 수 있으며 보다 만족감을 갖게 된다. 그러므로 화면에 나오는 플레이 방식이 현실과 같이 모호하거나 이해하기 어려운 작동 방식을 선택한다면 플레이어들의 연속적인 후속 게임 행위를 유발하는 효과가 떨어지게 된다.

닌텐도 위의 성공은 캐주얼 게임이 단순한 작동 원리를 가지고 있으며 인터페이스가 한눈에 보이기 때문에 사용자는 쉽게 행동을 취하거나 따라할 수 있다. 기존의 게임을 통해서 편리하고 눈에 잘 보이는 작동 원리에 익숙한 사용자들은 눈에 쉽게 들어오지 않는 게임 디자인은 외면하게 될 것이다.

헬스케어 게임은 화면을 통해 사용자의 행동을 유도하거나 따라하는 형식을 취하게 된다. 화면에 나오는 작동 원리를 쉽게 함으로써 플레이어의 몰입도와 운동 효과를 향상시킬 수 있다. Your Shape Fitness Evolved는 헬스클럽에서 트레이너가 운동을 가르치는 방식을 취하고 있다. 플레이어는 화면상에 나오는 트레이너를 보고 동작을 따라하며 쉽게 운동을 할 수 있다. 그리고 플레이어의 운동 방향을 제시함으로써 정확한 동작을 유도한다.

[그림 6-16] Your Shape Fitness Evolved 게임 화면

(3) 사회화

사람들은 게임할 때 대화(communication)의 형식인 채팅이나 이모티콘을 사용하여 다른 사용자와 함께 게임을 즐긴다. 사람들이 게임 플레이 외에 대화를 통해 게임을 즐기는 이유는 게임 자체가 주는 흥분과 재미에도 있기는 하지만, 사회적인 요소도 중요하게 작용하기 때문이다. 따라서 헬스케어 게임도 단순히 혼자서 하는 게임의 형식을 취하지 않고 사람들 간의 소통의 장을 열어 주어야 한다. 혼자서 하는 게임보다는 두 명이나 다수가 같이 할 수 있거나 인터넷을 이용하여 다른 사용자와의 대화를 할 수 있게 게임 디자인이 되어야 한다.

게임을 혼자서 플레이하는 CD 게임에서 인터넷의 발전으로 다수가 같이 플레이하는 게임 환경으로 변화하게 되었다. 헬스케어 게임도 단순히 혼자서 체력 증진을 목표로 게임을 디자인하게 된다면 게임 자체의 몰입성이나 재미성이 뛰어나더라도 게임의 생명성은 길지 않게 된다. Your Shape Fitness Evolved는 2인용으로 플레이가 가능하게 제작되었으며 Xbox의 네트워크 기능을 이용하여 소셜(social) 기능을 첨가하였다. 소셜 기능에는 서로 칼로리 경쟁이라든지 운동에 대한 견해 및 처방전 등 여러 기능이 존재한다.

[그림 6-17] Your Shape Fitness Evolved 게임 화면

(4) 주제와 설정

경험이 많은 게임플레이어들에게는 무난하게 받아들일 수 있는 주제나 설정이 초보 플레이어들에게는 생경하고 거부감을 줄 수 있다. 헬스케어 게임의 주제 설정에 있어 과격하거나 파괴적인 것은 피해야 한다. 기존의 게임들은 폭력과 잔인함을 가할수록 더 재

미있게 만든다고 생각한다. 하지만 헬스케어를 사용하는 주 고객층은 신체를 치료하거나 건강하기 위해 한다는 뚜렷한 목적성을 가지고 있다. 과격하고 폭력적인 표현은 게임의 목적에도 맞지 않고 게임을 사용하는 사용자의 목적에도 맞지 않다. 헬스케어 게임 사용자들을 위해 만들 때는 과격하거나 파괴적인 것은 배제하거나 최소화시켜 디자인되어야 한다.

Your Shape Fitness Evolved는 기존 게임들이 가지고 있던 파괴성이나 잔인성에서 벗어나 전 연령대가 사용할 수 있는 복싱, 훌라후프, 요가 등으로 주제를 설정하였다.

[그림 6-18] Your Shape Fitness Evolved 게임 화면

(5) 지적 처리 능력

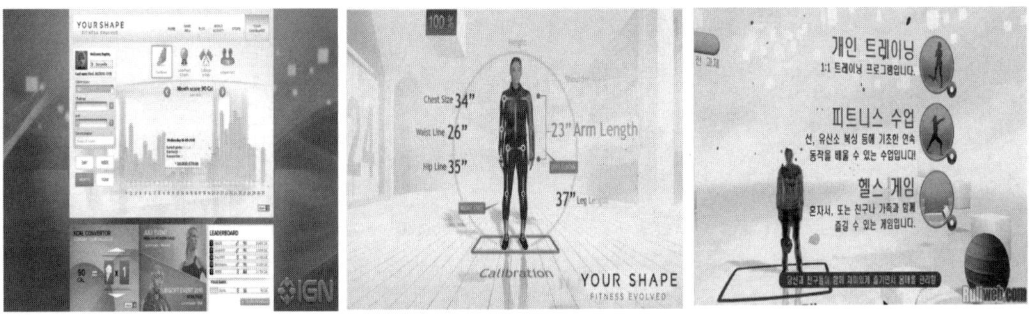

[그림 6-19] Your Shape Fitness Evolved 게임 화면

헬스케어 게임은 사용자의 지적 처리 능력이나 신체 처리 능력을 고려하여 디자인해야 한다. 게임 사용자 간에 능력의 차이가 존재하며 이러한 차이는 게임 제작 시 설정을 통해 차이를 두어야 한다. 헬스케어 게임은 플레이어 간의 성별, 체력의 차이, 운동의 여

부 등 개인 차이가 존재한다. 헬스케어 게임은 개인의 차이를 인지하고 난이도를 적절하게 조절해야 한다. Your Shape Fitness Evolved는 키넥트 센서를 이용하여 개인의 정보를 수집하여 테스트를 통하여 개인의 차이를 인지한다. 신체 능력의 하락 또는 증진에 따라 운동 플랜을 새롭게 조절하는 방식을 사용하고 있다.

3) 헬스케어 게임의 개발

헬스케어 게임의 목적에 따라 다양한 게임 유형이 존재하며 이러한 게임들에 대한 다양한 시장이 존재한다. 이와 마찬가지로 헬스케어 기능성 게임을 개발하는 다양한 접근 방법이 존재한다. 헬스케어 게임 역시 대부분의 기능성 게임의 개발 방식을 모델링하거나 수정함으로써 게임 디자인으로서 갖추어야 할 요건을 만족시킬 수 있다. 따라서 이미 개발되고 검증된 기존의 게임 기술이 가장 효율적인 개발 방식이 되는 것이 보통이다. 그중에서도 접근성과 특화된 컨트롤러의 사용과 프라이버시 문제가 다른 기능성 게임의 개발보다는 더욱 세심히 디자인되고 고려될 필요가 있다.

게임 개발에서의 접근성(accessibility)은 정부의 홍보용 게임이나 정책 게임의 경우 다양한 장애를 가진 사람들에게도 훈련이나 게임 플레이를 제공할 수 있도록 개발되어야 한다는 점을 강조한다. 헬스케어 게임에서는 대부분 플레이어들이 최소한 일시적 장애를 가진 사람들이 그 대상이 된다는 점에서 접근성의 이슈는 더욱 중요하다고 하겠다. 예를 들면 두 손으로 게임 컨트롤러를 조작하는 행위나 심지어는 그마저도 가능하지 않은 경우도 있다. 따라서 헬스케어 게임은 헤드셋이나 장갑형 붕대 등과 같은 인터페이스의 개발이 중요하다.

또한 자전거나 댄스패드와 같은 특정 헬스케어 게임을 위해서 제작된 컨트롤러를 사용하는 게임은 다양한 측면에서 유용하다. 이러한 컨트롤러를 사용하는 게임에서는 플레이어들의 참여가 가장 중요하다. 새로운 유형의 컨트롤러의 개발은 마케팅의 관점에서 단순히 헬스케어 콘텐츠의 판매뿐만 아니라 그와 연관된 하드웨어를 판매하는 새로운 수익의 구조를 창출해 낼 수도 있다는 점에서 의미가 있다.

마지막으로 헬스케어 게임 콘텐츠의 개발에서는 환자 또는 플레이어들의 개인 정보나 의료 정보가 매우 조심해서 다루어지도록 해야 한다. 이러한 정보의 공개나 노출은 법적으로 금지되어 있다는 점을 명심해야 한다. 헬스케어 게임을 통해 수집된 정보를 수집하거나 사용하게 된다면 프라이버시와 관련된 법에 위배되는 것이다. 따라서 헬스케어 게임을 통해 생성된 데이터는 다른 목적으로 사용되어서는 안 되며 허가되지 않은 사람들이 검색하거나 할 수 없도록 보호되어야 한다. 물론 모든 헬스케어 게임이 환자들의 정보를 이용하지는 않기 때문에 프라이버시 이슈가 중요하지 않을 수도 있다.

비디오 게임을 비롯한 다양한 플랫폼을 활용한 헬스케어 게임은 이미 헬스케어를 증진하거나 어린이들이 고통스런 치료 과정에서 주의를 분산시켜 고통을 완화시켜 줌으로써 치료 과정을 보조하는 역할을 하는 등 다양하게 활용되고 있다. 이러한 비디오 게임 기술 특히 가상현실 기술이 발전할수록 헬스케어 분야에 적용되는 게임 콘텐츠의 범위와 기능도 확대되고 발전할 것이며 진정한 게임의 기능성을 실현할 것으로 기대된다.

II. 헬스케어 콘텐츠 취재와 블로그 활용

제7장 헬스케어 콘텐츠 취재하기

1. 헬스케어 콘텐츠 제작의 기본 과정

헬스케어 콘텐츠를 제작하기 위해 가장 먼저 해야 할 일은 헬스케어 콘텐츠를 기획하는 일이다. 어떤 콘텐츠를 만들 것인가? 이 문제는 먼저 다음 두 가지 중 어떤 목표에서 출발하느냐에 따라 달라질 수 있다.

하나는 웹사이트를 만들거나 블로그를 개설하는 것과 같이 새로운 미디어를 만드는 목표에서 시작하는 것이다. 이럴 경우 새로운 미디어 안에 어떤 콘텐츠를 만들 것인가의 문제에서 출발해야 한다. 또 하나는 블로그나 사이트 등에 실릴 하나의 콘텐츠를 만드는 목표에서 어떤 주제의 콘텐츠를 생산하는 일이다.

첫 번째 사례처럼 새로운 미디어를 기획한다면 일은 매우 복잡해진다. 새로운 미디어는 콘텐츠 구성, 디자인, 시스템 등 다양한 분야의 전문 지식과 검토가 필요하다. 요즘처럼 1인 미디어가 가능한 시기에는 노력 여하에 따라서는 이 모든 일을 혼자 감당할 수 있긴 하지만, 상당한 공부와 시간, 비용이 뒤따라야 한다.

두 번째 사례는 기존 미디어에 하나의 콘텐츠를 제작해 올리는 일이기 때문에 새로운 미디어를 기획하는 일보다 훨씬 간단하다. 그러나 좋은 콘텐츠를 생산하려면 그 일이 간단하지는 않다. 주제 선정을 위한 아이디어 발상과 취재력, 콘텐츠의 완성도를 높이기 위한 문장력, 동영상 촬영·편집 능력 등도 갖추어야 하기 때문이다.

2부와 3부는 새로운 미디어를 기획하는 일보다는 하나의 콘텐츠를 생산하는 데 초점을 맞추고, 헬스케어 콘텐츠를 제작하는 전 과정에 대해 소개해 보고자 한다. 이를 위해 먼저 새로운 콘텐츠를 제작하기 위해 어떤 문제들을 고민해야 하는지, 즉 어떻게 기획할 것인지의 과정을 간략하게 소개한다. 이런 과정을 좀 더 넓게 확장하면 하나의 미디어를 제작하는 과정에도 적용할 수 있다. 또 여기서는 주로 인터넷 콘텐츠를 기획하는 데 초점을 맞추고 있지만, 이 과정은 신문에서 기사를 쓰는 과정이나 텔레비전에서 프로그램을 기획할 때도 활용할 수 있으므로, 독자 여러분의 목적에 맞게 수정, 활용하면 된다.

헬스케어 콘텐츠를 기획하는 기본 과정은 콘텐츠 콘셉트(concept) 잡기, 이용자 분석하기, 벤치마킹하기, 콘텐츠 취재하기, 콘텐츠 생산하기로 이루어진다. 각각 어떤 일을 해야 하는지 살펴보면 다음과 같다.

1) 헬스케어 콘텐츠 콘셉트 잡기

모든 기획의 첫 출발은 콘셉트 설정이다. 콘셉트란 우리말로 개념, 생각, 구상으로 표현해 볼 수 있다. 그러나 이 역시 쉽지 않은 말이다. 콘텐츠에 적용해 좀 더 풀어서 설명하자면, '콘셉트 잡기'는 어떤 콘텐츠를 만들 것인가를 결정하는 일이다. 완성된 콘텐츠는 어떤 내용과 형식으로 이루어질 것인지, 그런 콘텐츠는 어떤 요소들로 이루어질 것인지를 미리 구상해 보는 과정이 콘셉트 잡기에서 해야 할 일이다.

콘셉트를 설정하기 위해 가장 먼저 생각해 볼 것은 제작할 헬스케어 콘텐츠의 목적이 무엇인가이다. 정보 공유를 위해서 만드는 콘텐츠인지, 아니면 토론과 의견 교환을 위한 콘텐츠인지, 상품 판매를 위해서 만드는 콘텐츠인지, 홍보나 광고를 위해 만드는 콘텐츠인지 목적을 명확하게 하고 출발하자.

두 번째로는 누구를 위해 콘텐츠를 제작할 것인지 결정해야 한다. 누가 이 콘텐츠를 볼 것인가, 누구에게 유용한 콘텐츠가 되어야 할지 생각해 봐야 한다.

세 번째 과정은 콘텐츠의 주제를 설정하는 단계이다. 제작할 콘텐츠에서 다뤄질 내용이 무엇인지를 결정하는 일이다. 주제 설정은 매우 힘든 과정이다. 이 과정은 머리로만 생각해 보는 게 아니라 취재가 병행되어야 한다. 아이디어를 얻기 위해 다양한 사이트들을 돌아다녀 보고 커뮤니티에서 오간 의견들도 살펴보면서 어떤 주제를 다룰 것인지를 선정한다.

네 번째는 어떤 콘텐츠 유형을 활용할 것인지 결정하는 단계이다. 텍스트만으로 만들 것인지, 아니면 사진, 오디오, 동영상 등을 활용할 것인지 생각해 봐야 한다. 주제와 이용자를 고려해 어떤 유형의 콘텐츠를 활용할지를 결정한다.

다섯 번째는 이용자와 어떤 형태로 상호작용할 것인지를 콘텐츠 기획 단계부터 생각해 놓아야 한다. 단순히 댓글을 달 수 있게 할 것인지 아니면, 이용자들이 서로 의견을 교환할 수 있는 토론방을 함께 개설할 것인지, 이용자가 무엇인가 선택하면 그에 따라 제공되는 정보의 내용이 달라지도록 구성할 것인지 등을 기획 단계부터 미리 고려할 필요가 있다.

2) 헬스케어 콘텐츠 이용자 분석하기

'이용자 분석하기'는 헬스케어 콘텐츠를 생산하기 위해서 이용자의 특성을 파악하고 이용자의 요구와 필요를 분석하는 과정이다. 이용자들이 필요로 하거나 관심을 갖고 있는 정보가 무엇인지 항상 고민해야 하며, 헬스케어에 관심 있는 여러 사람이 공유할 수 있는 부분을 찾아내서 콘텐츠를 생산해야 한다.

또 새로운 콘텐츠를 제작해 제공했을 때 이용자들이 이 콘텐츠를 어떻게 볼 것인지를 예측해 봐야 하며, 정보 생산이 끝난 뒤에도 이용자의 반응에 주목해 해당 콘텐츠의 유용성과 적합성을 판단해 보는 마무리 작업도 잊지 말아야 한다.

이와 같은 이용자 분석을 통해 새로운 콘텐츠를 기획할 뿐 아니라 이용자들이 계속해서 자신의 콘텐츠를 이용할 수 있도록 이용자와의 상호작용에도 끊임없이 신경 써야 한다.

3) 헬스케어 콘텐츠 벤치마킹하기

벤치마킹이란 원래 기업이 특정 분야에서 뛰어난 업체를 골라 상품이나 기술, 경영 방식을 배워 자사의 경영과 생산에 합법적으로 응용하는 것을 말한다(김용섭 2001: 64). 동종 업계의 전략을 분석해 자사 전략을 수정하거나 보완해서 향후 나갈 방향을 설정한다. 이런 벤치마킹은 콘텐츠를 개발하는 데도 반드시 필요한 과정이다. 특히 웹이나 모바일을 통해 콘텐츠를 서비스할 때는 콘텐츠의 질적 수준과 갱신 주기뿐 아니라 인터페이스 화면 설계나 웹 또는 모바일 기술 적용 사례, 이용자 편의성, 로딩 속도 등도 벤치마킹의 대상이 된다.

하나의 콘텐츠를 제작할 때도 유사한 콘텐츠에 대한 벤치마킹이 선행되어야 한다. 유사한 콘텐츠는 어떤 내용을 다루고 있는지, 콘텐츠는 어떻게 생산했는지, 업데이트는 얼마나 자주 하고 있는지, 얼마나 많은 양의 콘텐츠를 제공하고 있는지, 신뢰도와 심층성, 정보의 희소성 등 콘텐츠의 질적 수준은 어떠한지 등을 분석해 보아야 더 좋은 콘텐츠를 제작할 수 있다.

벤치마킹을 할 때 주의할 점은 좋은 대상을 선정해 벤치마킹해야 한다는 것이다. 좋은 대상의 강점과 약점을 분석해야 새로운 콘텐츠를 제작할 때 도움이 될 수 있는 많은 정보를 얻을 수 있다.

4) 헬스케어 콘텐츠 취재하기

'콘텐츠 취재하기'는 기획거리가 확정된 후 기획의도에 따라 신문 · 인터넷 · 주변의 전문가 등 다양한 취재원을 통해 정보를 수집하고 분석하는 행위를 말한다. 물론 콘텐츠 기획과 아이디어 발상을 위해서도 인터넷 서핑 등 취재 행위가 이루어져야 하나, '본격적인 취재하기'는 콘텐츠 주제가 결정된 후 해당 주제와 관련된 정보를 찾아 나가는 과정이다.

취재를 잘하려면 주변에서 일어난 일들을 유심히 관찰하고, 사소한 것이라도 '메모하는 습관'을 가지며, 주제와 관련해 적합한 취재원을 찾아내는 능력을 갖추어야 한다. 평소 메일링리스트나 관심 있는 사이트에 자주 접속해 자료들을 체계적으로 모아 놓고, 특정 주제를 취재할 때 찾아보는 것도 취재를 잘하기 위한 좋은 습관이다. 본 장이 '헬스케어 콘텐츠 취재하기'를 중심으로 기술해 놓았기 때문에 여기서는 이 정도로 기술하고, 구체적인 '취재하기'는 '2절 인터넷을 활용한 취재하기'부터 자세히 설명하겠다.

5) 헬스케어 콘텐츠 생산하기

'콘텐츠 생산하기'는 이용자 분석을 바탕으로 기획되고 다양한 취재원을 통해 취재된 내용을 이용자들이 이용할 수 있는 콘텐츠로 만들어 내는 행위를 말한다. 이 단계에서는 취재한 내용을 이용자들이 이해하기 쉽게 전달하기 위해 콘텐츠의 뼈대 만들기 작업을 거쳐, 글쓰기, 사진 찍어 편집하기 등이 진행된다. 콘텐츠의 뼈대 만들기 작업은 도입-본론-결론을 어떻게 구성할 것인가를 설계하는 과정이다. 또 콘텐츠 생산에서는 제작하고자 하는 콘텐츠의 유형에 따라 오디오를 편집하거나 동영상을 촬영, 편집하는 과정이 뒤따르기도 한다. 또 이에 앞서 수집된 정보를 종합하거나 분석해 새로운 콘텐츠를 만들어 내는 과정이 선행되기도 한다.

콘텐츠의 완성도를 높이기 위해서는 평소 많은 시간을 투자해 다양한 능력을 키워 나가야 한다. 글쓰기 능력은 가장 기본적인 요소이고, 사진 찍기와 편집 능력, 비디오와 같은 동영상 촬영과 편집 능력도 필요하다. 기술의 발달로 최근에는 비교적 손쉽게 조작할 수 있는 장비들이 많지만 촬영 후 편집해서 콘텐츠로 활용하기 위해서는 어느 정도의 전문 지식과 기술이 필요하다. 따라서 수준 높은 콘텐츠를 제작하기 위해서는 동영상 편집 기술을 배우거나 문장력을 배양할 수 있는 글쓰는 방법을 미리 공부해 두면 유용하다.

이와 함께 놓치지 말아야 할 것은 콘텐츠의 정확성을 위한 노력이다. 본인이 직접 취재 현장을 확인하려는 노력이 필요하고, 인터넷을 통해 정보를 수집할 때는 신뢰할 만한 사이트에서 확인할 수 있는 정보만 이용해야 한다. 특정인과 관련해 기술할 때는 그가 한 발언과 그에 대한 정확한 자료들만 활용해야 한다. 모든 콘텐츠 제작 과정에서 개인에 대한 사생활 침해나 명예훼손, 저작권 침해가 없는지 항상 주의를 게을리 해서는 안 된다. 또한 기사에서 어려운 낱말이나 인명, 지명이 나오면 괄호 안에 그에 관한 주석을 달아 줌으로써 이용자가 쉽게 이해할 수 있도록 배려하는 센스도 발휘해야 한다.

2. 인터넷을 활용한 취재하기

지금까지 헬스케어 콘텐츠 제작을 위한 기본 과정을 살펴보았다. 헬스케어 콘텐츠의 주제 잡기부터 생산하기까지 모든 과정이 중요하고 많은 노력이 들어가겠지만, 가장 많은 시간이 소요되는 분야가 '취재하기'이다. 취재는 사람을 만나고 인터넷을 돌아다니면서 관련 정보를 찾아내는 과정이기에, 얼마나 많은 시간과 노력을 투자하느냐에 따라 다양하고 유용한 정보를 확보하는 정도가 달라지기 때문이다. 또 이 과정에서 습득한 정보들을 분석하면서 다른 취재원을 발견해서 취재하는 과정을 수없이 반복해야 하므로, 많은 시간이 소요된다.

이런 '취재하기' 단계에서 시간을 줄이는 방법은 평소에 관련 분야의 취재원이 어디에 있는지 확인해 놓고 취재원에 접근하는 방법을 미리 익혀 두는 것이다. 그러기 위한 첫 걸음은 인터넷에 어떤 헬스케어 콘텐츠가 있는지 알아 두는 일이다. 여러분들이 헬스케어 콘텐츠가 어디 있는지 알아 가는 과정을 돕기 위해, 여기서부터는 헬스케어 사이트의 기본 구성과 취재 시 주의할 점, 헬스케어 사이트의 유용한 콘텐츠를 살펴보고자 한다. 그에 앞서 취재원에는 어떤 종류가 있으면 인터넷 취재가 어떤 용도로 활용될 수 있을지부터 알아보고 넘어가자.

1) 전통적인 취재원

우리는 흔히 취재라고 하면 기자들이 사람을 만나서 이야기를 듣는 모습을 가장 많이 떠올린다. 사람을 만나서 취재하는 일은 지금도 매우 유용하고 가장 확실한 방법이지만, 요즘에는 사람을 직접 만나는 일 이외에도 좋은 취재 방법이 있다.

과거부터 많이 활용돼 온 취재원을 정리해 보면, 크게 세 가지로 나눠서 생각해 볼 수 있다. 첫 번째로 신문, 잡지, 백서, 통계집 등 인쇄미디어를 들 수 있다. 과거 기자들이 기획 아이디어를 찾기 위해 가장 처음 하는 일은 지난 신문기사를 뒤적이는 일이었다. 지난 신문에서 어떤 주제를 다루었는지를 보면서 다뤄 볼 만한 주제를 선정하곤 했다. 이처럼 신문, 잡지 등 인쇄미디어들은 지금도 유용한 정보원이다. 다만, 이제는 신문, 잡지 등도 모두 인터넷에 데이터베이스화되어 있기 때문에 굳이 종이 신문이나 잡지를 뒤지지 않아도 인터넷에서 찾아볼 수 있다. 통계집 역시 통계 데이터베이스가 잘되어 있기 때문에 도서관에 가서 통계집을 찾아보지 않아도 인터넷이 연결되어 있는 곳이라면 어디에서라도 통계 자료를 얻을 수 있다.

두 번째로 많이 활용할 수 있는 취재원은 컴퓨터와 같은 전자미디어이다. 물론 여기서 컴퓨터란 네트워크가 연결된 컴퓨터이다. 인터넷을 통해 다양한 사람들과 접속해 취재해 볼 수도 있고, 인터넷에 올려진 다양한 자료들을 통해 새로운 정보를 취재할 수 있다.

세 번째 취재원은 사람이다. 취재하고자 하는 내용과 직접적으로 연결된 사람을 만나 취재하는 일 그것은 가장 확실한 취재 방법임에 틀림없다. 인터넷을 통해 취재를 하더라도 관련 인물들에게 마지막 확인 작업을 해야 할 사안들이 존재한다. 요즘은 관련 인물들을 취재할 때 반드시 만나서 할 필요는 없다. 채팅이나 메신저, 트위터 등을 통해서도 얼마든지 취재가 가능하기 때문이다. 그럼에도 불구하고 중요한 사안일 경우 정확한 정보 확인을 위해 면대면 인터뷰를 하도록 노력해야 한다. 자신의 블로그에 올리는 하나의 포스트도 작지만 다른 사람에게 영향을 줄 수 있기 때문에 취재 과정에서 정확한 정보 확인이 무엇보다 중요하다는 점을 잊지 말아야 한다.

취재원의 종류

- 인쇄미디어 - 신문, 잡지, 백서, 통계집 등
- 전자미디어 - 네트워크가 연결된 컴퓨터, 인터넷, 스마트폰
- 사람

2) 인터넷 취재의 용도

인터넷 취재는 헬스케어 콘텐츠를 제작하는 과정에서 다양하게 활용될 수 있다. 어떻게 활용될 수 있는지를 소개해 보면 다음과 같다.

(1) 콘텐츠 아이디어 찾기

헬스케어 콘텐츠를 제작할 때 가장 큰 고민은 어떤 콘텐츠를 만들 것인가이다. 새로운 콘텐츠의 아이디어가 머릿속에서 저절로 나올 수도 있지만, 아이디어가 떠오르지 않을 때, 이미 서비스되고 있는 콘텐츠를 살펴보면서 아이디어를 생각해 낼 수 있다. 인터넷에는 사람들이 경험한 가벼운 이야기부터 헬스케어 정책과 산업 등 무거운 소재까지 다양한 내용들이 담겨 있어, 잘 활용하면 아이디어를 얻을 수 있는 보물 창고가 될 수 있다. 헬스케어 콘텐츠와 관련한 웹사이트나 커뮤니티, 블로그 등을 정기적으로 방문하는 일도 좋은 아이디어를 찾는 데 도움을 줄 것이다.

(2) 사람들과 접촉하기

인터넷에서 헬스케어 콘텐츠와 관련된 커뮤니티 회원으로 활동하거나 관련 트위터를 팔로우하거나 관련 사이트의 메일링리스트를 꾸준히 받다 보면 기사의 소재를 제공해 주거나 자문해 줄 사람들을 만날 수 있다. 취재에 도움을 줄 다양한 사람들이 인터넷에서 활동하고 있기 때문이다. 과거에 기자들이 기사 아이디어를 얻거나 취재를 위한 정보를 얻기 위해 가장 많이 활용했던 방법은 취재원 관리이다. 취재원 관리란 자신의 취재원에게 평소에도 자주 연락해서 친분을 돈독하게 해두는 일을 말한다. 그것이 기자에게 큰 자산이 된다. 이와 마찬가지로 지금은 활성화된 소셜미디어를 통해 다양한 사람들과 인맥을 형성해 두고 친분을 쌓아 두는 일은 취재에 큰 도움이 된다. 예전처럼 오프라인에서 만나 시간을 보내지 않아도 요즘은 소셜네트워크를 통해 새로운 사람들을 만날 수 있고 아는 사람들과의 관계도 돈독하게 할 수 있어, 취재하기에는 훨씬 편리한 세상이다.

(3) 취재원과 인터뷰하기

과거에는 백악관에 있는 미국 관리와 인터뷰하려면, 비행기를 타고 미국으로 가거나 미국에 있는 특파원을 활용할 수밖에는 없었지만, 요즘은 한국에 있는 사무실에서도 인터뷰가 가능하다. 인터넷을 통해 이메일 인터뷰나 채팅 인터뷰를 진행하면 되기 때문이다. 이 덕분에 남극이나 북극을 탐험한 사람들을 인터뷰한 기사가 언론에 보도되기도 하고, 어제 갑자기 유명해진 외국인과의 인터뷰를 오늘 신문에서 볼 수 있다. 요즘은 트위터를 통해서도, 스마트폰의 애플리케이션인 카카오톡을 통해서도 간단한 인터뷰를 즉각적으로 실시할 수 있다.

(4) 정보 수집하기

헬스케어 콘텐츠를 제작하기 위해서는 다양한 종류의 정보가 필요하다. '건강한 사람들이 어떻게 건강을 유지할 수 있는지?', '신종플루는 어디서부터 확산되기 시작했는지?', '의료관광을 처음 시작한 병원은 어디인지?', '당뇨병 치료로 유명한 병원은 어디인지?', '20년 전 우리나라 사람들이 가장 많이 앓은 질병은 무엇인지?', '요즘 사람들은 어떤 병으로 가장 많이 사망하는지?' 등 이런 질문들의 답을 인터넷에서 찾아볼 수 있다. 물론 인터넷에서 얻은 자료가 정확한 정보인지 확인하는 일이 반드시 뒤따라야겠지만, 여러 정보원이 제공한 정보들을 종합해 보면 정확한 정보에 접근할 수 있다. 이처럼 간단한 용어 해설부터 단순한 자료, 자세한 정보까지 인터넷을 통해 취재가 가능하다.

(5) 이용자의 피드백 받기

인터넷을 통해서 할 수 있는 또 하나의 중요한 일은 자신이 만든 콘텐츠에 대한 평가를 이용자들로부터 직접 받을 수 있다는 사실이다. 인터넷에 생산한 콘텐츠는 수정하기 쉽기 때문에 이용자의 의견을 수렴해 잘못되거나 보완해야 할 콘텐츠를 추가할 수 있다. 또 자신의 의견과 이용자의 의견이 다를 때 자연스럽게 토론을 할 수 있으며, 이때 다른 이용자가 참여할 경우 다양한 의견이 교환되는 공론의 장이 펼쳐질 수도 있다.

또 이용자의 피드백은 다음 콘텐츠를 기획할 때 유용하게 활용된다. 이용자들이 원하는 콘텐츠가 무엇인지, 어떤 콘텐츠가 유용하며 어떤 콘텐츠는 불필요한지를 판단하는 중요한 근거가 된다. 이와 함께 이용자의 피드백이 새로운 콘텐츠 아이디어를 제공하거나 미처 알지 못했던 중요한 사실을 제공하기도 하기 때문에 헬스케어 콘텐츠를 제작하는 데 매우 유용하다.

3. 헬스케어 사이트의 기본 구성

헬스케어 사이트들은 기본적으로 건강과 관련한 다양하고 전문적인 정보를 제공하는 콘텐츠로 구성되어 있다. 대부분 공통적으로 빠르게 정보를 검색할 수 있는 통합 검색창이 메인 페이지의 상단에 위치되어 있다. 그리고 최신 건강 정보를 전달하는 뉴스 콘텐츠를 제공하며 전문의들이 직접 자신의 전문 분야와 관련한 정보들을 칼럼으로 발행하는 건강 칼럼 콘텐츠가 있다.

또 건강 백과 콘텐츠도 대부분의 사이트들이 제공하고 있는데, 건강 백과 콘텐츠에서는 건강과 질병에 관한 정의, 질병의 증상과 원인, 질병의 치료와 예방에 대한 정보를 담고 있다. 이와 함께 질병에 대해 각 진료 분야의 전문가에게 직접 물어보고 응답을 받을 수 있는 건강 상담 콘텐츠가 있으며, 각 전문 진료 분야의 의사와 병원을 찾아볼 수 있는 '의사와 병원 찾기' 콘텐츠도 제공한다.

이렇게 대부분의 헬스케어 사이트들은 기본적으로 다양한 건강 정보를 제공하는 콘텐츠들로 구성되어 있다. 하지만 이러한 기본적인 구성안에서도 조금씩 다른 형태로 건강 정보를 제공한다. 사이트별로 나타나는 정보의 특성과 종류를 알아 둔다면, 취재원을 찾을 때 매우 유용할 것이다.

헬스케어 사이트의 기본 구성

- 건강 뉴스 - 최신 건강 정보와 소식
- 건강 칼럼 - 전문의들이 직접 쓰는 칼럼
- 건강 백과 - 건강과 질병에 관한 정의/질병의 증상과 원인/질병의 치료와 예방에 대한 정보
- 건강 상담 콘텐츠 - 각 진료 분야의 전문가와의 질의응답
- 병원 찾기 - 전문 진료 분야의 병원
- 의사 찾기 - 전문 진료 분야의 의사

4. 헬스케어 사이트 활용 방안

건강 정보와 관련해 콘텐츠를 작성할 때, 헬스케어 사이트를 적극 활용한다면 신뢰할 수 있는 정보들을 쉽고 빠르게 찾을 수 있다. 헬스케어 사이트들은 다음과 같이 활용될 수 있다.

1) 건강 정보를 취재할 수 있다

건강, 생활, 운동, 음식 등 다양한 건강 정보들을 취재할 때 헬스케어 사이트를 활용해 보자. 현대인들은 건강에 관심이 많아 건강 관련 콘텐츠는 누구에게나 인기가 있다. 건강을 유지하는 방법은 음식부터 생활 습관, 운동까지 사람들의 일상사가 모두 포함되어 있기 때문에 건강 관련 정보는 상당히 많다. 이 중에서도 헬스케어 사이트를 활용하면 의사·약사 등 전문가들의 의견을 모아 신뢰성 높은 정보를 취재할 수 있어 큰 도움이 된다.

2) 질환별 정보를 취재할 수 있다

헬스케어 사이트에는 진료과별, 질환별 혹은 키워드를 통해서도 정보 검색이 가능하며, 각 질병들에 대한 정보들이 세분화되어 일목요연하게 정리되어 있다. 그리고 이러한 건강 정보들과 함께 각 전공 분야의 전문의들이 직접 쓴 칼럼, 환자들과 상담한 내용 등도 찾아볼 수 있다는 이점이 있다. 또한 현재 이슈가 되고 있는 질병들과 관련 있는 정보들을 쉽게 얻을 수 있다는 점에서도 활용 가치가 높다.

3) 환자와 보호자들의 경험담을 들을 수 있다

특정 질환과 관련한 헬스케어 커뮤니티 사이트는 환자와 보호자들의 경험담을 들을 수 있어 콘텐츠 제작에 도움이 된다. 이들 중에 인터뷰할 사람을 찾을 수도 있고, 취재의 방향을 결정하는 데 도움을 받을 수도 있다. 커뮤니티 사이트는 환자들이 해당 질환을 직접 겪은 경험담과 의료 정보의 효능 등에 대한 정보를 서로 주고받으며 커뮤니케이션하는 공간이다. 특정 질환과 관련한 치료나 시술법이 나왔을 때, 환자들의 반응이 어떤지를 파악할 수 있으며, 치료를 받은 환자들의 상태가 호전됐는지 그 효과를 평가해 볼 수 있는 정보를 얻을 수 있다. 또 커뮤니티에 글을 올린 치료 경험자를 찾아 인터뷰한다면, 좋은 인터뷰 기사도 쓸 수 있을 것이다.

4) 건강 또는 질병에 대한 추이를 분석할 수 있다

사이트에 올려진 상담 내용을 추적해 본다면 사람들이 어떤 건강 문제를 고민하고 있는지, 또 어떤 질환에 대해 궁금해 하는지 알 수 있다. 또 그런 질문의 대상이 어떻게 변하고 있는지, 질문하는 사람들의 특성은 어떻게 달라지고 있는지를 분석해 본다면 건강에 대한 사람들의 관심이 변화하는 추이를 발견할 수 있을 것이다. 또 어떤 연령대의 사람들이 어떤 질병에 관심이 많은지, 여성들은 어떤 질환에 많이 걸리는지, 건강과 질병에 대한 현상을 진단해 보는 취재도 가능하다.

5. 헬스케어 사이트 취재 시 유의 사항

많은 헬스케어 사이트가 생겨남에 따라 다양한 건강 정보를 쉽게 획득할 수 있다는 이점이 생긴 반면에, 정보의 출처가 불분명하거나 보조 건강 식품 등의 기사형 광고가 범람함에 따라 믿을 만한 정보를 구별해 내기가 쉽지 않다. 그렇기 때문에 헬스케어 사이트를 취재할 때에는 어떤 정보가 신뢰할 만한지 잘 판단하는 일이 무엇보다 중요하다.

1) 공신력 있는 사이트를 이용하자

믿을 만한 정보를 얻기 위해서는 먼저 공신력 있는 정부기관, 언론사, 대학병원 등의 전문기관이 운영하는 헬스케어 사이트를 이용하자. 정부기관 사이트는 정보의 갱신 속도가 느리지만 가장 신뢰할 만한 정보가 많은 곳이다. 통계 데이터도 체계적으로 데이터베이스화되어 있고, 방대한 정보를 보유하고 있다. 사용성이 안 좋아 정보를 찾는 데 다소 불편한 점이 없지 않지만 그래도 믿을 만한 정보가 가장 많은 곳이니 눈여겨봐 두자.

2) 인증 마크를 확인하자

공신력 있는 전문기관의 사이트가 아닐 경우 공인기관의 인증 마크 획득 여부 혹은 수상 내역을 확인하는 것도 사이트가 제공하는 신뢰도를 파악하는 한 방법이 될 수 있다.

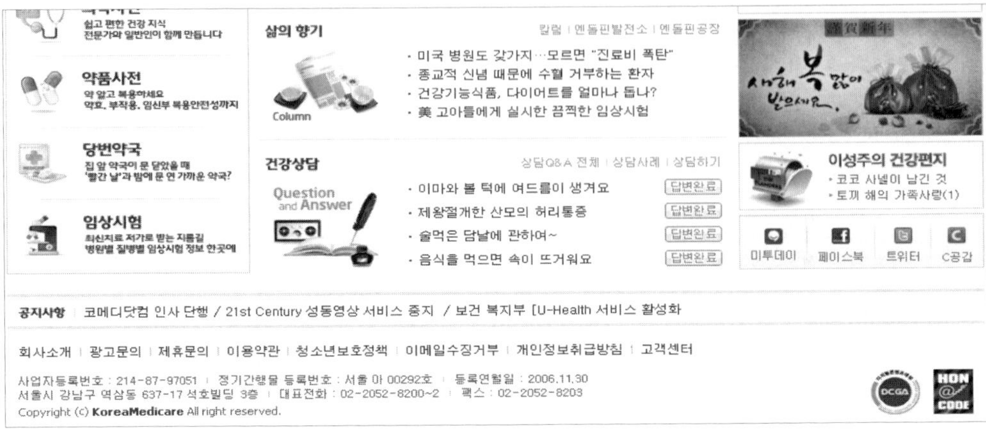

[그림 7-1] 코리아메디컬의 HON코드 인증 마크(우측 하단)

대표적인 인증 마크로는 'HON코드'를 들 수 있다. 'HON코드'는 1995년 창립되어 스위스에 본부를 두고 있는 국제기구인 헬스 온 더 넷 파운데이션(Health On the Net Foundation)에서 발행하는 인증 마크이다. 이는 온라인상에서 제공되는 보건 의료 정보의 질적 향상을 목적으로 인터넷에서 이용 가능한 보건 의료 관련 정보의 신뢰성을 표준화하기 위해 만든 규약이다(편만섭 2010. 10. 29).

HON코드는 '권위성', '상호보완성', '개인 의료 기밀', '정보 출처', '정보 정당성', '저자의 투명성', '후원의 투명성', '광고의 정직성과 편집 규정' 이렇게 8가지의 윤리 강령을 갖고 있다. 그리고 프랑스를 비롯해 영국, 호주, 이탈리아, 미국, 벨기에, 독일, 스위스, 일본, 덴마크, 이탈리아, 네덜란드 12개국이 참여하고 있다.

국내에서는 종합 의료 정보 사이트인 코리아메디컬이 HON코드의 인증 마크[5]를 획득했다. 이 사이트에서는 메인 페이지 우측 하단의 HON코드 아이콘을 표기하고 있으며, 이를 클릭하면 HON코드 행동 강령 준수 증명서[6]를 볼 수 있다.

인증 마크 외에 수상 내역을 확인하여 신뢰도 있는 사이트로 판단할 수도 있다. 그 예로 종합 의료 정보 사이트인 건강샘[7] 사이트를 들 수 있다. 건강샘 사이트에 들어가서 확인해 보면, 이 사이트가 한국능률협회컨설팅에서 주최하는 베스트 웹 어워드(The Best

5) 코리아메디컬(http://www.kormedi.com).
6) https://www.hon.ch/HONcode/Korean/?HONConduct274955
7) 건강샘 http://healthkorea.net

[그림 7-2] 건강샘의 수상 내역

Web Awards)에서 2001~2004년까지 4년 연속으로 전문가/네티즌 공동 인증 1위를 했으며, 또 그 전부터 한국능률협회컨설팅으로부터 상을 받아 온 내역을 볼 수 있다. 그러나 수상 내역을 확인할 때는 그 상을 수여한 주최가 신뢰할 만한 곳인지, 그 대회가 사회적으로 인정받고 있는지도 따져 봐야 한다. 요즘 각종 대회를 열어 참가 비용을 받고 상을 주는 곳도 많기 때문에 정부기관이 아닌 사기업이나 언론사, 협회가 준 상은 그 상이 믿을 만한 것인지 먼저 확인해 봐야 한다.

3) 정보의 출처를 확인하자

신뢰할 만한 사이트에서 정보를 취재한다 하더라도 찾은 정보가 믿을 만한지 검토할 필요가 있다. 이때 가장 좋은 방법은 정보의 출처가 정확히 제시되어 있는지 확인해 보는 일이다. 제시된 출처가 믿을 만한 곳인지 파악해 보면 해당 정보를 신뢰할 수 있을지 판단할 수 있다.

정보 제공자를 확인하는 일도 중요하다. 정보의 작성자가 믿을 만한 사람인지 살펴보자. 정보 제공자의 소속과 전문 분야 등을 명확히 밝히고 있는지를 확인하고, 정보 제공자가 믿을 만한 사람인지 판단해 본다.

4) 삼각 확인하기(triangulation)

건강 정보는 어느 정보보다 신뢰도가 매우 중요하다는 것을 잊지 말아야 한다. 따라서 한 사이트에서 얻은 정보를 믿어 버리면 곤란하다. 기자들이 취재할 때도 삼각 취재를 해야 한다고 한다. 한쪽 이야기만 듣지 말고 두 사람 이상을 다각적으로 취재해서 정보를 얻어야 공정하고 정확한 정보를 취재할 수 있다는 이야기이다. 인터넷에서 취재할 때도 마찬가지이다. 한 사이트만 취재하지 말고 신뢰 있는 여러 사이트의 정보를 비교해 보고 정확한 정보를 찾아내려는 노력을 게을리 해서는 안 된다. 조금이라도 의심이 간다면 확신을 얻을 수 있을 때까지 취재를 계속해야 한다. 중요한 사안의 경우는 관련 인물을 인터뷰하거나 현장에 가 보는 일을 병행하는 것이 가장 좋은 취재 방식이라 할 수 있다.

6. 헬스케어 사이트의 유용한 정보

헬스케어 사이트들은 기본 구성 외에 건강 정보를 세분화하여 좀 더 자세한 정보를 다루거나 차별화된 콘텐츠를 제공한다. 각 사이트들이 갖고 있는 유용한 정보들을 정리해 두면 취재할 때 정보를 찾아 활용하기 쉽다. 1장 3절에서 각 매체별 헬스케어 콘텐츠의 사례들을 소개한 바 있지만, 여기서는 헬스케어 콘텐츠를 취재할 때 활용할 수 있는 유용한 정보를 각 사이트별로 정리해, 취재하는 데 도움을 주고자 한다.

1) 언론사 사이트에서의 유용한 헬스케어 정보

(1) 조선일보의 헬스조선

헬스조선(http://health.chosun.com) 사이트의 유용한 정보로는 건강강좌나 임상실험, 개원행사 등을 소개하는 의료 관련 행사 정보를 들 수 있다. 또 건강 관련 동영상과 건강 관련 서적을 취재할 때도 도움을 받을 수 있는 정보원이다.

특히 건강 상담 콘텐츠의 의료분쟁 상담실에서는 의료 과정에 문제가 생겼을 때, 법률 전문가와 질의응답할 수 있는 콘텐츠를 제공하고 있어, 의료 사고 관련 취재에 도움을 받을 수 있다. 또 캘린더 뉴스를 통해 각 주차별로 가장 많은 조회수를 보인 기사들을 볼 수 있어 이용자들에게 관심 있는 뉴스 주제가 무엇인지 파악하는 데도 도움이 된다.

이와 함께 의료 전문 언론사들의 뉴스를 모아 보내 주는 의료계 뉴스레터도 제공하고 있어 의료 분야에서 이슈가 되는 문제가 무엇이며 각 이슈별로 의료계의 의견은 어떠한지를 취재하는 데 유용하다.

[그림 7-3] 헬스조선의 의료분쟁 상담실

(2) 매일경제의 매경헬스

[그림 7-4] 매경헬스의 암센터

매경헬스(http://www.mkhealth.co.kr) 사이트에서는 생활건강 테마에서 약 복용법, 형태별 사용법 등 의약품과 관련한 정보를 보기 쉽게 정리해 제공하고 있어, 특정 분야 의약품에 대한 취재에 도움을 받을 수 있다. 또 性클리닉의 상담실에서는 환자가 전문의에게 직접 질문한 내용과 그에 대한 전문의의 응답을 볼 수 있어, 성과 관련된 주제를 취재할 때 활용할 수 있다.

이와 함께 암 명의와 전문병원, 암 치료법을 소개하고 전달하는 MK암센터를 운영하고 있어, 암과 관련한 최신 주요 뉴스나 정보를 얻을 수 있다. 또 심장마비, 뇌졸중 등의 심혈관질환들을 세분화해 정보를 제공하고 있으므로, 심혈관질환 관련 취재에 유용한 사이트이다.

(3) 중앙일보의 조인스 헬스케어

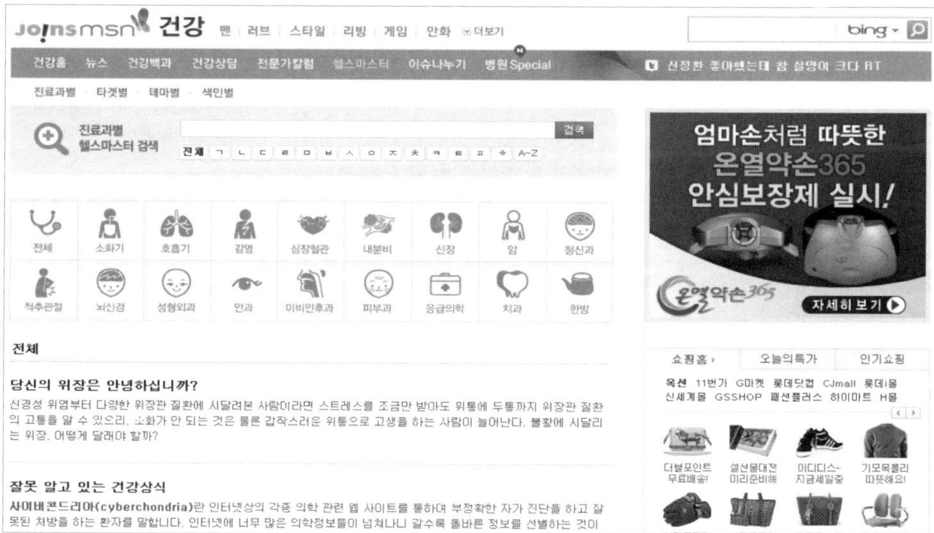

[그림 7-5] 조인스 헬스케어의 헬스마스터

조인스 헬스케어(http://healthcare.joinsmsn.com) 사이트는 헬스마스터 콘텐츠를 통해 진료과별, 타깃별, 테마별, 색인별로 찾기 쉽게 세분화된 정보를 제공하고 있고 관련 질환에 대한 다양한 정보도 연계해 볼 수 있어, 특정 질병에 대한 전문 정보를 취재하는 데 유용하다.

무엇보다 건강과 의료 전반의 각종 이슈에 대한 의견과 경험을 나눌 수 있는 콘텐츠가 있어 환자들의 경험을 취재할 수 있으며 최근의 건강 관련 이슈를 파악하는 데도 도움이 된다. 또한 건강 뉴스레터를 신청하면 이메일을 통해 매주 목요일 최신 뉴스와 건강 정보를 제공받을 수 있어 최근 동향을 놓치지 않고 파악할 수 있으며 콘텐츠 아이디어를 얻을 수도 있다.

2) 종합 의료 정보 사이트에서의 유용한 헬스케어 정보

(1) 코리아메디컬

[그림 7-6] 코메디닷컴의 건강상담사례

코메디닷컴(http://www.kormedi.com) 사이트에서는 대한민국의약정보센터(KIMS)[8]에서 제공하는 약품 사전을 통해 자세한 의약품 정보를 검색할 수 있어 약에 대한 정보를 취재할 때 유용하다. 또 최신 치료를 저가로 받을 수 있는 병원별, 질병별 임상실험 정보를 한눈에 볼 수 있어 질병별 치료 정보를 담은 콘텐츠를 취재할 때 도움을 받을 수 있다. 이와 함께 건강상담사례에서 다양한 질환 · 증상별, 진료 과목별 상담 사례들을 쉽게 찾아볼 수 있어 환자들의 증상이나 어려움을 취재하는 데 유용하다. 또한 커뮤니티 콘텐츠에서 코메디닷컴 베스트 전문의가 추천하는 건강 블로그와 클럽 정보를 얻을 수 있어 취재원을 찾거나 헬스케어 콘텐츠를 제작하는 데 자문을 구할 수 있는 전문가를 파악하는 데도 도움이 된다.

---

8) http://new.kimsonline.co.kr/

(2) 마이닥터

[그림 7-7] 마이닥터 애플리케이션

마이닥터(http://www.mydr.or.kr) 사이트에서는 병원 검색과 예약, 상담, 건강 정보를 웹에서는 물론 스마트폰에서 쉽고 빠르게 사용할 수 있는 마이닥터 애플리케이션 정보를 제공해 언제 어디서든지 취재에 활용할 수 있다. 또 지역별 병원 검색이 용이해 지역별 병원에 대한 콘텐츠를 제작할 때 유용하게 활용할 수 있다. 그리고 진료과별 치료 견적과 수술 비용을 확인할 수 있어 치료비와 관련한 콘텐츠를 취재할 때 도움이 될 수 있다.

(3) 건강iN

건강iN(http://hi.nhic.or.kr) 사이트에서는 요양기관 이용 정보를 제공하고 있어 요양기관에 대한 콘텐츠를 취재할 때 유용하다. 특히, 장애인 도움정보 콘텐츠를 통해 관련 기관과 장애 관리, 예방, 교통 정보, 에티켓, 재활의료, 통계 등 장애인들과 관련한 다양한 정보를 찾아볼 수 있어, 장애인 관련 콘텐츠 취재에 도움이 된다. 특히 장애인과 관련된 각종 통계 정보를 찾아볼 수 있어 추이를 분석하거나 현황을 객관적으로 제시하는 데 유용하다.

[그림 7-8] 건강iN의 장애인 도움정보

3) 소셜미디어에서의 유용한 헬스케어 정보

(1) 코리아 헬스로그

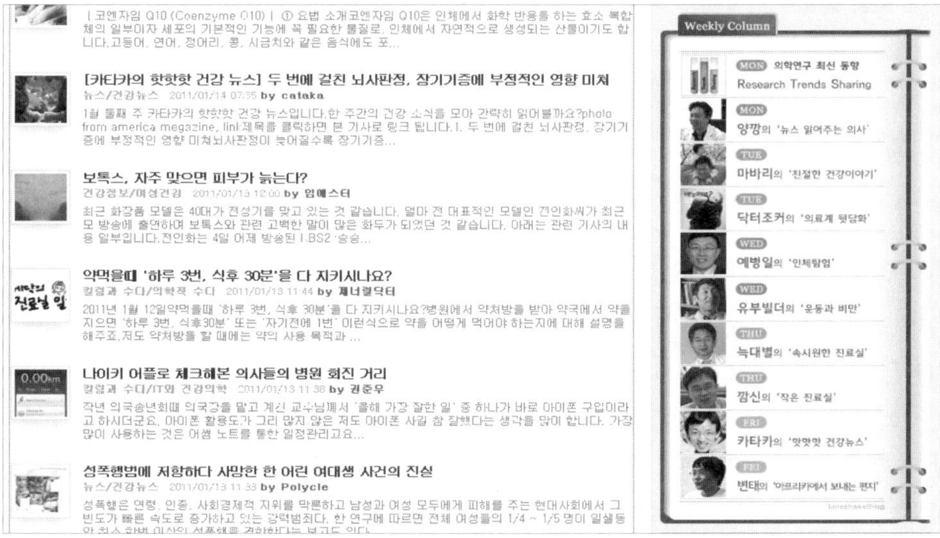

[그림 7-9] 코리아 헬스로그의 주간 칼럼

코리아 헬스로그(http://www.koreahealthlog.com)는 유네스코(UNESCO) 한국위원회에서 디지털 유산 어워드(AWARD)로 선정한 의사들이 만드는 소셜미디어이다.

이 사이트도 기본적인 건강 정보를 갖추고 있는데, 유용한 정보로는 전문의들이 매주 요일별로 서로 다른 주제의 칼럼을 써 제공하고 있다는 점이다. 요일별 칼럼의 테마 제목은 각 전문의들이 직접 운영하는 블로그의 제목과 닉네임에서 가져왔으며, 해당 블로그에 접속하면 주제와 관련한 더 많은 정보들을 취재할 수 있다.

(2) 국민건강보험공단의 건강천사

[그림 7-10] 건강천사 블로그

국민건강보험공단에서 운영하는 건강천사 블로그는 2010년 1월 다음과 네이버(http://blog.daum.net/nhicblog)에 개설되었다. 헬스케어 사이트와 마찬가지로 기본적인 건강 관련 정보들을 제공한다. 건강천사 블로그에서 유용한 정보라면 '건강한 사람' 카테고리인데, 이곳에서는 유명 연예인들이 건강과 관련해 인터뷰한 내용을 담고 있어, 연예인과 건강에 대한 취재에 도움을 받을 수 있다. 또 우리 주변에서 희귀병을 극복한 사람들의 인터뷰도 실려 있어 환자들의 경험을 취재할 때 유용하다.

(3) 암과 싸우는 사람들 다음카페

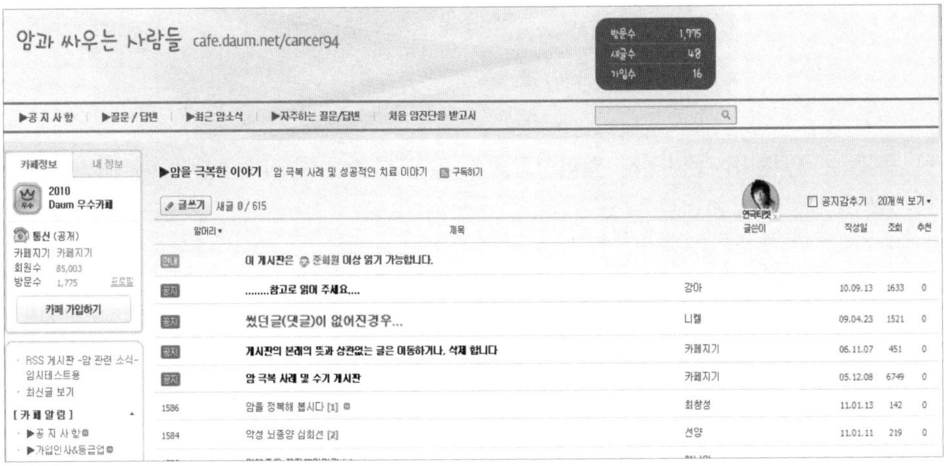

[그림 7-11] 암과 싸우는 사람들의 '암을 극복한 이야기'

암과 싸우는 사람들(http://cafe.daum.net/cancer94)은 2010년 다음 우수카페로 선정된 커뮤니티로 실제 암 투병 경험 사례들이 담겨 있어 암과 관련된 다양한 경험을 취재하는 데 큰 도움이 된다. 특히 부위별, 증상, 암과 관련한 각종 정보를 제공하고 있어 암과 관련된 정보를 취재할 때 유용하다. 무엇보다 암 투병 중에 있는 사람들 간의 커뮤니케이션이 활발히 이뤄지고 있어, 인터뷰 대상자를 찾거나 취재원을 찾는 데 활용할 수 있다.

실습과제

1. 3대 실명질환이 무엇인지 알아보고, 각 질환의 발병 원인, 증상 등에 대해 헬스케어 사이트에서 취재해 보자.

2. 헬스케어 사이트에서 국내 암 전문 병원에 대해 알아보자.

3. 코메디닷컴 사이트에서 의료사고 피해자의 자살과 손해배상의 범위에 대해 알아보자.

4. '아토피 피부염'에 대한 기사를 작성하려고 한다. 헬스케어 사이트에서 정보를 취재하여 기사를 작성해 보자.

제8장 블로그 활용하기

1. 블로그 이해하기

블로그는 이미 일반화되어서 그 개념을 다시 이야기할 필요가 없어 보이지만, 블로그가 가진 의미를 되새겨 보기 위해 간략하게 살펴보고 넘어가자. 블로그는 인터넷을 의미하는 웹(web)과 자료를 뜻하는 로그(log)의 합성어인 웹로그(Weblog)를 줄인 말이다. 존슨과 케이(Johnson & Kaye 2004)는 블로그를 '개인이 관찰한 내용과 뉴스 등이 올리는 순서대로 기록되며, 의견과 관련 링크가 함께 제시되는 일기 형식의 웹사이트'로 정의했으며, 헤링 등(Herring, Scheidt, Wright & Bonus 2005)은 '자료를 올리는 순서대로 배열되는, 수시로 수정되는 웹페이지'라고 설명한 바 있다. 이와 같은 정의와 우리나라에서 블로그를 이용하는 방식을 고려할 때, 블로그는 '한 개인이 주체가 되어 일지 형태로 자유롭게 자신이 만들고 가공한 콘텐츠를 주변의 지인들 또는 비슷한 관심을 가진 대중들과 공유하는 미디어'(김경희 · 배진아 2006)로 정의해 볼 수 있다.

블로그는 다른 블로그들과 다양한 방식으로 연계되어 있는 '연결성'이라는 속성에서 기존의 홈페이지와 구분되며, 운영의 주체가 '개인'이라는 점에서 온라인 커뮤니티와 구분된다.

블로그의 가장 큰 특징은 시간순으로 배열되어, 가장 최근 글이 제일 먼저 나온다는 점이다. 또한 게시판에서 제목만 따로 보이거나 카테고리가 보이는 보통의 웹사이트와 달리 제목과 함께 본문이 함께 보이는 형태가 일반적이다. 기술적으로 블로그는 HTML 문서로 구성되며 내용은 XML[9] 문서가 함께 만들어져 RSS[10]를 이용해 구독해 볼 수 있는 형태로 꾸며져 있다. 또한 댓글과 트랙백을 통해 자신의 글과 연관된 글을 수동으로 엮어 관련 글끼리 묶을 수도 있다.

우리나라에서는 싸이월드 등 미니홈피형 블로그와, 네이버 · 다음 등 포털 사이트의 블로그, 이글루 · 올블로그 등 전문 블로그 사이트의 블로그, 그리고 신문 · 방송 · 인터넷뉴스 등 언론사 사이트의 블로그 등 다양한 블로그 형태가 공존하고 있다. 미니홈피형 블로그는 각 게시물이 고유 주소를 가지고 블로그 간의 자유로운 연결을 통해 정보와 지식을 공유한다는 블로그 고유의 특성을 가지고 있지 않아 블로그의 범주에 넣을 것인지의 논란이 계속되고 있는 가운데, 국내에서 행해지는 연구에서는 이를 한국형 블로그로 정의하고 넓은 의미에서 블로그에 포함하기도 한다(김지수 2004). 미니홈피형 블로그와 포털 사이트의 블로그는 이용자들이 블로그를 쉽게 생성하고 운영할 수 있도록 지원하여 블로그의 확산에 기여했지만, 대인 관계 중심으로 운영되고 있어 대안 언론으로서 저널리즘의 기능을 수행한다는 평가를 받고 있지는 못한 상태이다.

그러나 전 세계적으로 블로그는 쓰나미나 허리케인 등 자연재해가 발생했을 때 현장의 소식을 어느 매체보다 빨리 전달해 저널리즘 매체로 주목받았다. 블로그의 급속한 확산으로, 인터넷 이용자가 수용자에서 적극적인 생산자로 변신, 뉴스 유통에 참여하고 활동하는 1인 미디어의 주역으로 떠올랐다. 또 게시판, 카페 등 동호회 서비스 등과 함께 인터넷 여론 형성의 주요한 매체로 부각되고 있다.

블로그를 사용하는 계층은 일반 개인부터 정치인, 학자, 정부, 시민단체, 기업, 언론인에 이르기까지 다양하다. 언론사들은 자사 사이트에 독자를 위한 블로그 공간을 제공해, 기사에 대한 독자들의 실질적인 의견이나 아카이브를 생성하도록 유도하고 있다. 더불어 기자들이 블로그를 직접 운영하면서 뉴스 이용자와 직접적으로 커뮤니케이션하고 있다. 블로그를 운영하는 기자들은 블로그 공간을 통해서 본인의 기사는 물론, 취재와 관련한

---

9) XML은 Extensible Markup Language로, HTML로 구현하지 못한 기능을 확장시킨 웹문서를 저작하는 언어라고 이해하면 된다. 홈페이지 구축 기능과 검색 기능이 향상되었고, 웹페이지의 추가와 작성이 HTML보다 편리해졌다.

10) RSS(Really Simple Syndication)는 콘텐츠가 자주 갱신되는 블로그와 같은 웹사이트에서, 업데이트된 정보를 자동적으로 이용자에게 보내 주는 서비스이다. 이용자가 해당 사이트가 제공하는 RSS 주소를 RSS Reader 프로그램에 등록하기만 하면 갱신된 정보를 자동으로 받아 볼 수 있다.

에피소드 소개, 개인적인 느낌, 뒷이야기 등을 뉴스 이용자와 공유하고 있다. 이에 따라 기자들의 블로그는 뉴스 보도의 공적인 성격과 기자 개인의 사적인 성격이 공존하는 독특한 소통 공간이 되고 있다. 이러한 공간의 활용을 통해 기자들은 속보성 있는 기사를 발굴하기도 하고, 기사 아이디어를 얻는 등 뉴스 제작에도 적극 활용하고 있다.

최근 들어서는 트위터 · 미투데이 등 마이크로블로그가 인기를 끌고 있다. 소소한 일상사를 140자 이내의 짧은 글로 담아 내는 마이크로블로그는 네티즌들의 새로운 트렌드를 보여 주고 있으며, 저널리즘 매체로 성장의 드라이브를 걸고 있는 블로그에도 적지 않은 영향을 줄 것으로 예상된다.

이런 변화를 통해 볼 때, 블로그는 그 성격이 분화되어 진화될 것으로 보인다. 즉, 사회적인 콘텐츠를 생산하는 뉴스블로그와 사회적 네트워킹 매개체로의 SNS블로그가 각각의 특성을 강화하는 방향으로 발전할 것으로 예상된다. 뉴스블로그는 전문성과 분석성을 갖추면서 발전할 것이며, SNS블로그는 좀 더 폭넓은 사회적 네트워크를 형성해 나가는 방향으로 진화할 것으로 보인다.

2. 블로그 용어 알아보기[11]

블로그를 사용하면서 자주 접하게 되는 다양한 용어들에 대해서 유사한 의미를 기준으로 간략히 정리하면 다음과 같다. 먼저 블로그 에디터를 통해서 글을 게시할 경우, 게시되는 글과 관련되는 용어들에 대해서 정리하면 다음과 같다.

1) 게시글 관련 용어

(1) **게시글 또는 포스트**(post): 포스트는 블로그 사이트에 올라온 글을 의미한다. 동사로 사용하면 온라인 콘텐츠를 발행(글을 올리는 등)하는 행위를 의미하고, 명사로 사용하면 단일한 온라인 콘텐츠 항목을 의미한다. 게시판에서 의미를 찾아보자면 게시물 하나가 포스트에 해당한다. 국내 블로그 서비스에서는 포스트를 통상적으로 사용하고 있지만 엔트리(entry)라고 불리기도 한다. 블로그 프로그램에서 글 작성자를 'post by'로 표현하므로 엔

11) 블로그 용어는 다음 사이트의 내용을 참고로 작성했다.
http://en.wikipedia.org/wiki/Glossary_of_blogging
http://www.quickonlinetips.com/archives/2006/06/the-giant-blogging-terms-glossary/
http://www.blogossary.com/

트리와 포스트는 같은 의미라고 보면 된다. 또 블로그에 등록한 문서, 글, 게시물, 자료라는 지칭어가 모두 포스트를 가리키는 용어이다.

(2) **게시**(posting): 앞서 설명했듯이 블로거가 블로그에 올리는 내용을 '게시글(post)'이라 하고, 게시글을 올리는 행위를 '게시(posting)'라 한다.

(3) **댓글**(comment): 블로그의 글에 공개적으로 답할 수 있도록 하는 기능을 말한다. 댓글은 자동적으로 올라가게 할 수도 있고, 사람이나 컴퓨터 프로그램으로 걸러질 수도 있다.

(4) **코멘트 스팸**(comment spam): 스팸을 보내는 사람들이 블로그에 가짜 코멘트를 올리고 그 속에 포르노, 조제약, 도박 등 스팸 사이트 링크를 심어 놓는 최근의 현상을 일컫는다.

(5) **글 걸기 · 트랙백**(trackback): 다른 블로거의 포스트에 댓글을 쓰는 대신 자신이 쓴 포스트를 해당 포스트 아래에 표출되도록 연결해 주는 기능이다. 다른 블로거의 포스트에 자신이 쓴 포스트를 엮어 놓는다는 뜻에서 엮인 글이라고도 불린다. 트랙백을 하는 방법은 상대방 포스트의 하단에 나타난 트랙백 주소를 복사해서, 자신이 쓴 포스트 위에 있는 트랙백 버튼을 눌러 복사한 주소를 붙여 놓고 '전송'을 누르면 된다.

2) 블로그 현상과 관련된 용어

다음으로는 블로그를 하나의 시스템으로 파악하고, 이를 통해 구현이 가능한 기능이나 새로운 신조어, 현상과 관련한 개념들에 대해 간략하게 설명해 보았다.

(1) **블로그스피어**(blogsphere): 온라인상의 블로거 공동체, 또는 그들이 올려 놓은 콘텐츠를 말한다.

(2) **버스트 · 버스티**(burst, bursty): 어떤 이슈나 사람이 블로그스피어에 언급되면서 '갑작스럽게' 짧은 기간 동안 인기를 얻는 경향을 말한다.

(3) **시민 기자**(citizen journalist): 기자처럼 많은 사람들이 관심을 갖고 볼 만한 새로운 소식이나 현상을 전달하는 아마추어 언론인을 말한다. 최근 들어서는 블로그나 포털 등 웹사이트를 이용해서 글을 올리는 시민들을 지칭하는 말로 사용되고 있다. 블로그의 보급과 확산은 시민 기자의 활약을 두드러지게 하고 있다.

(4) **이용자 제작 미디어**(user generated media): 소비자 제작 미디어(consumer generated media)로도 불린다. 블로그, 게시판, 후기 사이트에 이용자들이 올린 콘텐츠를 지칭하는 광범위한 용어로서 글과 사진, 음성, 동영상 등 다양한 형태를 모두 포함한다.

(5) **어그리게이터**(aggregator): 블로그를 쉽게 탐색할 수 있도록 이용자가 선택한 블로그 포스트에 대한 RSS기반 요약본을 자동으로 수집하는 소프트웨어를 말한다. 뉴스수집기로도 불린다.

(6) **애드센스**(adsence): 개별 웹사이트의 내용과 관련이 있는 광고를 해당 웹사이트에 올려 놓고 클릭 수를 기반으로 광고비를 지불해 주는 구글의 온라인 광고 프로그램이다. 블로거들도 자신의 블로그에 구글에서 제공하는 광고를 게재함으로써 수입을 올릴 수 있다.

(7) **카테고리**(category): 블로그 소프트웨어에서 블로거들에게 올리는 글을 주제별로 모을 수 있게 해주는 기능으로, 태그나 엘르먼트(element) 등과 같은 짧은 설명으로 이름표를 붙일 수 있다.

(8) **태그**(tag): 온라인 콘텐츠에 대하여 이용자가 할당할 수 있는 핵심 주제어로, 카테고리 분류나 정보 검색 등에 사용된다. 태그는 사람들이 관련 콘텐츠를 찾는 데 도움을 준다.

(9) **태그 클라우드**(tag cloud): 해당 콘텐츠의 태그로 결정되는 웹사이트나 블로그의 콘텐츠에 대한 시각적인 표현으로, 자주 사용된 태그는 다른 태그보다 크게 나타내어 방문객이 글쓴이가 어떤 주제를 다루는지 알기 쉽게 해준다.

(10) **테크노라티**(technorati): 유명한 블로그 검색엔진으로, 블로그의 권위와 랭킹, 주요 블로거들의 관계 등을 파악할 수 있게 해준다.

(11) **퍼머링크**(permalink): 영구적인 링크(permanent link)의 약자로 개별적인 블로그에 올라간 글에 대하여 고유의 URL이 할당된다.

(12) **피드**(feed): 웹 콘텐츠를 모아 놓기 위한 밀어내기 방식의 기술을 말한다. 이용자들은 직접 프로그램을 통해서 피드에 등록하고, 이 프로그램은 정기적으로 이용자가 등록한 피드 목록에 있는 모든 서버에 대하여 폴링(신호 스위치 장치로 단말기에 전송하는 기술)을 해서 새로운 콘텐츠를 다운로드하게 된다.

(13) RSS(really simple syndication): RSS는 콘텐츠가 자주 갱신되는 블로그와 같은 웹사이트에서, 업데이트된 정보를 자동적으로 이용자에게 보내 주는 서비스이다. 이용자가 해당 사이트가 제공하는 RSS 주소를 RSS 리더 프로그램에 등록하기만 하면, 갱신된 정보를 자동으로 받아 볼 수 있다.

(14) **하이퍼링크 · 링크**(hyperlink, link): 이용자가 추가 정보나 다른 시각의 글을 볼 수 있도록, 현재 보고 있는 텍스트와 다른 텍스트의 URL 주소를 연결시켜 주는 것을 말한다. 블로거가 텍스트에 대한 내용을 간략하게 소개하고 링크를 제시해 주면, 관심 있는 이용자가 링크를 클릭해 자세한 내용을 볼 수 있다.

3) 블로그 성격과 관련된 용어

다음으로는 블로그를 성격에 따라 구분할 수 있는 개념들만을 모아 간략하게 정리한 것이다.

(1) **블로그롤**(blogroll): 특정 블로거의 블로그에서 볼 수 있는 연결된 블로그의 집합을 의미한다. 블로거가 좋아하거나 자주 방문하여 추천하는 블로그들의 연결 정보를 의미한다.

(2) **팀 블로그**(team blog): 한 사람 이상의 블로거들이 한 블로그에서 포스트를 함께 쓰는 블로그를 말한다.

(3) **주제 블로그**(topic blog): 좁은 범위의 주제에 대해서만 글을 올리는 식으로 운영되는 특정 분야 전문 블로그를 말한다.

(4) **링크 블로그**(link blog): 주로 다른 웹사이트와의 링크가 그 내용을 이루는 블로그이다. 인터넷에서 가장 인기 있는 블로그 가운데 몇몇 사이트가 이러한 링크 블로그이다.

(5) **모블로그**(moblog): 모바일 블로그(mobile blog)의 줄임말로 휴대전화 등의 모바일 장치에서 올린 게시글을 포함한 블로그를 의미한다.

(6) **브이로그**(vlog): '비디오 블로그(video blog)'의 줄임말로, 동영상 배포를 위한 블로그이다.

3. 블로그 사용하기[12)]

가장 우선적으로 결정해야 하는 일이 바로 블로그 서비스를 제공하는 여러 사이트 중에서 어디를 이용할 것인지를 선택하는 일이다. 블로그를 운영하다가 중간에 다른 서비스로 옮기는 것은 상당히 어렵고, 축적해 둔 자료가 삭제되거나 블로그 주소가 변경되는 문제가 발생할 가능성이 많으므로 가급적 처음 시작할 때 내게 맞는 서비스를 찾는 것이 중요하다.

블로그 서비스는 크게 '설치형 블로그(self-hosted blog software)'와 '서비스형 블로그'로 구분해 볼 수 있다. 서비스형 블로그는 이용자가 특정한 설정을 추가할 필요 없이 '회원가입'을 통해서 블로그를 운영할 수 있는 블로그이다. 주로 네이버(Naver), 다음(Daum), 파란(Paran), 야후(Yahoo), 네이트(Nate)와 같은 대형 포털에서 제공한다.

블로그 생성을 위해 별도의 전문 지식이나 기술이 필요 없지만, 제공하는 서비스의 범위가 모두 다르기 때문에 어떤 용도와 목적으로 사용할지에 따라 특화된 서비스를 제공하는 블로그 서비스를 선택하는 것이 좋다. 팀 블로그와 같은 기능을 사용하려고 하는 경우라면, 티스토리(Tistory)나 텍스트큐브닷컴(Textcube.com)과 같은 블로그 서비스를 사용해야 한다. 대부분의 모든 기능이 무료로 제공되나, 기능 상의 제약이나 기능의 확장이 어렵다는 단점도 있다.

설치형 블로그는 블로그 운영자가 블로그 소프트웨어를 서버에 설치해서 블로그를 만

---

12) 다음 사이트를 참고하여 기술했다.
KBBA 블로그 가이드 북, '블로그 개설에서 활용까지'(http://www.bbakorea.org/), 티스토리 가이드 블로그(http://guide.tistory.com)

드는 방법이다. 이를 이용하기 위해서는 블로그 프로그램 설치, 호스팅 서비스,[13] DB 관리와 같은 기술적인 이해를 기본으로 해야 한다. 그러나 블로그의 구성과 관리 그리고 데이터의 백업과 이동 등이 서비스형 블로그보다 자유롭다는 장점이 있다.

코리안 클릭의 2009년 히트사이트 선정 결과[14]를 보면, 티스토리가 소셜미디어를 대표하는 블로그 사이트의 이용자와 월간 도달률이 가장 높은 사이트로 선정되었다. 티스토리는 월간 도달률이 54%에 이를 정도로 보편화된 1인 미디어 서비스로 자리 잡은 것으로 보인다.

포털 사이트의 경우는 인터넷 이용률이 80%를 넘어섬에 따라 포털 사이트 방문자 규모는 정체되었으며, 새로운 킬러(killer) 서비스의 부재로 사이트의 순위는 큰 폭의 변화 없이 고착되는 결과를 보이고 있다. 코리안 클릭의 조사 결과, 월간 도달률이 96%에 이르는 네이버가 확고한 1위를 지키고 있는 것으로 나타났다. 이용자가 가장 많은 블로그의 경우 그 콘텐츠도 풍부하고, 연결성과 확장성도 뛰어나다는 여러 장점이 있다는 점을 감안해 네이버 블로그와 티스토리 블로그를 중심으로 블로그 활용법을 살펴보도록 하자.

1) 블로그 시작하기

먼저 블로그를 만들고자 할 때 가장 기본적으로 블로그의 제목과 블로그 주소를 결정해야 한다. 블로그 제목은 자신의 블로그를 가장 잘 드러내는 정보를 입력하면 되고, 블로그 주소는 중복을 피해서 쉽고 단단한 이름을 짓는 것이 좋다.

(1) 네이버 블로그 시작하기

네이버 블로그(http://www.naver.com)는 회원 가입을 통해서 회원 약관에 동의하고 나면 실명 확인을 위한 이름과 주민등록번호를 기입하게 된다. 이를 통해 최대 3개의 계정을 생성할 수 있고, 그 각각의 계정에서 블로그를 개설할 수 있다.

생성된 아이디가 본인의 블로그 주소가 되는 방식으로 서비스를 이용할 수 있다. 만약 guidebook이라는 아이디로 회원 가입을 했다면 http://blog.naver.com/guidebook이라는 블로그 주소를 갖게 된다. 이렇게 기본 설정을 마치고 나면, 여러 가지 설정을 할 수 있는 관리 페이지를 통해서 생성한 블로그를 꾸밀 수 있다.

---

13) 자신의 PC를 서버로 구축하거나, 인터넷 서비스 업체의 서버의 일정 공간을 임대해 사용하는 방식.
14) http://koreanclick.com/information/info_data_view.php?id=230

기본정보 관리 부분에서 블로그 제목과 블로그 프로필을 설정할 수 있고, 꾸미기 설정을 통해서 스킨과 레이아웃, 타이틀, 배경음악, 폰트 등의 세부 설정을 할 수 있다. 메뉴·글 관리 부분을 통해서는 블로그에서 사용할 주요 내용을 중심으로 세부 메뉴를 구성하고, 글쓰기 권한 설정 등을 할 수 있다.

[그림 8-1] 네이버 블로그 정보 설정 화면

[그림 8-2] 네이버 블로그 관리 메뉴

이러한 다양한 설정을 마치고 나면, 아래와 같이 블로그 개설이 완료된다. 여기에 메뉴와 포스트를 추가해 가면서 블로그를 풍성하게 만들어 갈 수 있다.

[그림 8-3] 네이버 블로그 개설

(2) 티스토리 블로그 시작하기

티스토리(http://www.tistory.com)의 경우는 가입되어 있는 기존 블로거의 초대를 통해서만 블로그 개설이 가능하다. 티스토리 첫 페이지의 '티스토리 초대신청'[15]이나 기존 블로거들이 갖고 있던 초대장 배포를 알리는 포스트에 댓글을 다는 등의 방법을 통해 초대장을 발급받을 수 있다.

본인의 등록 이메일을 통해 블로그 개설과 관련되는 정보를 설정할 수 있는 페이지를 전송받을 수 있다. 여기서 블로그 제목과 블로그 주소를 설정해 주고 나면, 새로운 블로그가 생성되는 것이다.

15) http://www.tistory.com/invitation/?_top_tistory=left_invitation

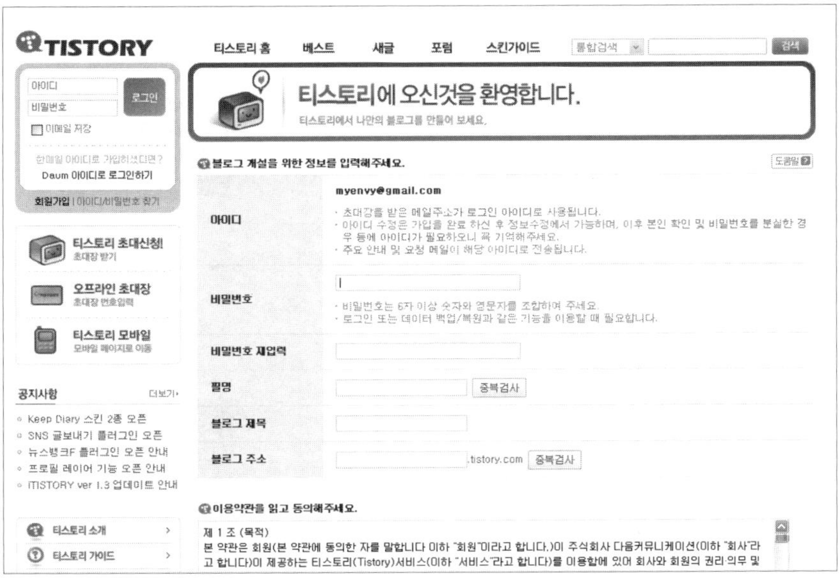

[그림 8-4] 티스토리 블로그 개설을 위한 정보 입력

[그림 8-5] 티스토리 블로그 개설

내 블로그 바로가기를 선택한 후, 관리자모드에서 레이아웃, 스킨, 메뉴 등을 설정해 주면 블로그 생성이 완료된다.

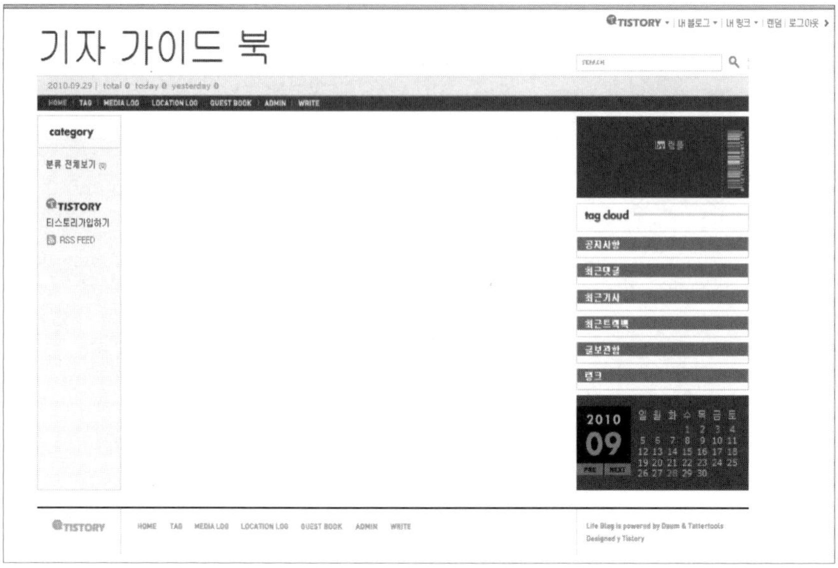

[그림 8-6] 티스토리 블로그

네이버 블로그의 경우는 본인의 계정정보에 대한 설정을 먼저 마친 후 블로그와 관련되는 정보를 설정하게 되어 있지만, 티스토리의 경우는 블로그 설정을 마친 후, 기본 스킨설정을 하고 나서 추가적인 관리 옵션에 대한 변경을 하는 방식을 채택하고 있다.

2) 에디터 사용하기

(1) 네이버 블로그 에디터 사용하기

네이버 블로그에서 사용하는 에디터 환경은 '스마트에디터(Smart Editor)'라고 부른다. 기존의 1.0버전에서 업그레이드된 편집 기능을 제공하는 2.0버전을 정식 오픈하여 제공하고 있다. 스마트에디터 2.0의 큰 특징은 이용자가 어떤 브라우저로 웹페이지에 접속하더라도 동일한 결과를 볼 수 있도록 하는 웹표준을 준수하고 있어 1.0버전보다 안정적인 서비스를 제공하며, 인터페이스가 간소화된 장점이 있다.

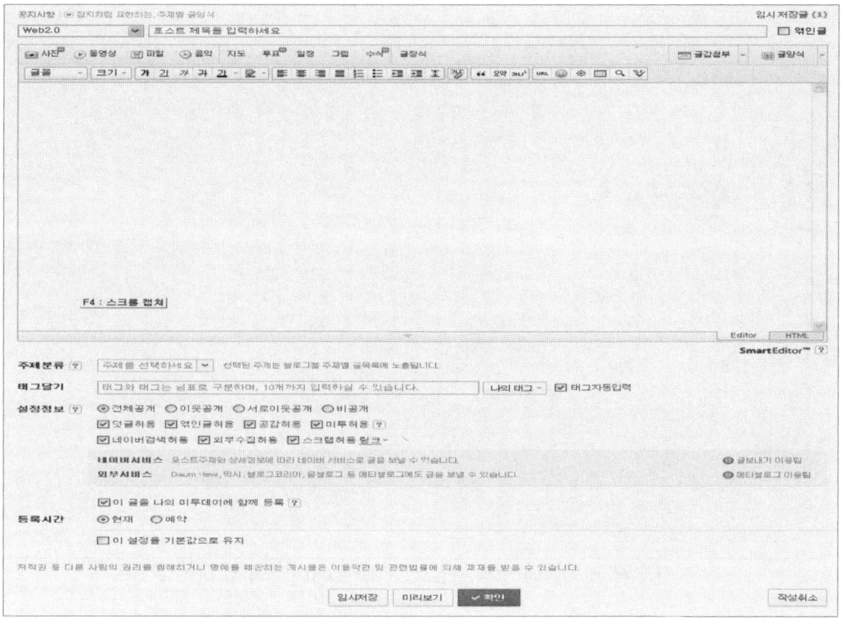

[그림 8-7] 네이버 블로그 스마트에디터

현재 서비스되고 있는 스마트에디터 2.0버전의 편집 기능에 대해 살펴보면 다음과 같다.

[그림 8-8] 네이버 블로그 스마트에디터의 편집 기능

우선 글의 분류(category)와 제목을 입력한다. 분류는 자신이 미리 추가한 분류 중에 한 가지를 선택할 수 있으며, 제목은 입력하면 된다. 스마트에디터 기능을 통해서 제공되는 쓰기 인터페이스에는 기본쓰기, 글장식, 글감첨부, 글양식이 있다.

먼저 글장식 기능에 대해 살펴보자. 스마트에디터 2.0의 새로운 첨부 기능인 글장식은 원하는 글쓰기 내용을 쉽게 표현할 수 있도록 도와주는 글쓰기 도구이다. 요리, 여행, 영화, 책 주제와 관련된 글장식과 환율, 상품소개, 장단점 등 글쓰기에 활용될 수 있는 총 23가지의 다양한 글장식을 제공한다.

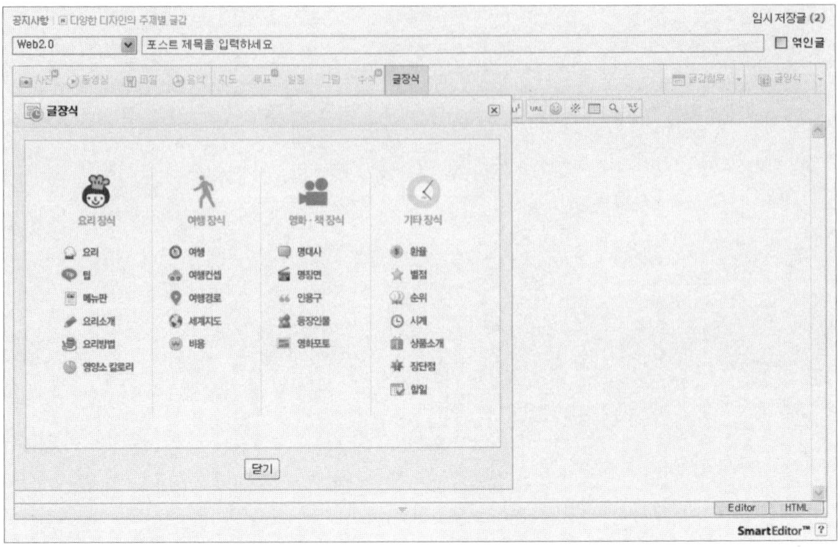

[그림 8-9] 네이버 블로그 스마트에디터의 글장식 기능

다음으로 스마트에디터 1.0의 DB첨부 기능이 업그레이드되어 제공되는 글감첨부 기능은 포스트 작성 시 필요한 책, 영화, 드라마, 음악, 인물, 날씨 등에 대한 정보를 검색하고, 10개의 디자인 중 원하는 디자인 형태를 선택해 포스트에 넣을 수 있다. 또한 첨부된 글감은 포스트 쓰기 창 안에서 더블클릭으로 쉽게 재편집할 수 있도록 지원된다.

[그림 8-10] 네이버 블로그 스마트에디터의 글감첨부 기능

글양식 기능은 템플릿과 레이아웃 기능이 결합된 형태로 기본, 책, 영화, 드라마, 음악, 상품, 여행, 요리 8개의 카테고리와 그 안에 총 72가지의 디자인 템플릿을 제공한다. 그리고 글감첨부 기능과 마찬가지로 입력된 이미지와 글감은 간단한 편집기를 통해 크기, 정렬 등을 조절할 수 있으며, 더블클릭으로 쉽게 재편집할 수 있다.

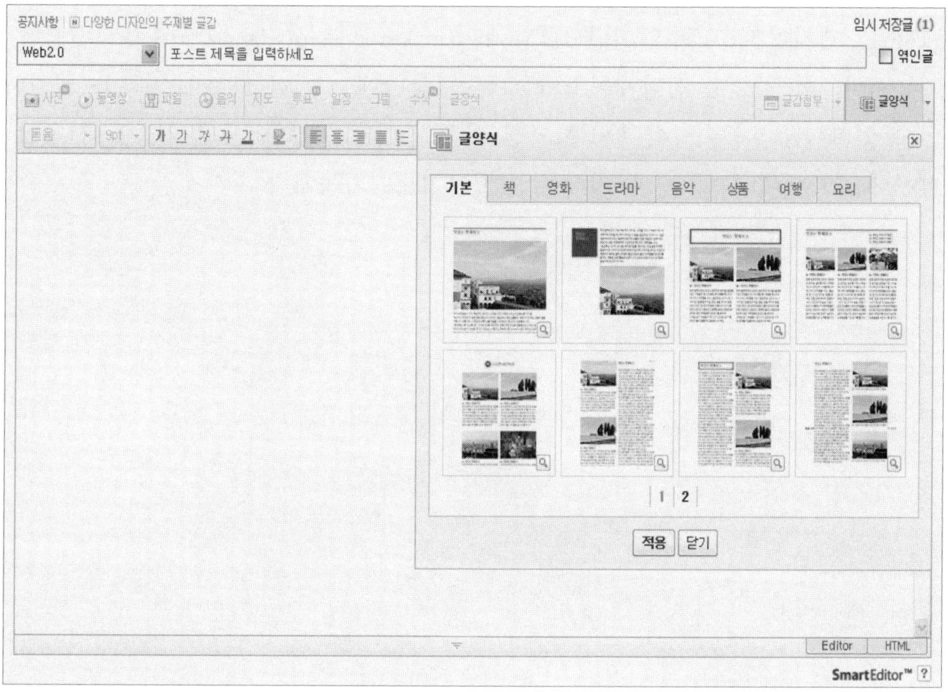

[그림 8-11] 네이버 블로그 스마트에디터의 글양식 기능

에디터 화면의 제목 입력 창 오른쪽에 위치해 있는 엮인 글은 포스트를 작성하면서 설정할 수 있는 추가 옵션이다. 엮인 글은 트랙백(trackback)[16]을 말한다. 일반적으로 글을 작성한 뒤 트랙백을 보내게 되지만, 네이버 블로그의 경우는 글을 작성하면서 먼저 설정할 수 있도록 하고 있다.

---

16) 트랙백은 블로그에서 처음 제안된 의견 교환 방식이다. 댓글은 어떤 글에 대해서 바로 의견을 남기는 방식으로 간단한 의견을 남길 때 유용하지만, 제대로 된 글을 작성하는 데는 부족한 면이 있다. 남겨진 의견도 내 블로그가 아닌, 상대방의 글에 부속되어 남겨져 있다. 반면 트랙백은 어떤 글에 대한 의견을 내 블로그에 작성하고 그 글을 역으로 링크하는 방식이다.

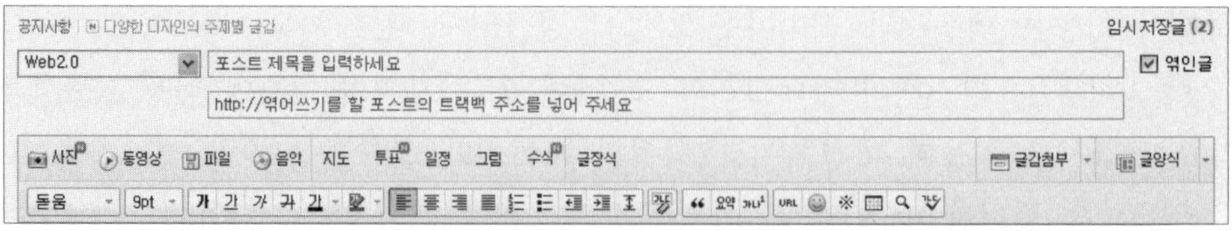

[그림 8-12] 네이버 블로그 스마트에디터의 엮인글 설정하기

HTML은 웹페이지 저작 언어인 HTML(hyper text makeup language)[17]로 편집할 수 있는 기능이다. 이 기능은 인터페이스의 오른쪽 하단에 위치한 HTML 버튼을 클릭하여 이용할 수 있다. 단, 이 기능이 활성화되면 기존 스마트에디터 2.0의 기능을 사용할 수 없기 때문에 HTML에 대한 기본 지식이 있어야 사용 가능하다.

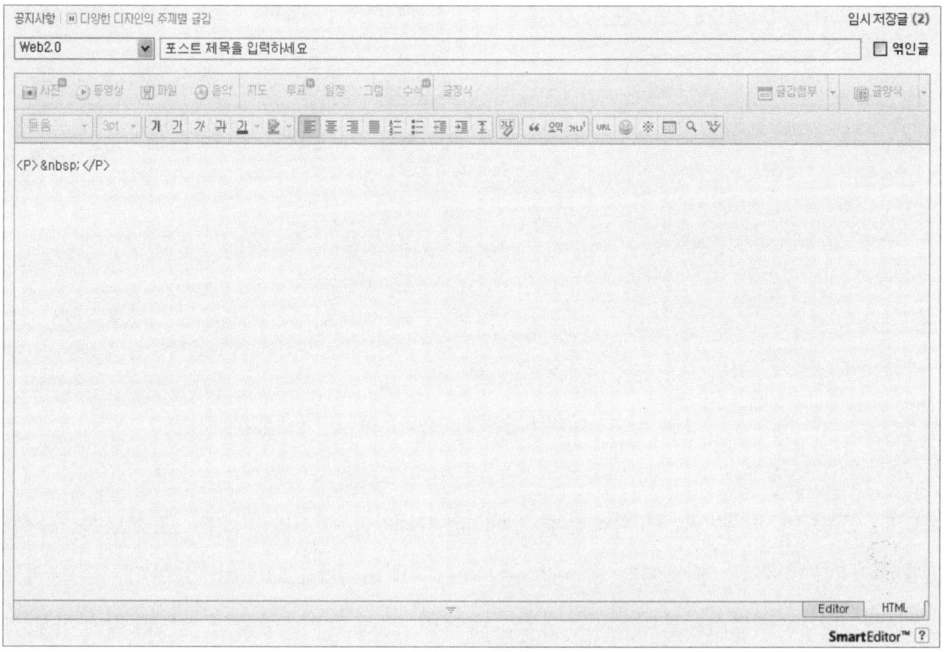

[그림 8-13] 네이버 블로그에서 HTML로 편집하기

글을 작성하고, 편집하기 위해 사용하는 글 도구상자는 글꼴, 크기, 글자 모양, 문단 모양 등을 지정할 수 있다. 여기에 포함된 기능들은 문서 편집 프로그램에서 일반적으로

17) 하이퍼텍스트(hyper text) 기능을 가진 문서를 만드는 언어이다. 하이퍼텍스트란 문자 그대로 해석해 보자면, 텍스트 안의 텍스트란 의미로, 현재 보고 있는 텍스트에서 링크를 선택하면 표출되는 텍스트를 말한다. 따라서 HTML은 텍스트 안에 텍스트가 표출되도록 문서를 만드는 웹페이지 저작 언어이다.

사용하는 기능으로 사용 방법이 간단하다. 이러한 기본 편집 기능 이외에도 인용구, 요약글, 각주, 표 삽입, 특수 기호 등 다양한 편집이 가능하다.

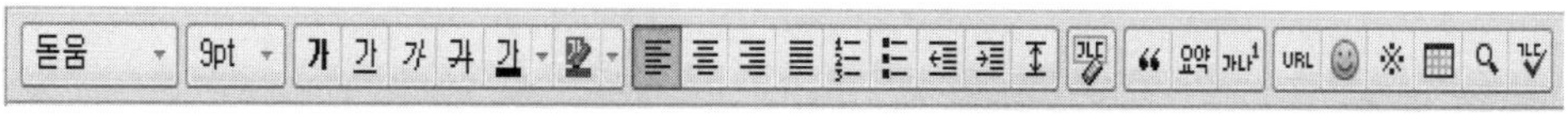

[그림 8-14] 네이버 블로그 스마트에디터의 글 도구상자

스마트에디터 화면의 글 도구상자 상단에는 파일을 첨부할 수 있는 기능들이 제공된다. 첨부가 가능한 파일에는 사진, 동영상, 파일, 음악, 지도, 투표, 일정, 그림, 수식이 있다. 원하는 소스를 선택하여 기능들을 사용할 수 있다.

[그림 8-15] 네이버 블로그 스마트에디터의 파일 첨부 기능

사진 첨부는 '포토업로더 2.0'을 통해서 다양한 방식으로 첨부할 수 있다. 한 번에 사진 50장을 업로드할 수 있으며, Flash 기반의 프로그램으로 번거로운 프로그램 설치 없이 편집 기능을 편리하게 이용할 수 있다. 사진 원본 파일 기준으로 한 장당 10MB, 1회에 50MB까지 JPG, GIF, PNG 확장자 사진 파일을 업로드하는 것이 가능하다.

편집모드는 원하는 사진을 레이아웃이나 크기 등 기본정보 수정을 거쳐 여러 사진을 순차적으로 그냥 올리기, 사진 여러 장을 원하는 대로 위치나 크기를 수정하고 사진보정, 효과 등을 더하는 편집하기, 본문에 삽입하는 사진을 레이아웃, 나열, 관계, 슬라이드 4가지 형태로 설정할 수 있는 스토리포토, 이렇게 3가지 모드로 구분되어 있다. 이용자가 원하는 기능을 선택하여 사용할 수 있다.

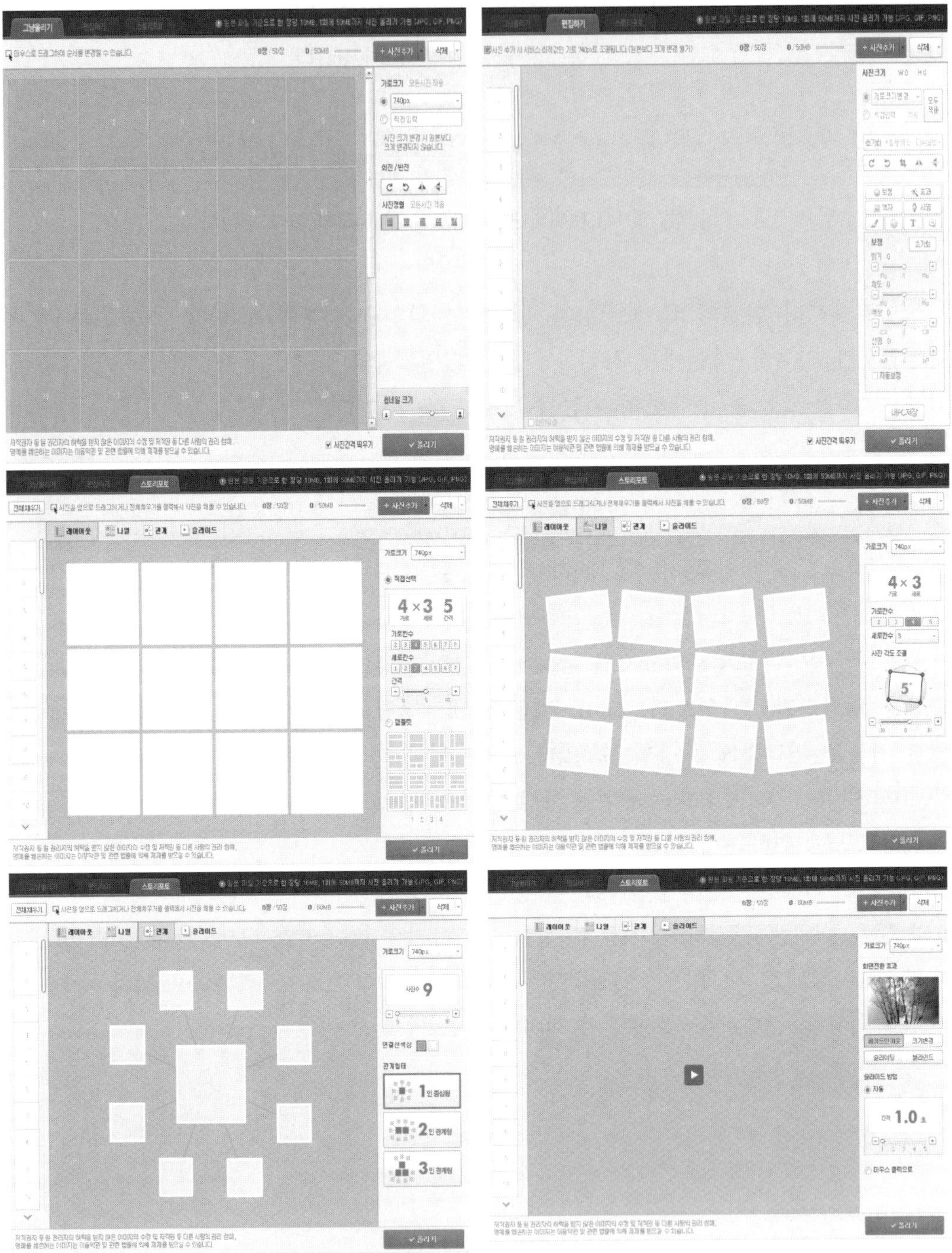

[그림 8-16] 네이버 블로그 포토업로더의 편집모드

스마트에디터 2.0에서 새로 추가된 첨부 기능인 투표 기능은 이용자가 직접 주제를 설정하여 블로그 방문자들을 대상으로 투표를 진행할 수 있는 기능이다. 텍스트와 이미지를 적절히 활용해 다양한 주제와 항목을 입력하고, 옵션 설정을 통해 참여 방식에서부터 결과, 그래프, 스킨 등을 자유롭게 설정할 수 있다.

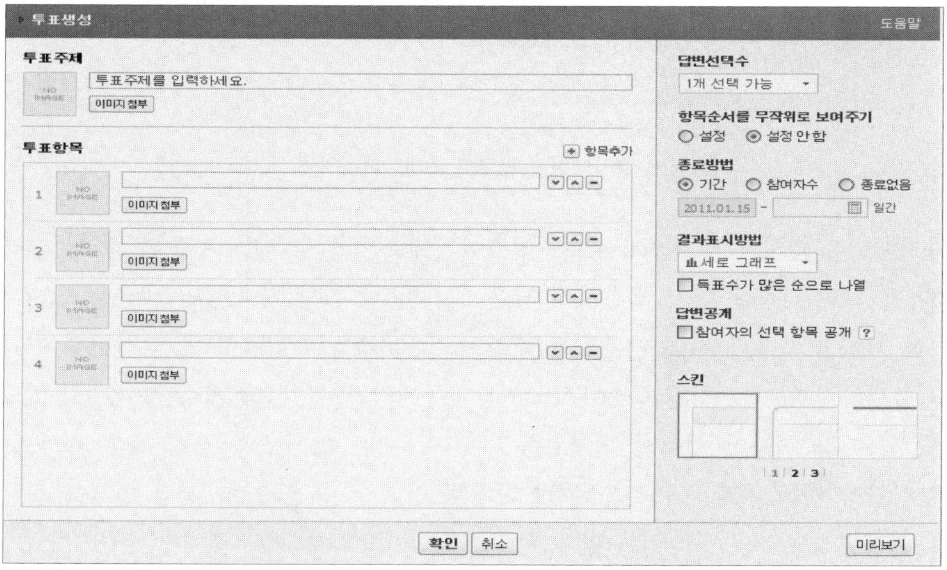

[그림 8-17] 네이버 블로그 스마트에디터의 투표 기능

스마트에디터의 하단 부분에서는 작성한 글에 대한 전반적인 성격을 규정해 줄 수 있다. 주제, 태그, 공개 여부, 검색과 수집 허용, 메타블로그로 글보내기[18] 등을 설정할 수 있으며 마지막으로 바로 등록할 것인지, 특정 시간에 게시되도록 할 것인지 등록 시간을 결정할 수 있다.

글보내기 기능은 자신이 작성한 글을 좀 더 많은 사람들과 공유하고자 할 때 사용하는 것으로, 포스트의 주제와 상세 정보에 따라 네이버 서비스로 글을 보내는 것이 가능하다. 또한 외부 서비스인 다음뷰(Daum View), 믹시, 블로그코리아, 올블로그와 같은 메타블로그로도 글을 보낼 수 있다. 그리고 네이버의 마이크로블로그 미투데이에 글을 동시에 등록하는 것도 가능하다.

18) http://blog.naver.com/blogpeople/150083303078

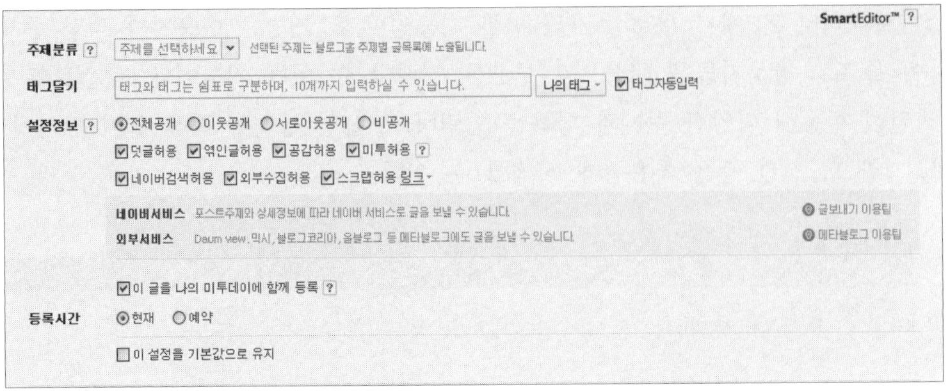

[그림 8-18] 네이버 블로그 스마트에디터의 게시글 설정

마지막으로 임시저장 기능이 있다. 웹페이지에서 작업을 하는 도중에 종료하더라도 임시저장을 하면 나중에 다시 접속하여 글을 작성할 때 작업 중이었던 내용을 그대로 다시 불러와 이어서 사용할 수 있다. 임시 저장글은 300개까지 가능하며, 임시저장 버튼을 일부러 클릭하지 않아도 작성 중인 포스트를 자동저장하여 안전하게 글을 쓸 수 있도록 해주는 자동저장 기능이 있어서 번거로움을 덜어 준다. 임시로 저장된 글은 스마트에디터 우측 상단의 임시 저장글 버튼을 통해 확인해 선택할 수 있으며, 설정 변경을 통해 자동저장 시간을 간단히 조절할 수 있다.

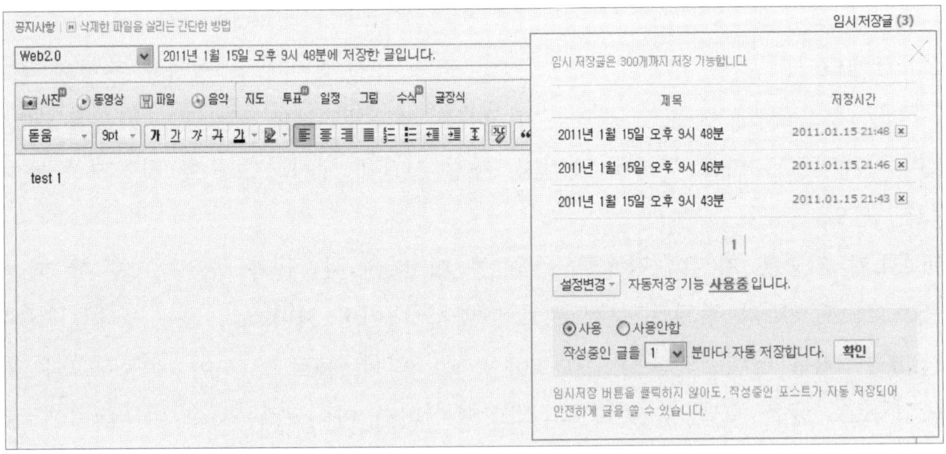

[그림 8-19] 네이버 블로그 스마트에디터의 임시저장 기능

(2) 티스토리 에디터 사용하기

티스토리에서 사용하는 에디터는 글쓰기 환경에 필요한 핵심 기능만을 중심으로 배치되어 있다. 다른 블로그 에디터 화면보다 넓은 화면으로 블로그 뷰(blog view)를 구성하고 있다. 블로그 에디터 화면의 가장 상단에는 블로그 관리와 관련된 전체 메뉴가 접근하기 편리하도록 구성되어 있다. 이곳을 통해서 언제든 포스팅 관리나 스킨, 카테고리 관리 등의 환경설정 등을 할 수 있다.

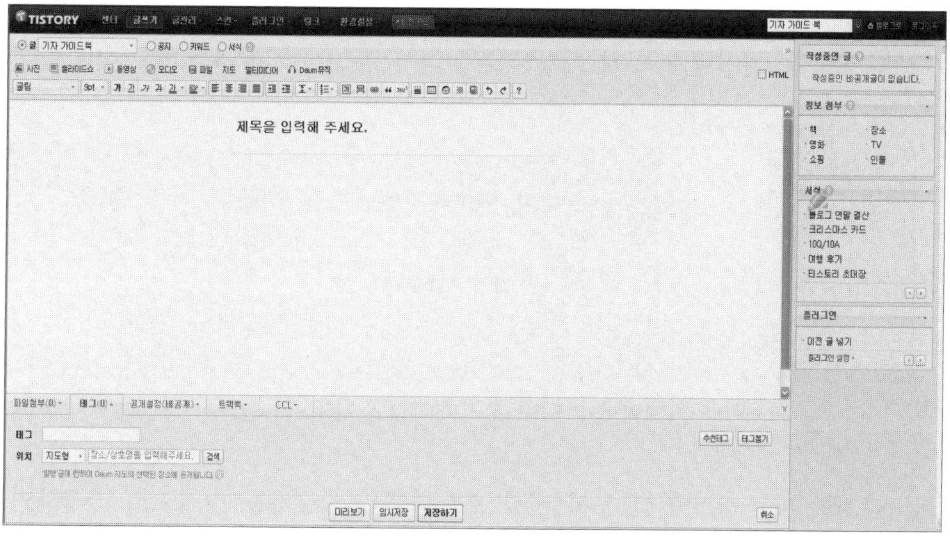

[그림 8-20] 티스토리 에디터

포스트를 작성할 때 가장 먼저 결정할 것은 현재 작성하려는 글의 종류를 선택하는 일이다. 글의 옵션을 설정하면 다양한 블로그 활동이 가능하다. 티스토리에서 제공하는 글의 종류에는 글, 공지, 키워드, 서식 등 네 가지이다.

먼저 글(post)은 가장 쉽게 접근할 수 있는 일반적인 글쓰기를 의미한다. 글을 작성할 때에는 해당 글이 포함될 카테고리를 선택하면 가장 일반적인 글 작성이 가능하다. 이후 글 목록이나 편집 화면을 통하여 카테고리를 변경할 수 있다.

블로그를 생성하면서 상단의 스킨 메뉴의 하위메뉴인 카테고리 설정에서 본인이 주제에 맞게 구분해 놓은 카테고리 중 원하는 것을 선택한다. 그리고 본문 에디터의 제목 부분에 제목을 입력한다.

두 번째 글의 종류는 공지(notice)이다. 이는 작성한 글을 상시적으로 블로그에 노출할 필요가 있거나, 블로그를 방문하는 이용자에게 안내할 내용이 있는 경우 작성한다. 공지로 글 종류를 선택한 뒤 작성할 경우, 일반적인 포스트가 아니라 사이드바 설정의 공지 모듈을 통하여 블로그에서 원하는 위치에 노출시키는 것이 가능하다.

키워드(keyword)라는 형식은 글을 작성하는 것과 같이 작성하면 된다. 단, 제목을 짤막한 단어 형태로 작성하면 더욱 효과적으로 사용할 수 있다. 즉, 본인의 블로그 안에서 키워드를 중심으로 사전을 만들고, 블로그 내에서 키워드를 효과적으로 노출시킬 수 있다. 또한 본인의 블로그 뒤에 '/keylogd'라고 붙이면 본인이 작성한 키워드 글을 볼 수 있다.

마지막으로 서식은 새로 추가된 글의 종류로, 본인의 블로그 편집의 편리성을 위해 사용할 수 있는 기능이다. 자주 사용하는 글의 패턴이나, 독특한 인용 스타일 등 전체 또는 부분의 글들을 자신에게 맞게 저장해 두었다가 불러서 사용하는 방식이다.

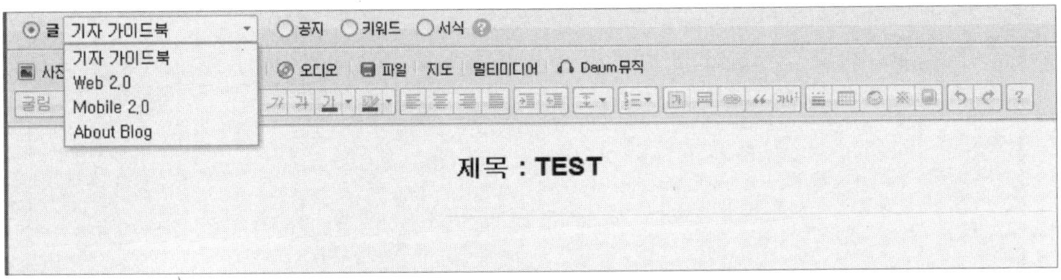

[그림 8-21] 티스토리 에디터의 카테고리 설정

글을 작성할 때는 일반적인 문서 편집 프로그램을 이용하는 방식으로 작성하면 된다. 기본 편집 기능으로 글꼴, 크기, 글자색, 굵기 지정, 배경색 지정, 문단 설정, 줄 간격 설정 등을 제공하고 있으며, 글 상자 삽입, 인용구, 링크, 각주 설정, 표 기능 등 다양한 추가 편집 기능까지 제공하고 있다. 이모티콘이나 다음 사전과의 연결 기능도 활용할 수 있다.

[그림 8-22] 티스토리 에디터의 편집 기능

글의 성격이나 필요에 따라 사진, 슬라이드, 동영상, 오디오, 파일, 지도, 멀티미디어, 다음(Daum) 뮤직까지를 삽입할 수 있도록 편집 기능의 상단에 아이콘들을 배치하고 있다. 더불어 관련 글과 연관되는 정보를 첨부할 수 있도록 하는 기능도 에디터 화면의 우측

(사이드바 영역) 에서 확인할 수 있다. 책, 영화, 쇼핑, 장소, TV, 인물 등에 대해서 본인이 원하는 정보를 티스토리에서 제공하는 DB를 통해서 자신의 글에 삽입할 수 있다. 그리고 서식을 통해서 티스토리에서 자체적으로 제공하는 서식을 불러와 해당 서식을 수정하는 방식으로도 글을 작성할 수 있다.

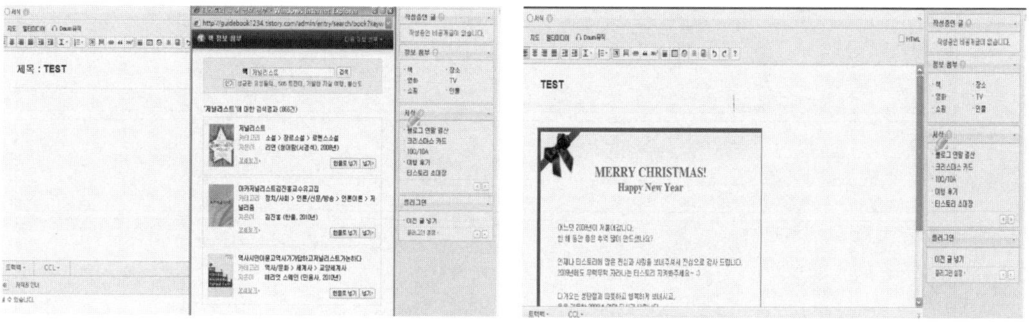

[그림 8-23] 티스토리 에디터의 추가 편집 기능

에디터 화면의 가장 하단 탭 영역에는 작성한 블로그에 대한 권한과 성격에 대한 설정을 할 수 있는 기능들이 포함되어 있다. 먼저, 파일 첨부를 했을 경우 해당 글에 첨부된 파일들의 리스트를 보여 준다. 또한 파일 첨부 영역의 확장 업로드 기능을 이용하여 미리 파일 첨부를 한 뒤, 본문에 삽입할 수 있도록 지원하고 있다.

두 번째 탭에서는 작성한 글의 태그를 설정할 수 있도록 구성했다. 특정 위치를 지도나 텍스트 형식으로 추가할 수도 있다. 그리고 세 번째 탭에서는 작성한 글의 공개 여부를 결정하고, 발행 여부도 설정할 수 있다. 발행은 글 보내기와 같은 개념으로 상단의 플러그인 메뉴에서 설정한 메타사이트로 글 저장과 동시에 보낼 수 있는 기능이다. 공개는 블로그 방문자들에게만 글을 보게 하겠다는 것이다. 그리고 댓글과 트랙백에 대한 권한 설정도 이곳에서 할 수 있다.

네 번째 탭에서는 글을 작성하면서 바로 트랙백을 보낼 곳이 있다면 에디터 내에서 트랙백 보내기가 가능하도록 하고 있다. 단, 공개 또는 발행 이상의 글로 저장한 경우에만 트랙백 전송이 가능하다. 마지막 탭에서는 작성한 글의 상업적인 이용 여부에 대한 권한과 저작물 표시에 대한 CCL[19] 설정을 개별 글마다 설정할 수 있다.

---

19) CCL(Creative Commons License)은 인터넷의 올바른 공유 문화를 유포하기 위한 캠페인으로, 저작자가 자신의 저작물에 저작물 이용에 대한 허용 조건을 표시해, 저작물을 이용하고 싶은 사람들이 저작자가 명시한 조건에서 자유롭게 이용할 수 있게 해준다. http://www.creativecommons.or.kr/info/about 참고.

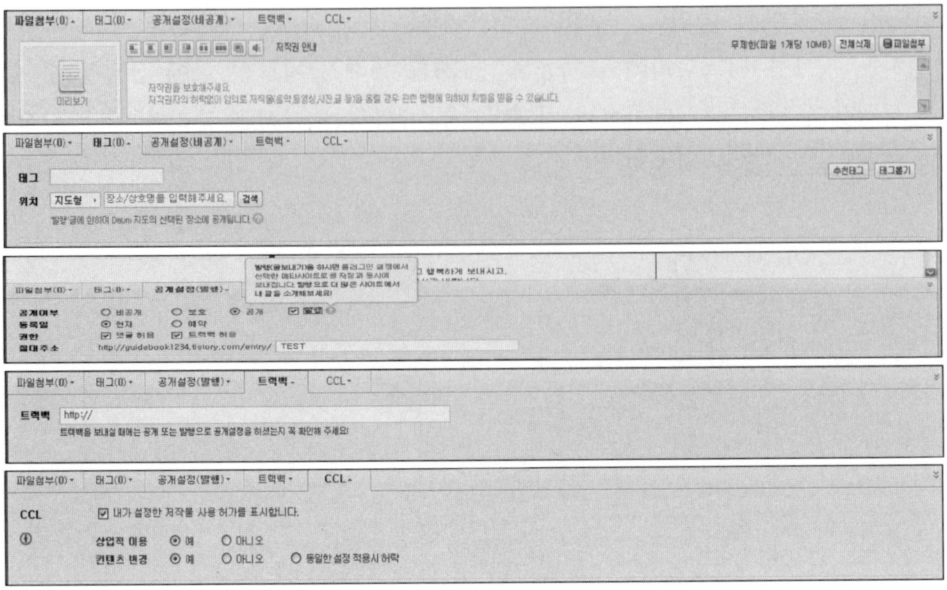

[그림 8-24] 티스토리 에디터의 탭 영역 설정하기

실습과제

1. 네이버에 헬스케어 콘텐츠 관련 블로그를 개설하고 스킨, 레이아웃 그리고 카테고리를 설정해 보자.

2. 네이버 블로그의 글양식과 글감첨부 기능을 사용하여 최근에 본 헬스케어 관련 책에 대한 리뷰를 작성해 보자.

3. 최근에 찍은 헬스케어 관련 사진을 찾아서, 네이버 블로그의 포토업로더 2.0으로 사진에 필름효과를 주어 사진을 첨부해 보자.

4. 티스토리의 플러그인 메뉴에서 트위터로 글을 보낼 수 있도록 설정해 보자.

5. 헬스케어와 관련해 글을 작성한 후에 글을 발행(글보내기)해 보자.

제9장 멀티미디어 자료를 이용한 블로그 활용하기

1. 블로그에 사진 파일 업로드하기

8장에서 네이버 블로그와 티스토리를 기준으로 블로그의 기본적인 편집 방법에 대해 살펴보았다. 9장에서는 블로그에 사진 파일과 오디오 파일, 동영상 파일을 업로드하는 방법을 알아보려고 한다. 먼저 사진 파일을 어떻게 업로드하는지부터 살펴보자.

대부분의 블로깅 플랫폼에서 사진 파일을 삽입하는 것은 매우 간단하다. 기본적으로 윈도우 환경에서 문서 편집 프로그램을 사용하듯이, 파일을 삽입하는 것만을 알고 있다 하더라도 어렵지 않게, 블로그에 이미지를 삽입할 수 있다.

자신이 사용하는 블로그에서 '새로운 글 작성하기' 혹은 '포스트 추가'와 같은 버튼을 선택하면, 새 글을 작성할 수 있는 커다란 편집 화면의 상단에 '이미지 삽입' 혹은 '이미지 올리기'와 같은 작은 아이콘이나 버튼이 보일 것이다. 이것을 선택하면 다시 작은 대화상자를 통해서 이미지를 추가할 수 있는 파일 탐색기 형태의 창이 열리고, 여기서 원하는 파일을 선택해 삽입할 수 있다.

네이버 블로그와 티스토리의 사진 파일 업로드 과정을 간략히 비교해 보면 다음과 같다. 먼저 네이버 블로그의 사진 추가 과정이다.

1) 네이버에 사진 파일 업로드하기

네이버 블로그에서는 포토업로더 2.0 프로그램을 통해 사진을 업로드할 수 있다. 첨부 메뉴 중 사진 아이콘을 클릭하면 나타나는 포토업로더 2.0 화면 상단의 그냥올리기, 편집하기, 스토리보드 3가지 탭 중에서 원하는 방식을 선택 후 사진을 추가하여 편집을 거쳐 포스트의 적절한 위치에 이미지를 삽입할 수 있다.

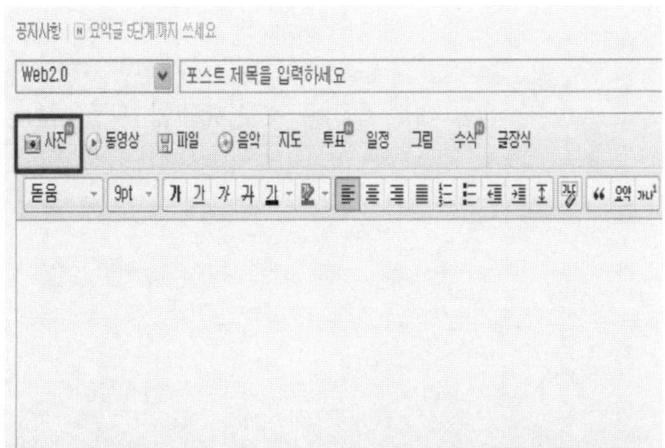

(1) 먼저 블로그 포스트 작성 편집 화면 상단의 첨부 메뉴 중 가장 왼쪽에 위치해 있는 〈사진〉 아이콘을 선택한다.

(2) 네이버 포토업로더 2.0 창이 열리면 사진을 게시하려는 형태에 맞는 탭을 선택한다. 사진을 한 장 그냥 올리고자 할 때는 〈그냥올리기〉를, 간단하게 사진의 크기나 색조, 텍스트 삽입 등의 편집을 하고자 하면 〈편집하기〉를, 여러 사진을 나열하는 방식을 달리해 편집하고 싶으면 〈스토리포토〉를 선택한다. 그런 다음 오른쪽 상단의 〈사진추가〉 버튼을 눌러 원하는 사진을 선택한 후 〈열기〉를 클릭한다.

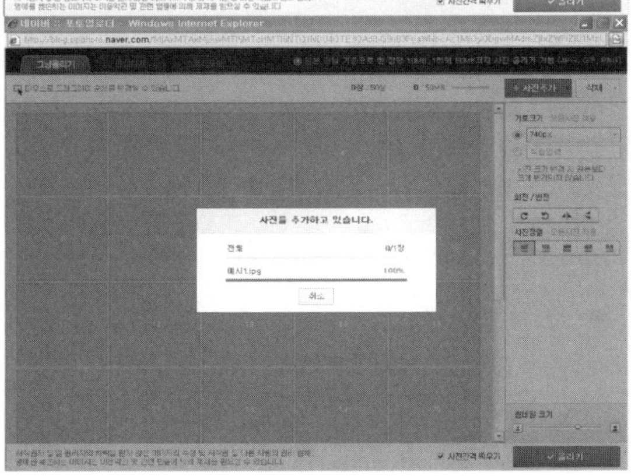

(3) 지정한 사진을 네이버 블로그 포토업로더 2.0에서 사진을 불러오는 진행 과정이 보인다.

(4) 블로그에 삽입하고자 하는 사진을 원하는 대로 추가, 편집하고 위치나 레이아웃을 선택한 후 우측 하단의 〈올리기〉를 클릭한다.

(5) 블로그 포스트에 추가하고자 했던 사진이 설정한 대로 삽입된 것을 확인할 수 있다.

2) 티스토리에 사진 파일 업로드하기

티스토리는 다음(Daum) 에디터를 이용하여 사진 파일을 업로드할 수 있다. 글쓰기 페이지 왼쪽 상단의 사진 아이콘을 클릭하면 나타나는 다음 에디터 화면에서 바로 올리기, 간단 편집 두 가지 방식을 통해 사진을 첨부할 수 있다.

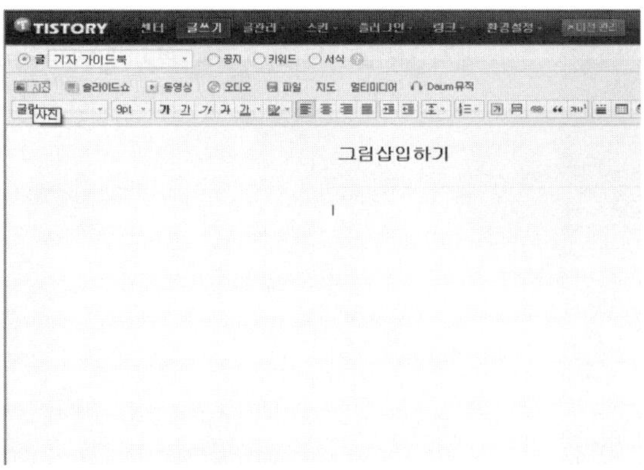

(1) 사용하는 블로그에, 새 글 쓰기를 선택하면 글을 작성할 수 있는 에디터 페이지가 열린다. 티스토리 블로그의 경우는 편집 페이지의 왼쪽 상단에 〈사진〉 아이콘을 통해서 그림 삽입이 가능하다.

(2) 〈사진〉 아이콘을 선택하면, 네이버 블로그와 같이 원하는 사진을 하나씩 직접 추가할 수 있는 〈바로 올리기〉와 사진의 크기나 색감, 방향 등을 간단히 편집해서 올릴 수 있는 〈간단 편집〉의 두 가지 탭이 제공된다. 여기서 원하는 탭으로 이동한 후, 글에 추가하고자 하는 사진이 저장된 위치로 이동 후 파일을 지정하고, 〈열기〉를 클릭한다.

(3) 지정한 파일이 열리는 것을 진행 바를 통해 확인할 수 있다.

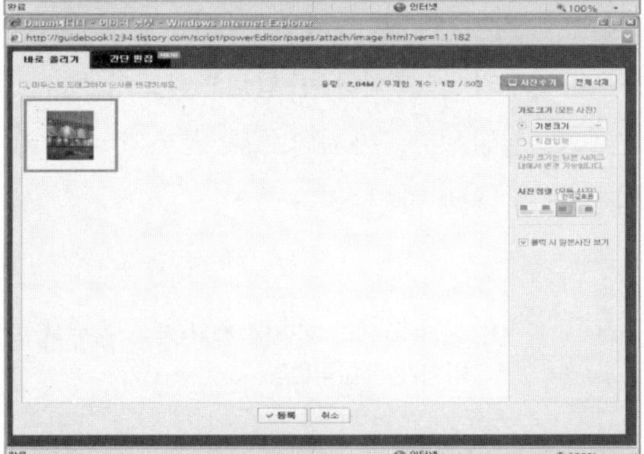

(4) 불러오기가 완료되면, 사진을 블로그 페이지에서 어떻게 정렬할 것인지를 결정하고, 다른 파일을 불러오고자 할 경우에는 다시 〈사진추가〉를 눌러 추가한다.

(5) 그림 삽입 페이지 하단의 〈등록〉을 누르면 본인의 블로그 포스트에 지정한 그림이 삽입된 것을 확인할 수 있다.

2. 블로그에 오디오 파일 업로드하기

사진 파일 업로드 방법처럼 오디오 파일도 어렵지 않게 첨부할 수 있다. 대부분의 블로그에서 새 글을 작성할 수 있는 편집 화면 상단에 위치해 있는 파일 혹은 오디오 아이콘을 클릭하면 작은 대화상자가 뜬다. 이 대화상자에서 파일찾기를 통해 첨부하고자 하는 파일을 선택하여 업로드할 수 있다. 단, 각 블로그는 업로드할 수 있는 오디오 파일의 용량을 제한하고 있으며, 저작권 침해가 우려되는 파일의 사용을 경고하거나 일부 제한한다. 그러므로 이를 주의하여 파일을 업로드해야 한다.

다음은 네이버 블로그와 티스토리에서 오디오 파일을 업로드하는 과정이다. 먼저 네이버 블로그의 오디오 파일 추가 과정이다.

1) 네이버 블로그에 오디오 업로드하기

네이버 블로그에서 파일 첨부 기능을 통해서 오디오 파일을 업로드할 수 있다. 네이버는 파일 1개당 최대 5MB 용량의 파일을 업로드할 수 있도록 지원하고 있다.

업로드를 하려면 우선, 글쓰기 화면의 상단에 위치해 있는 파일 아이콘을 클릭한다. 그러면 파일올리기 대화상자가 뜬다. 여기서 파일추가를 클릭하여 업로드하고자 하는 파일을 선택 후 확인을 클릭하면 글쓰기 화면으로 전환된다. 마지막으로 글쓰기 페이지의 스크롤을 아래로 내려 파일이 제대로 첨부되었는지 확인하면 된다.

(1) 먼저 글쓰기 화면의 첨부 메뉴 중에서 파일 아이콘을 클릭한다.

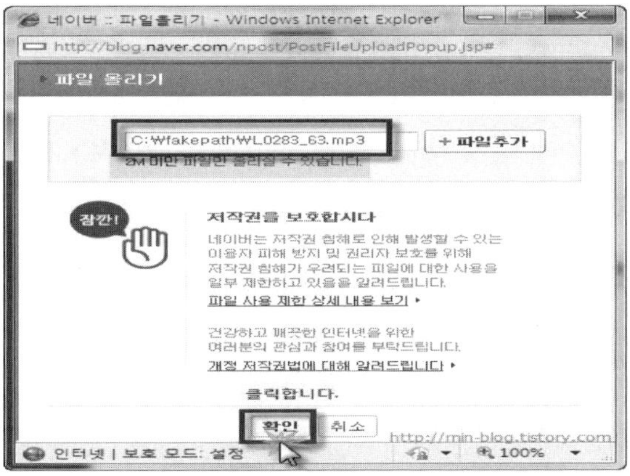

(2) 파일추가를 클릭하여 자신의 컴퓨터에 있는 파일을 선택하여 올린 후 확인을 클릭한다.

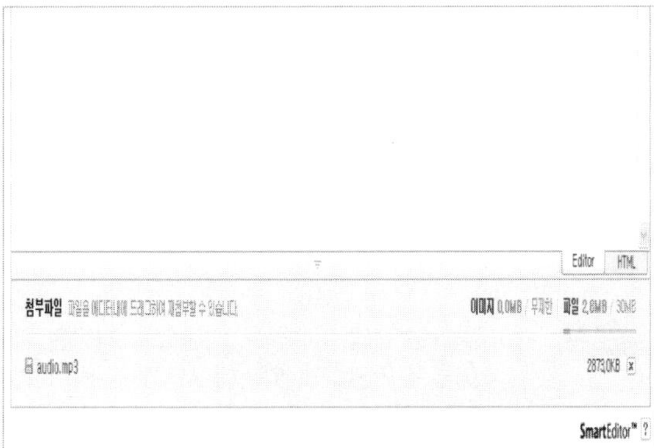

(3) 다시 글쓰기 화면으로 전환되면 페이지 하단에 파일이 제대로 업로드되었는지 확인한다.

2) 티스토리에 오디오 파일 업로드하기

티스토리에서 오디오 파일을 업로드하기 위해서는 파일 첨부 혹은 오디오 첨부 기능을 사용하면 된다. 파일 기능은 모든 파일을 업로드할 수 있는 기능으로 오디오 파일도 가능하며, 오디오 첨부 기능은 MP3 파일만 올릴 수 있다.

파일 크기는 1개당 최대 10MB를 지원하고 있다. 네이버 블로그에서 파일 첨부 기능을 통해 오디오 파일을 업로드하는 방법에 대해서 알아보았으니, 티스토리에서 오디오 기능을 사용하여 파일을 업로드하는 방법을 살펴보겠다.

(1) 먼저 글쓰기 화면 상단의 첨부 메뉴 중에서 오디오 아이콘을 클릭한다.

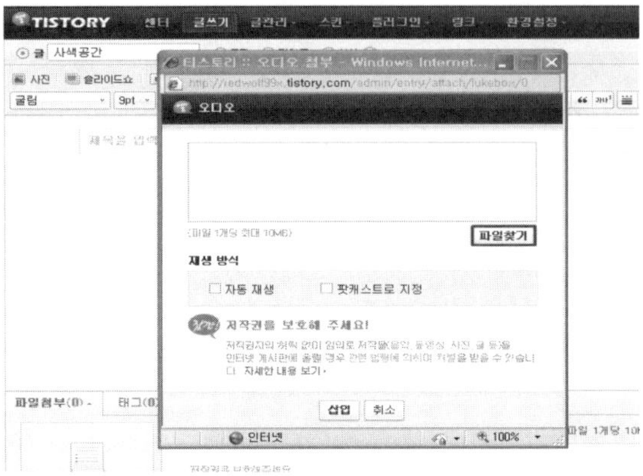

(2) 먼저 파일찾기를 클릭하여 자신의 컴퓨터에 있는 파일 중 업로드하려는 파일을 선택 후 열기를 눌러 추가한다.

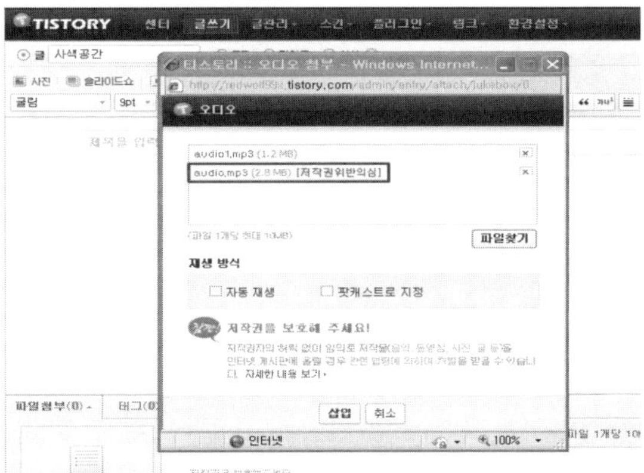

(3) 추가한 음악 파일들은 자동으로 저작권 위반 여부를 판단하게 되는데 저작권 위반이 의심되는 경우 그림과 같이 파일 옆에 경고 문구가 나타난다. 이 경우 파일을 업로드하지 않는 것이 좋다. 그리고 재생 방식을 선택한 후 삽입을 클릭한다.

(4) 오디오 파일이 삽입된 것을 글쓰기 화면에서 확인할 수 있다.

3. 블로그에 동영상 파일 업로드하기

블로그에는 동영상 파일도 업로드할 수 있다. 블로그에 동영상을 올리는 방법으로는 2가지가 있다. 하나는 자신이 직접 만든 동영상 파일을 올리는 방법이다. 대부분의 블로그는 업로드할 수 있는 동영상 파일의 크기를 제한하기 때문에, 파일 크기를 작게 만들어 올리거나 화질을 낮춘 후 올려야 한다. 이런 이유 때문에 블로그에 동영상을 올리는 대신, 유튜브나 다른 영상 업로드 사이트를 활용하는 이용자들이 많다.

블로그에 동영상을 올리는 두 번째 방법은 바로 유튜브 등 타 사이트에 업로드한 후 그 URL을 가져와 블로그에 올리는 방법이다. 두 가지 방법을 소개하면 다음과 같다.

1) 네이버에 동영상 파일 업로드하기

(1) 직접 동영상 올리기

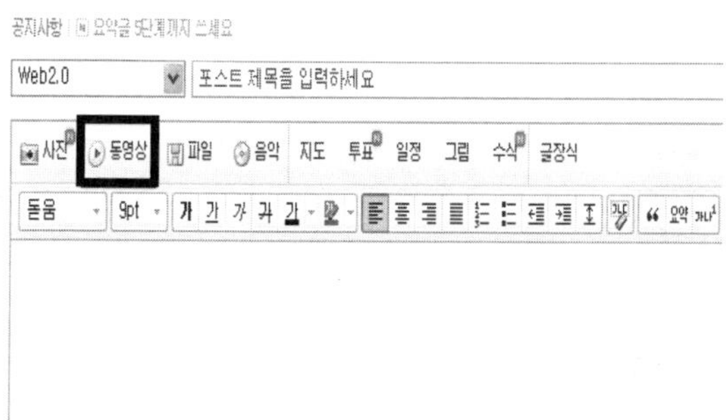

(1) 먼저 글쓰기 화면 상단의 첨부 메뉴 중에서 동영상 아이콘을 클릭한다.

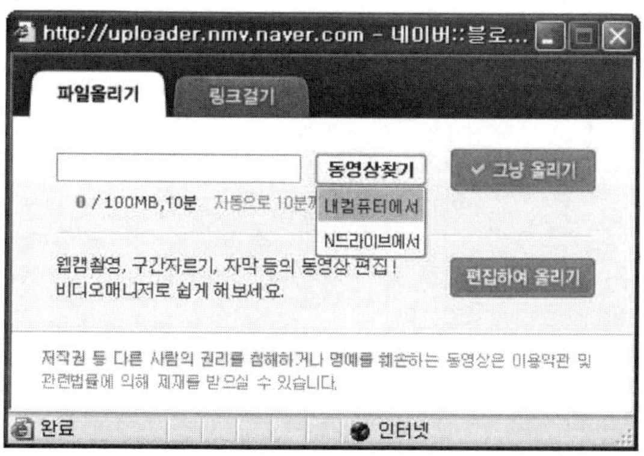

(2) 파일올리기는 직접 만든 영상을 올리는 것이며, 링크걸기는 다른 사이트에서 영상 소스를 가져와 올리는 방법이다. 일단, 자신의 파일을 올리려면 '파일올리기'를 선택한 후 동영상을 찾아 선택한다. 그리고 '그냥 올리기'를 클릭한다. 이때 수정이 필요하다면 '편집하여 올리기'를 클릭하여 영상을 편집한 후에 올리면 된다.

(3) 그 다음에는 동영상의 처음 보일 섬네일을 선택하고, 올리기 완료를 누르면 업로드가 끝난다.

(2) 다른 사이트에 올린 영상을 네이버 블로그에 가져오기

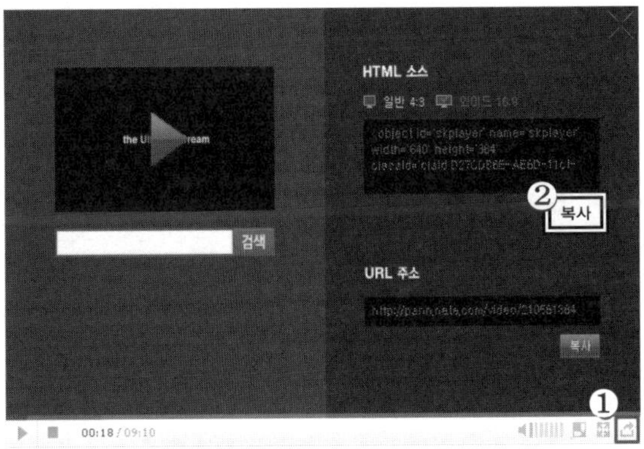

(1) 동영상의 오른쪽 아래에 위치해 있는 ①을 클릭하면 동영상 오른쪽 화면에서 HTML 소스와 URL을 볼 수 있다. 그리고 ②를 클릭하면 HTML 소스를 복사할 수 있다. URL주소를 사용하려면 아래에 있는 복사 버튼을 클릭하면 된다.

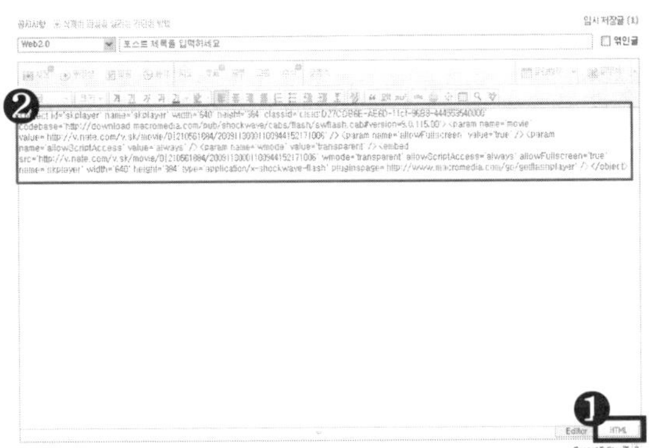

(2) 네이버 블로그의 글쓰기 화면에서 오른쪽 하단의 HTML모드를 클릭한 후, 단축키 Ctrl+v 혹은 마우스 오른쪽 버튼을 눌러 복사를 클릭하여 동영상 HTML 소스를 붙여 넣는다.

(3) 그리고 다시 오른쪽 하단의 Editor 모드를 클릭하면 글쓰기 페이지에 동영상이 첨부된다.

(3) 티스토리에 동영상 파일 업로드하기

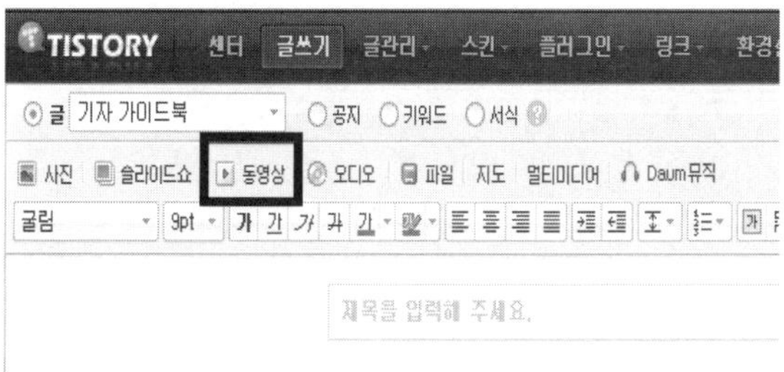

(1) 글쓰기 화면 상단의 첨부 메뉴 중에서 동영상 아이콘을 클릭한다.

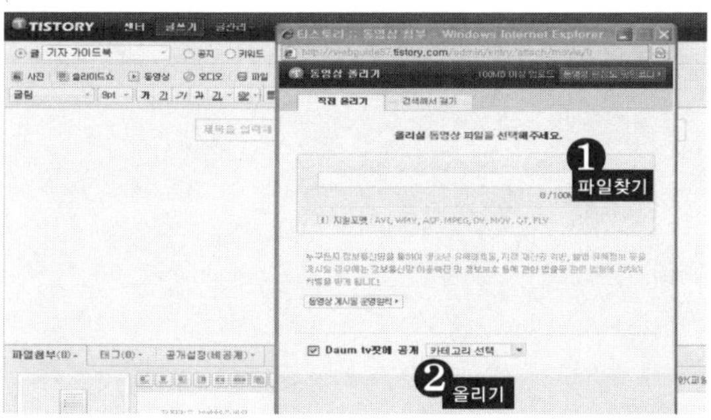

(2) 그리고 파일찾기를 클릭한 뒤 올리고자 하는 동영상 파일을 선택하여 추가하고 올리기 버튼을 클릭하면 동영상 파일을 업로드할 수 있다.

실습과제

1. 헬스케어 콘텐츠를 주제로 하는 블로그를 찾아보고, 해당 블로그에 올라온 포스트에 사진, 오디오, 동영상 파일이 어떤 방식으로 첨부되었는지 분석해 보자.

2. 헬스케어 콘텐츠와 관련한 멀티미디어 자료를 찾아보고, 이를 활용하여 블로그에 포스트할 수 있는 방안을 정리해 보자.

3. 헬스케어 콘텐츠에 대한 글과 사진을 블로그에 포스트하려고 한다. 먼저 헬스케어 콘텐츠와 관련한 글을 쓰고 사진을 찍어 보자. 사진에 적절한 효과를 주어 글과 함께 블로그에 올려 보자.

제10장 마이크로블로그 활용하기

1. 마이크로블로그 이해하기

미국 뉴욕대 셔키 교수(Shirky 2008)는 『조직 없는 조직력이 우리 모두에게 오고 있다 *Here Comes Everybody: The Power of Organizing Without Organizations*』라는 저서에서, 10년 전에는 일어날 가능성이 없었던 일들이 수시로 벌어지고 있는 새로운 집단행동의 출현과 그 역동성에 주목했다. 그는 인터넷, 블로그, 메신저 등 새로운 도구를 통해 사람들은 과거에 비해 광범위하면서도 신속하게 뭉칠 수 있었기 때문에 이런 현상이 일어난다고 진단했다. 과거에는 일방적이었던 미디어가 '공유형'을 넘어서 '협력형' 플랫폼으로 진화해 있기 때문이라는 해석이다.

최근 들어 우리 사회에서 조직 없는 조직적 파워를 가장 강력하게 발휘하는 미디어는 마이크로블로그가 아닌가 싶다. 지난 2010년 6월 2일 실시된 지방 선거에서 투표하는 젊은이들의 인증샷이 마이크로블로그의 여기저기를 장식했다.[20] 그 결과 지방선거 투표율

20) 지난 지방선거에서 중앙선거관리위원회가 트위터를 이용한 선거운동을 제지하면서 논란이 계속되는 가운데, 유명 연예인들이나 사회 저명인사 등 트위터 이용자들이 날린 투표 독려 트위팅은 젊은 층의 투표율 증가에 많은 영향을 미쳤다는 분석이 나오고 있다.

이 54.5%로 15년 만에 최고치를 기록했다. 트위터 등 마이크로블로그가 선거의 양상을 바꿔 놓은 것이다.

우리나라뿐 아니라, 마이크로블로그는 세계적 뉴스 채널로 속보를 최대 강점으로 자랑하는 CNN을 앞지를 정도로 신속한 정보 유통망이란 평가까지 받고 있다. 미국의 첫 흑인 대통령 버락 오바마(Barack Hussein Obama)가 대통령 선거에서 승리하는 데 트위터가 큰 역할을 했다는 것은 이미 잘 알려진 사실이다. 오바마 대통령처럼 유명한 사람이 아니더라도, 누구나 140자라는 짧은 단문으로 순식간에 수많은 사람들에게 메시지를 전달할 수 있으니 마이크로블로그는 정말 매력적인 미디어가 아닐 수 없다.

이 때문에 마이크로블로그는 주목받고 싶은 현대인의 욕구를 충족시켜 주는 소셜미디어로도 평가받는다(Shirky 2008). 블로그나 카페 등 다양하게 존재하는 소셜미디어 중에 마이크로블로그를 선호하는 것은 그것이 주목받기를 원하는 사람들의 욕구를 더욱 만족시켜 주면서, 파급력이 크기 때문이라는 것이다.

단문만을 이용하기 때문에 휴대폰으로도 사용이 가능하다는 점도 마이크로블로그의 큰 장점이다. 컴퓨터로 웹에 직접 접속하지 않아도 휴대폰 문자 메시지(SMS)나 스마트폰 등을 통해 트위터에 글과 사진을 올리거나 받아 볼 수 있으며, 댓글을 달거나 특정 글을 다른 사용자들에게 퍼뜨릴 수도 있다. 그러니까 언제 어디서나 정보를 실시간으로 교류할 수 있게 됐다. 게다가 마이크로블로그는 블로그 이용자들이 갖는 콘텐츠 생산의 부담을 크게 줄였다. 웹이나 모바일 기기를 통해 140자만 쓰면 되기 때문에 콘텐츠를 만들고 배포하고 다른 사람들의 반응을 확인하는 일이 정말 쉽고 편리하다.

또 미니홈피나 블로그와 달리 자신이 원하는 바에 따라 관계를 맺고 끊을 수 있어 관계 맺기에 대한 부담에서 벗어날 수 있게 되었다. 싸이월드 미니홈피에서 일촌 관계를 맺고 끊는 과정은 이용자들에게 은근히 부담(Kim & Yun 2008)이었는데, 마이크로블로그에서는 자신이 원하는 사람을 팔로우하면 그만이다. 그렇기 때문에 내가 듣고 싶은 메시지만 걸러서 수용할 수 있다. 어느 미디어보다 마이크로블로그는 자기중심적으로 이용할 수 있는 미디어이다.

이런 특성 덕분인지, 마이크로블로그는 폭발적인 이용률 증가를 나타내고 있다. 2010년 5월 기준 월간 방문자수 조사 결과를 보면, 트위터는 281만여 명으로, 전년 동월의 14만여 명보다 무려 19배 이상 증가했으며, 미투데이는 지난해 같은 기간보다 11배 이상 증가한 112만여 명을 기록했다.[21]

---

21) 랭키닷컴 5월 월간 방문자수 조사 결과(http://www.asiae.co.kr/news/view.htm?idxno=2010061710255841706).

이렇듯 트위터 등 마이크로블로그는 기업인과 정치인 · 언론인 등 사회 다양한 분야의 전문인들과 인터넷 중심의 라이프스타일을 가진 젊은 세대들이 주축이 되어 웹2.0 시대의 새로운 커뮤니케이션 기제로 자리 잡았다.

몇몇 전문가들은 이러한 마이크로블로그의 폭발적인 증가 추세로 인해 한동안 인터넷 이용의 큰 부분을 차지했던 블로그가 하향세에 접어들 것이라고 예상하며, 2000년대 초반의 개인홈페이지 시대, 2003년부터 시작된 미니홈피의 열기, 그리고 2006년부터 블로그의 인기 시대를 지나 이제는 마이크로블로그의 세상이 왔다고 주장하기도 한다(DMC 2009).

2. 마이크로블로그 용어 이해하기[22)]

앞서 살펴보았듯이 우리나라에서 가장 많이 사용하고 있는 마이크로블로그는 트위터이다. 트위터는 140자까지 글을 보내고 받을 수 있는 마이크로블로그를 대표하는 소셜네트워크 서비스(Social Network Service, SNS)이다. 기존의 블로그와 큰 차이가 없어 보이지만 친구 맺기 기능(구독하기)이 강력하고, 좀 더 신속하게 내용을 전파할 수 있어 등장한 지 얼마 안돼 사회적 영향력이 막강해졌다. 트위터는 140자 이내로 글을 써서 전달하면 되기 때문에 누구나 쉽게 이용할 수 있지만, 트위터와 관련된 용어들이 평소 사용하는 말들이 아니어서, 트위터를 이용하지 않는 사람들은 트위터 이용자들이 하는 말이 무슨 뜻인지 이해하기 어렵다. 그래서 트위터 관련 용어들에 대한 이해부터 하고 넘어가자.

(1) **팔로잉**(following): 내가 상대방을 '친구 추가'하는 것을 말한다.

(2) **팔로워**(followers): 상대방이 나를 '친구 추가'하는 것을 말한다.

(3) **리트윗**(retweet or RT): 특정인의 글이나, 나의 글을 자신들의 팔로워들에게 전달하는 것을 말한다.

(4) **멘션**(mention): 내가 보낸 트윗(쪽지)에 대해서 답장을 하는 것이다.

---

22) 블로그 용어는 다음 사이트의 내용을 참고로 작성했다.
http://en.wikipedia.org/wiki/Glossary_of_blogging
http://www.quickonlinetips.com/archives/2006/06/the-giant-blogging-terms-glossary/
http://www.blogossary.com/

(5) **다이렉트 메시지 또는 DM**: 다이렉트 메시지라고 이야기를 하며 1대1로 보내는 개인들 간의 메시지를 말한다(단, 서로 팔로우 상태이어야 함).

(6) **맞팔**: 서로 팔로잉해 주는 것을 말한다.

(7) **언팔**: 트위터 내에서 친구를 삭제하는 것을 말한다.

(8) **당**: 카페, 동호회, 모임이라는 의미이다(예: 솔로당=솔로들이 모인 모임).

(9) **트위터리언**: 트위터를 즐기는 사람들이라는 의미이다.

(10) **트위플**(twetple) 또는 **트워슨**(twerson): 트위터를 사용하는 사람을 지칭한다.

(11) **트위텁**(tweetup=tweeter+meetup): 트위터 만남이 오프라인으로 이어진 것을 말한다.

(12) **트위필리아**(tweetphilia): 트위터에 집착을 보이는 증상을 말한다.

(13) **해시태그**: 단어 앞에 (#)를 붙이면 그 단어엔 링크가 형성돼 클릭만 하면 바로 검색 페이지로 이동하여 검색 결과가 나타나는 트위터 서비스를 의미한다.

(14) **트친소**: '트위터 친구를 소개합니다'의 줄임말이다.

3. 마이크로블로그 사용하기

1) 트위터 사용하기

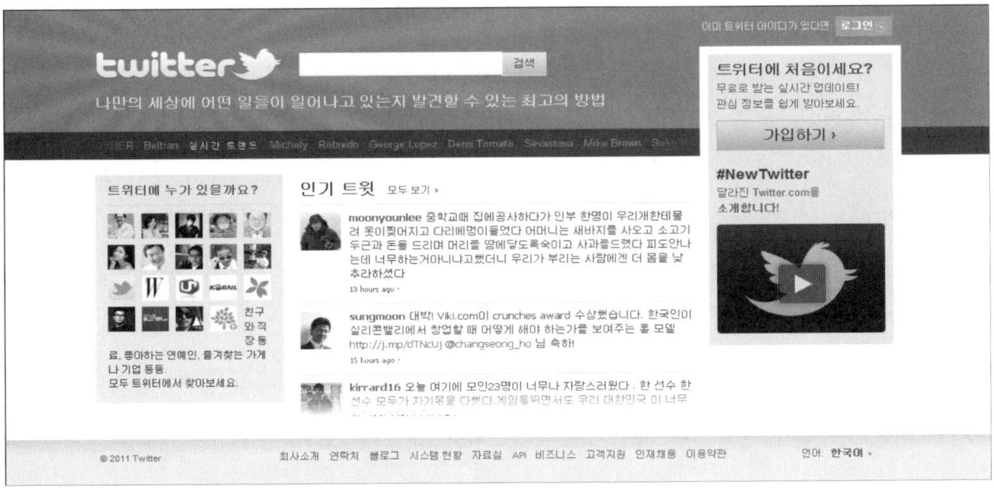

[그림 10-1] 트위터의 첫 화면

트위터는 2010년 1월 19일부터 한국어 서비스를 지원하기 때문에 한국말로 이용할 수 있다. 트위터를 이용하려면 먼저 회원 가입을 해야 한다.

(1) 회원 가입하기

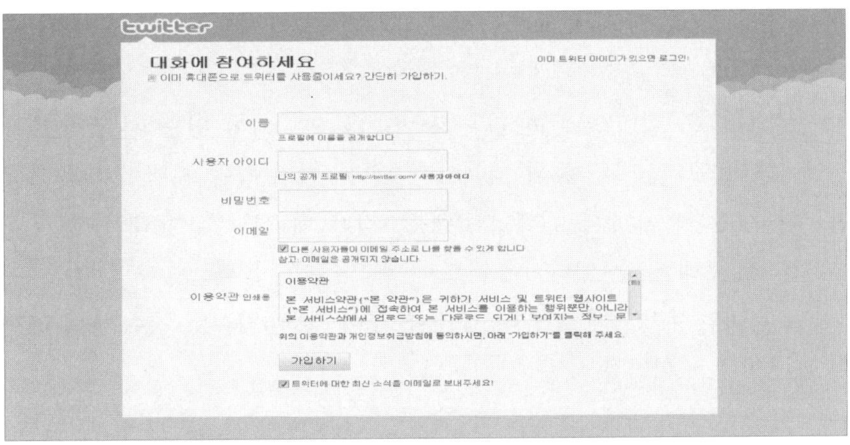

[그림 10-2] 회원 가입 화면

이름과 아이디, 비밀번호 그리고 이메일 주소를 입력하고 약관에 동의하면 회원 가입이 완료된다. 회원 가입이 완료되면, 회원 등록을 할 때 입력한 이메일 주소로 인증 메일이 발송돼 온다. 이를 확인하면 모든 서비스를 정상적으로 이용할 수 있다.

(2) 팔로잉하기

트위터는 자신이 글을 작성하지 않아도 활용이 가능하다. 관심 있는 사람이나 기업의 트윗을 선택해 받아 볼 수 있기 때문이다. 그 시작이 '팔로잉'이다. 누군가의 트위터를 팔로잉하는 방법은 크게 세 가지가 있다. 우선, '관심분야 둘러보기'를 클릭해서 IT, 건강 · 의료, 경제 · 경영 등의 카테고리에서 원하는 분야를 선택한다. 해당 분야에 속해 있는 트위터 중에서 팔로우하고 싶은 트위터를 선택하면 된다.

[그림 10-3] 관심분야 둘러보기와 친구 찾기

두 번째는 MSN 등 이미 기존의 다른 서비스와 연결되어 있는 사람의 트위터를 팔로우할 수 있는데 '친구 찾기'를 통해 검색하면 된다. 이때 찾는 사람이 트위터를 이용하지 않는다면, '친구 초대하기'에서 이메일 주소를 직접 입력한 후 '초대하기' 버튼을 누르면 친구를 트위터로 초대할 수 있다.

세 번째는 국내외 유명인의 트위터 주소를 모아 놓은 사이트 혹은 애플리케이션 등을 활용하여 팔로잉할 트위터를 찾는 방법이다.

(3) 트윗 날리기

팔로잉하는 사람들이 보낸 트윗을 받다 보면 하고 싶은 말이 떠오른다. 그럴 땐 트윗을 날려 보자. 트윗은 특별한 정보를 담지 않아도 된다. 140자 이내의 짧은 글이니 소소한 일상 얘기부터 자신의 생각을 편하게 적어 보내면 된다.

내가 트윗을 작성하면 나를 '팔로우'한 '팔로워'들 모두에게 메시지가 전송된다. 화면 좌측 상단에 텍스트를 바로 입력할 수 있는 공간이 있다.

[그림 10-4] 유명인 광장 사이트

[그림 10-5] 유명인 트위터 애플리케이션

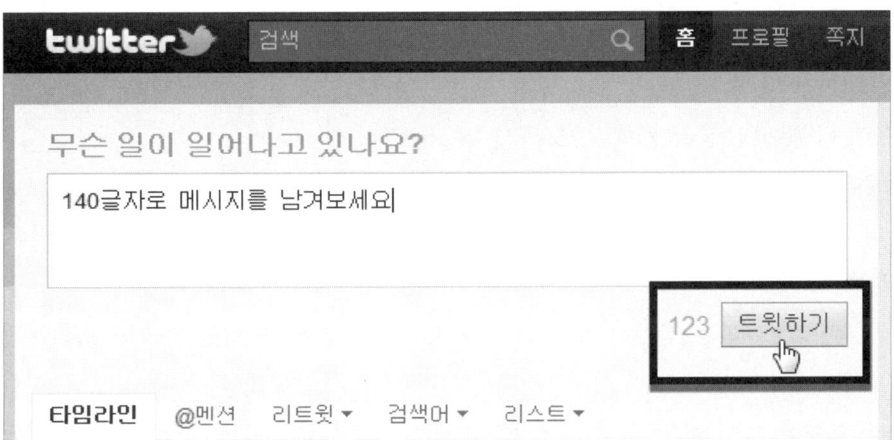

[그림 10-6] 트윗 작성하기

특정인에게만 메시지를 전달하고 싶다면 '쪽지' 기능을 이용한다.

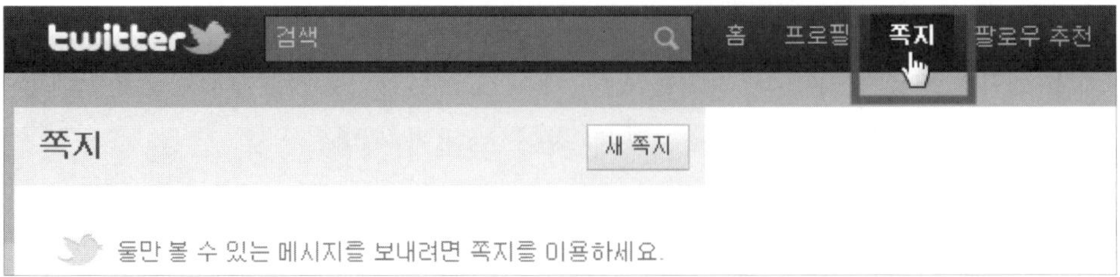

[그림 10-7] 쪽지 보내기

(4) 관심글 설정, 답글 달고 리트윗하기

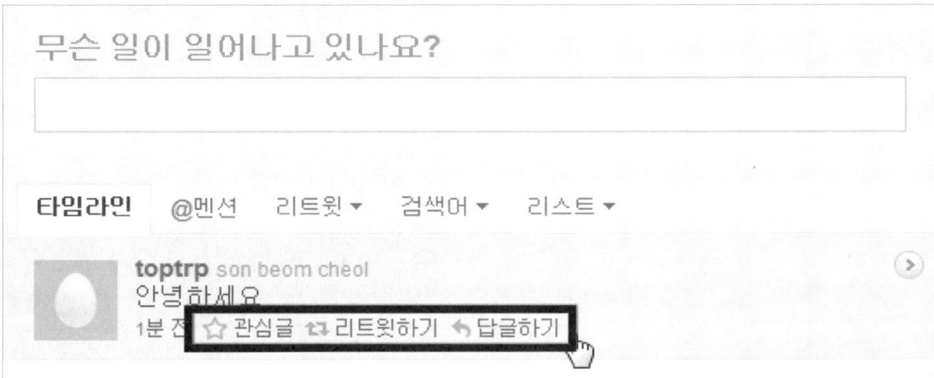

[그림 10-8] 관심글, 리트윗, 답글하기

팔로우의 메시지 위에 마우스커서를 올리면 관심글 설정과 리트윗하기, 답글하기 선택 메뉴가 나타난다. '관심글'을 클릭하면 별표 모양의 트윗으로 지정된다. 이는 즐겨찾기의 개념으로 나중에 관심글만 따로 모아서 볼 수도 있다.

또 좋은 정보를 준 사람에게 답글을 보내자. 고맙다는 말을 담아 답글을 보낸다면 앞으로 더 좋은 정보를 보내 줄 것이다. '답글하기'를 선택하면 자동으로 '@아이디'가 입력되는데, 아이디 뒤에 하고 싶은 말을 작성하면 된다.

트윗을 받거나 직접 작성하는 것도 중요하지만 트위터를 하는 묘미는 뭐니 뭐니 해도 '리트윗'이다. 내가 받은 트윗 중 좋은 정보나 다른 사람에게 유용한 정보를 리트윗해 보자. 리트윗하면 트윗에 담긴 좋은 정보가 나를 팔로우하는 모든 사람들에게 전달돼 많은 사람들이 유용하게 사용할 수 있다.

[그림 10-9] 답글 작성 화면

[그림 10-10] 관심글과 리트윗 취소하기

그리고 관심글로 설정했거나 리트윗한 트윗을 '관심글 취소하기', '리트윗 취소' 버튼을 클릭하여 간단하게 취소할 수도 있다.

(5) 타임라인 확인하기

팔로잉해서 유입된 트윗과 내가 보낸 트윗은 가까운 시간순으로 타임라인에 정렬되어 나타난다.

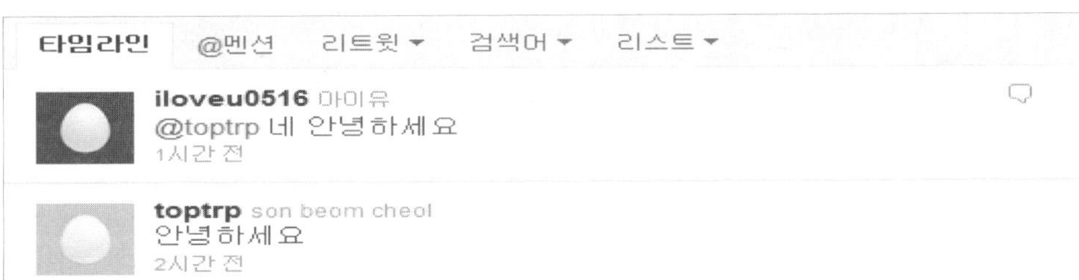

[그림 10-11] 타임라인 화면

(6) 리스트 관리하기

트위터를 이용하다 보면, 팔로잉 수가 많이 늘어나 유입되는 트윗 양이 많아져 내용을 파악하기 힘든 상태가 되기 쉽다. 이런 경우에는 '리스트' 기능을 활용해 보자. 그룹관리를 이용해, 유명인, 가까운 지인 등의 글로 분류하면, 자신에게 원하는 분야별로, 트윗을 확인할 수 있다.

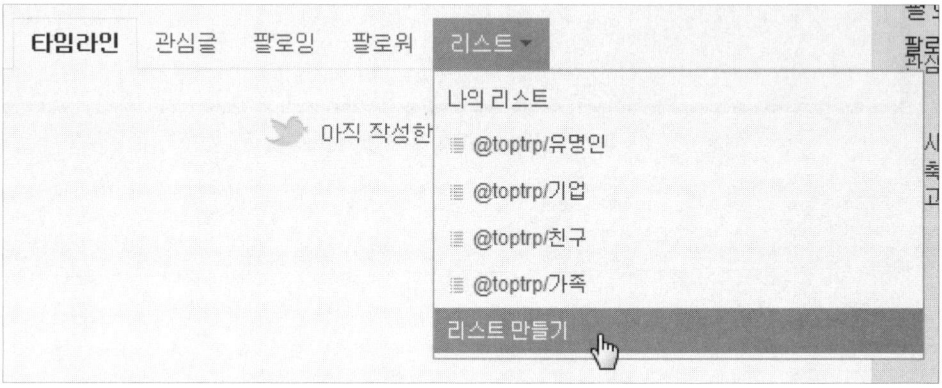

[그림 10-12] 리스트 관리 화면

(7) 해시태그 활용하기

트위터 이용자들은 공통된 관심사를 가지고 여럿이 모여 이야기를 나누기도 한다. 하지만 다양한 경로에서 쌓이는 트윗들이 많아지면 특정 사건이나 주제를 다시 추적하기가 어려워지는데, 이럴 땐 '#(해시태그)'를 사용하면 된다. '#단어'를 입력하면 해당 단어가 파란색 글씨의 링크로 활성화되는 것을 확인할 수 있다.

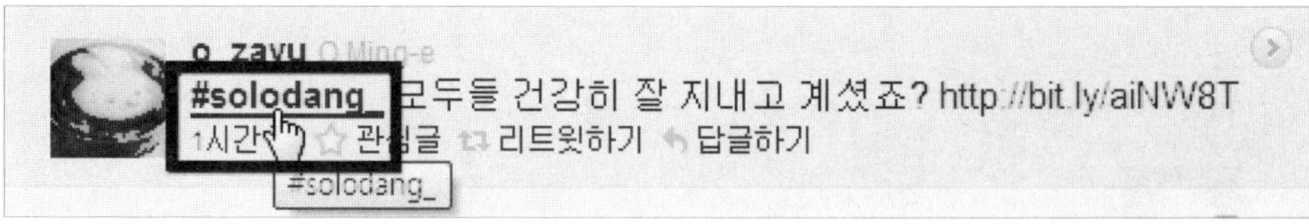

[그림 10-13] 해시태그 입력 트윗

'#(해시태그)'를 삽입한 트윗은 해당 단어를 검색하는 사람들에게 노출된다. 이를 바탕으로 공통된 관심사를 가진 사람들끼리 '트위터 당'을 형성하여 활발한 의사소통을 하고 있다.

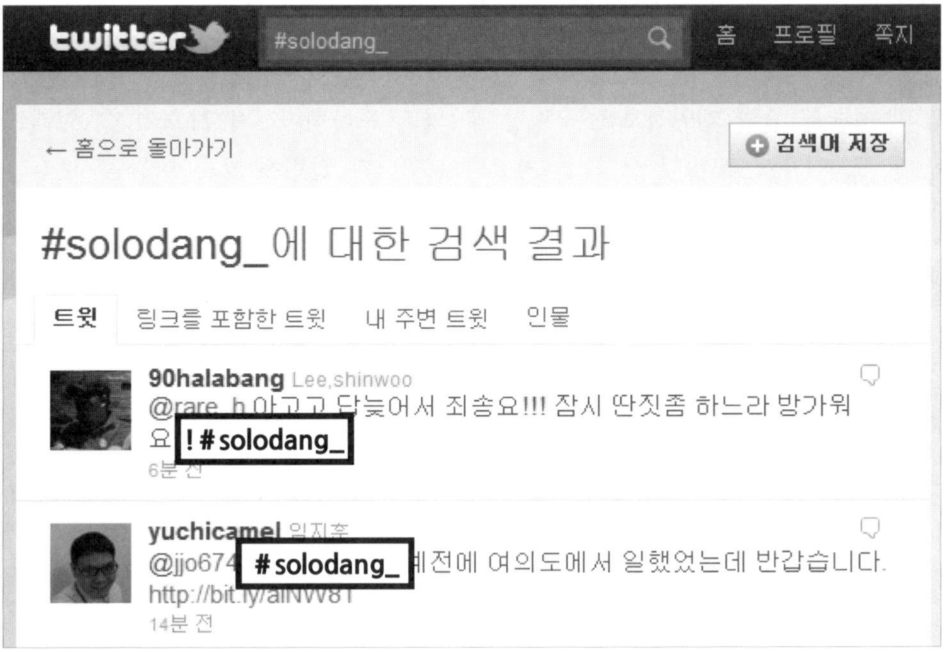

[그림 10-14] 해시태그 검색 화면

[그림 10-15] 트위터모임 사이트 ‘트위터 애드온즈’

(8) 내 트위터 관리하기

'관리' 메뉴를 통해 개인정보를 수정할 수 있고 프라이버시가 보호될 수 있게 설정할 수 있다. 또 디자인, 모바일 등록 등 자신의 트위터와 관련된 모든 기능을 '관리' 메뉴를 통해 조정할 수 있다.

[그림 10-16] 트위터 관리 화면

(9) 트위터에 동영상 올리기

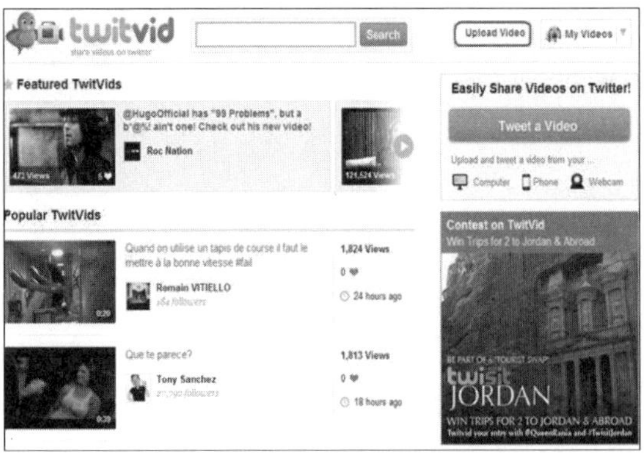

(1) 트위터 계정으로 로그인 후 'Upload Video' 버튼을 클릭하여 동영상 업로드 페이지로 간다.

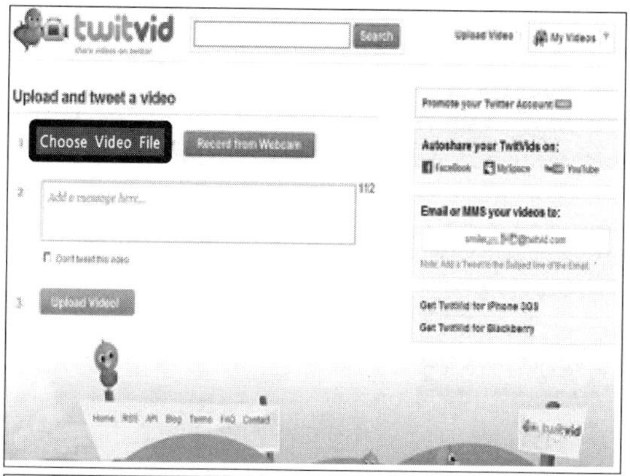

(2) 그러면 왼쪽과 같은 화면을 볼 수 있다. 'Record from Webcam' 버튼을 클릭하여 웹캠을 이용하여 동영상을 바로 찍고 올릴 수 있다. 또 'Choose Video File' 버튼을 클릭하여 자신이 이미 가지고 있는 동영상을 올릴 수도 있다.

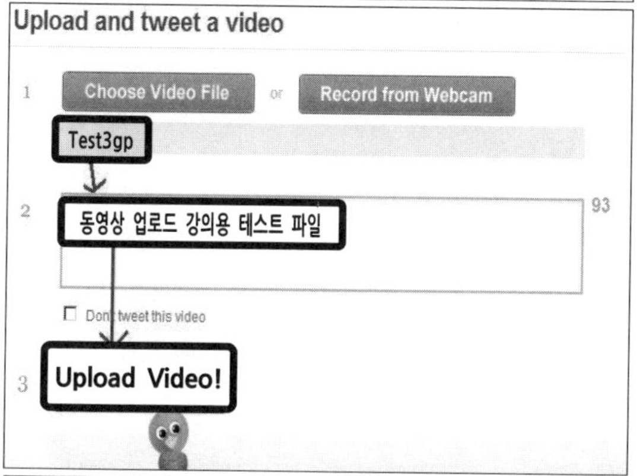

(3) 파일을 선택하면 해당 버튼 하단에 파일 이름이 노출된다. 그리고 ❷의 텍스트 박스 안에 트위터에 동영상과 함께 올릴 글을 적는다. 그리고 ❸의 'Upload Video!' 버튼을 클릭한다.

(4) 트위터에 업로드된다. 주소를 클릭하면 동영상이 보인다.

2) 미투데이 사용하기

[그림 10-17] 미투데이 첫 화면

(1) 회원 가입하기

네이버 회원은 네이버 아이디로 미투데이를 바로 시작할 수 있다. 그렇지 않다면, 간단한 회원 가입 절차를 거친 후 서비스 이용이 가능하다. 비밀번호와 이메일 주소로 발송되는 인증메일을 확인하면 모든 서비스를 정상적으로 이용할 수 있다.

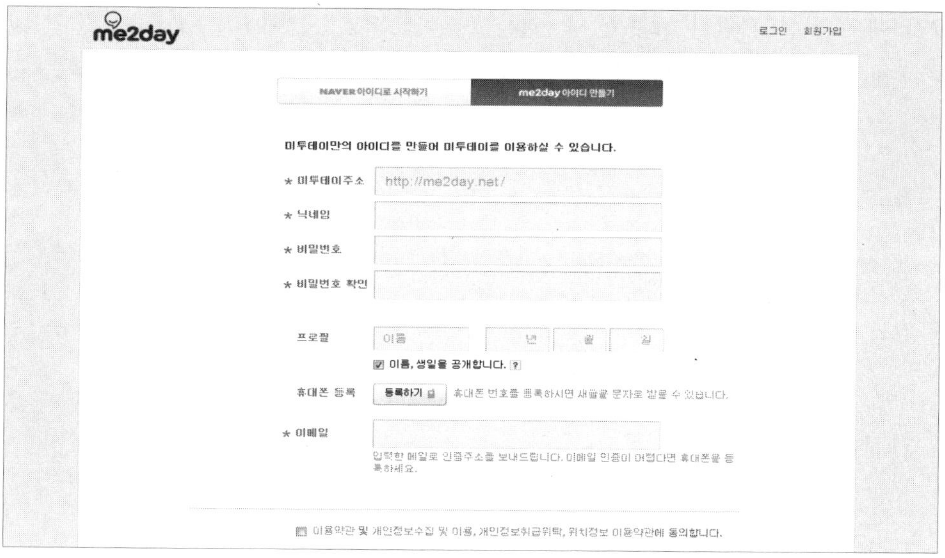

[그림 10-18] 회원 가입 화면

(2) 친구 찾기

미투데이는 '친구 찾기' 기능이 어느 서비스보다 편리하고 유용하다. 학교명과 회사명 검색을 통해 지인을 등록할 수 있다. 네이버, MSN 등 기존에 형성된 인맥을 찾아 손쉽게 친구로 추가할 수 있다.

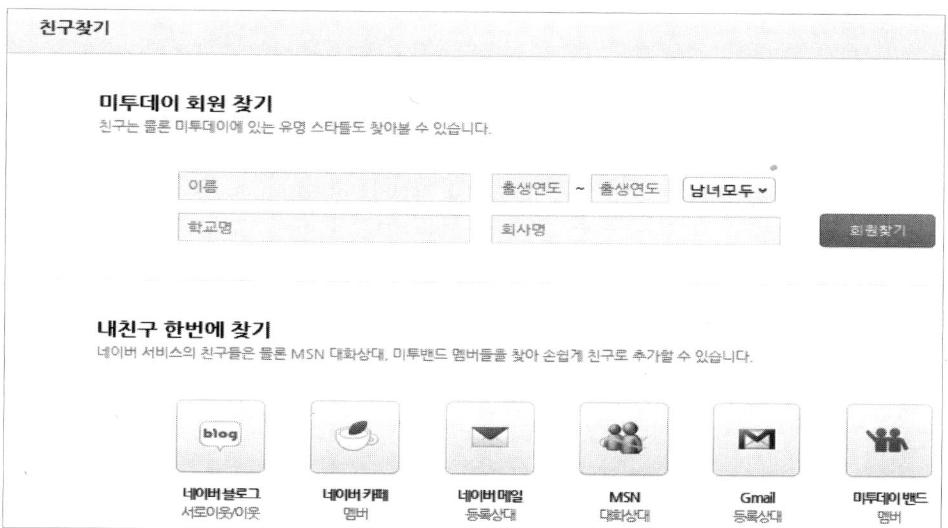

[그림 10-19] 친구 찾기 화면

그 외에도 낯선 사람과 교류할 수 있는 환경을 제공하는데 '미투밴드'에 모여 있는 다양한 주제에 접근한다면 개인의 취향과 비슷한 사람을 찾아 친구를 맺을 수 있다.

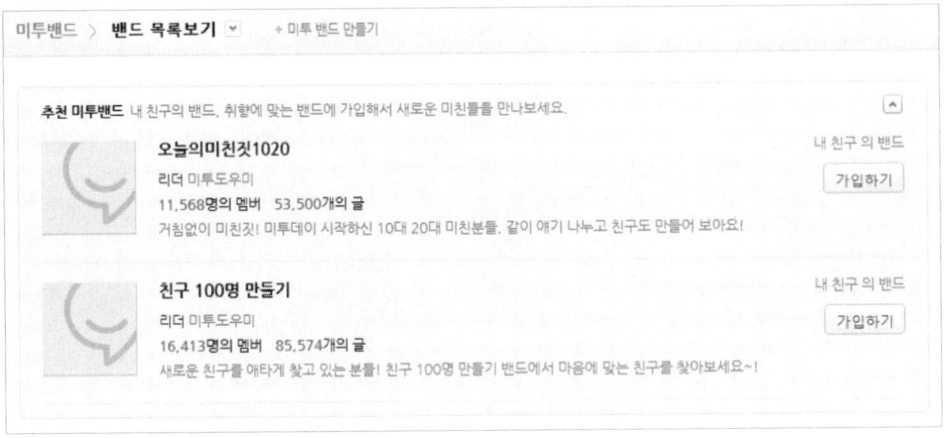

[그림 10-20] 미투밴드 만들기 화면

(3) 글 작성하기

미투데이에 글을 쓸 때에는 하고 싶은 말뿐 아니라, 태그와 사진, 동영상을 첨부하고, 텍스트 링크와 위치를 표시해 주는 부가적인 옵션을 활용할 수 있다.

[그림 10-21] 글 작성하기 화면

친구에게만 메시지를 보내고 싶을 때는 '쪽지' 기능을 이용한다.

[그림 10-22] 쪽지 보내기

(4) 글감 찾기

미투데이는 이처럼 다양한 멀티미디어를 활용해 글을 쓸 수 있게 해줄 뿐 아니라 글을 쓸 소재를 찾아 주기도 한다. 글을 입력하는 공간 아래에 '글감' 탭을 선택하면, 책 · 영화 · 음반 등을 검색할 수 있다. 이를 이용하면 같은 글감을 가지고 글을 남긴 사람들의 다양한 이야기를 엮어 볼 수도 있다.

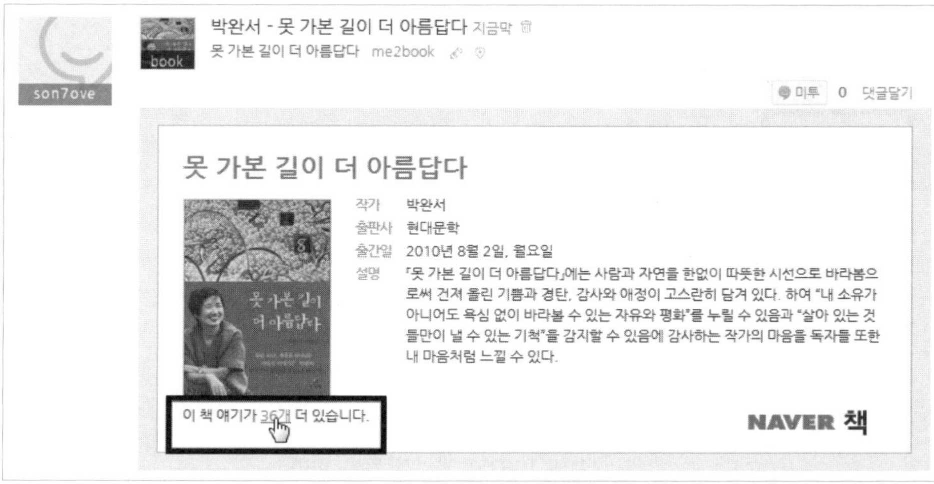

[그림 10-23] 글감 찾기로 작성한 글

(5) 댓글 달기

작성된 글에는 댓글과 대댓글을 달 수 있다. 대댓글은 댓글에 대한 댓글이다. 말풍선 아이콘을 선택하면, 자동으로 입력된 상대방의 아이디가 입력되어 나온다. 아이디 옆에 하고 싶은 말을 입력하면 된다.

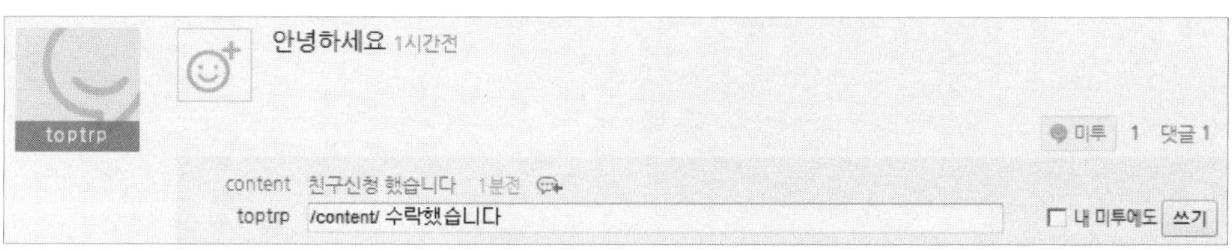

[그림 10-24] 댓글 달기 화면

(6) 메시지 관리하기

이렇게 모인 글과 댓글들은 내가 쓴 글, 친구가 쓴 글 등으로 자동 분류가 되며 좌측 메뉴의 선택에 따라 목록을 열람할 수 있다.

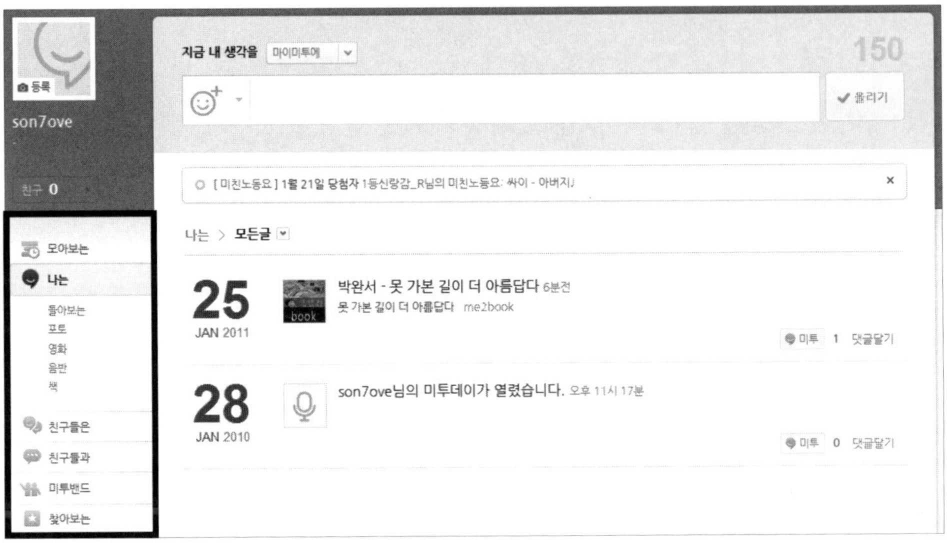

[그림 10-25] 메시지 목록 화면

(7) 내 미투데이 관리하기

'환경설정' 메뉴를 선택하면, 개인 정보를 수정할 수 있다. 프라이버시와 관련된 정보의 노출도 '환경설정' 메뉴에서 관리할 수 있다. 또 스킨의 색상 · 상단 이미지 사용 등 자신의 미투데이와 관련된 모든 기능을 조정할 수 있다.

[그림 10-26] 미투데이 관리를 위한 환경설정 화면

실습과제

1. 헬스케어 콘텐츠를 제작하는 데 트위터를 활용해 보려고 한다. 헬스케어 콘텐츠를 제작하기 위해 트위터를 어떻게 활용할 수 있을지 취재 방안을 정리해 보자.

2. 트위터 계정을 만들어 헬스케어 콘텐츠와 관련해 유용한 트윗을 생산하고 있는 트위터리언을 찾아 팔로잉해 보자. 이들이 생산한 트윗들은 어떤 정보를 담고 있는지 트위터리언별로 그 특성을 정리해 보자.

3. 한국의 의료관광 산업의 활성화를 위해 트위터를 활용할 수 있는 방안을 생각해 보자. 트위터를 통해 외국인에게 한국의 의료관광 자원을 알릴 수 있는 방안을 단계별로 기획해서 정리해 보자.

III. 헬스케어 멀티미디어 콘텐츠 제작

제11장 스마트폰 활용하기

1. 스마트폰으로 촬영하기

스마트폰으로 찍은 영화가 화제다. 영화까지 찍을 수 있는 걸 보면 스마트폰으로 웬만한 콘텐츠는 제작이 가능하다는 걸 알 수 있다. 헬스케어 콘텐츠를 제작할 때도 스마트폰을 활용해 보자.

애플사 아이폰 4G　　삼성전자 갤럭시 S　　스카이 베가

[그림 11-1]

출처: 각사 공식 홈페이지

일반적으로 휴대전화는 피처폰(feature phone)과 스마트폰(smart phone)으로 구분한다. 피처폰은 음성 통화와 문자 보내기 기능에 최적화된 폰이고, 애플사의 아이폰이나 삼성전자의 갤럭시 S와 같이 필요할 때마다 특정 기능을 추가할 수 있는 폰을 스마트폰으로 분류한다. 여기서는 애플사의 아이폰을 중심으로 촬영하기, 녹음하기, 화면 캡처하기, 컴퓨터로 전송하기에 대한 방법을 살펴보고자 한다. 먼저 촬영하기부터 알아보자.

1) 이미지 촬영

아이폰의 이미지 해상도는 3GS가 480×320이며, 4G 기종의 경우 960×640으로 3GS보다 두 배 정도 해상도가 높아졌다. 이미지를 촬영하는 방법은 간단하다. 또 최근 출시된 아이폰 4G의 경우 탑재된 카메라의 해상도는 500만 화소로 지금까지 출시된 폰 카메라 중에서 으뜸이라고 할 수 있다.

이미지를 촬영하는 방법은 카메라 버튼을 터치해 주면 된다.

[그림 11-2] 스마트폰의 카메라 버튼

카메라 메뉴를 터치하면 이미지 확인, 촬영, 이미지 동영상 변환이라는 선택 버튼이 나타난다. 카메라로 촬영하는 순서는 다음과 같다.

가운데 카메라 버튼을 터치하면 촬영이 가능하다.

⇨ 그러면 왼쪽 하단에 촬영한 이미지가 생성된다.

⇨ 왼쪽 하단 이미지를 터치하면 촬영한 이미지를 크게 볼 수 있다.

⇨ 이때 이메일로 전송, MMS 전송, 아이폰 배경화면으로 활용(연락처 지정, 배경화면 지정)이 가능하다.

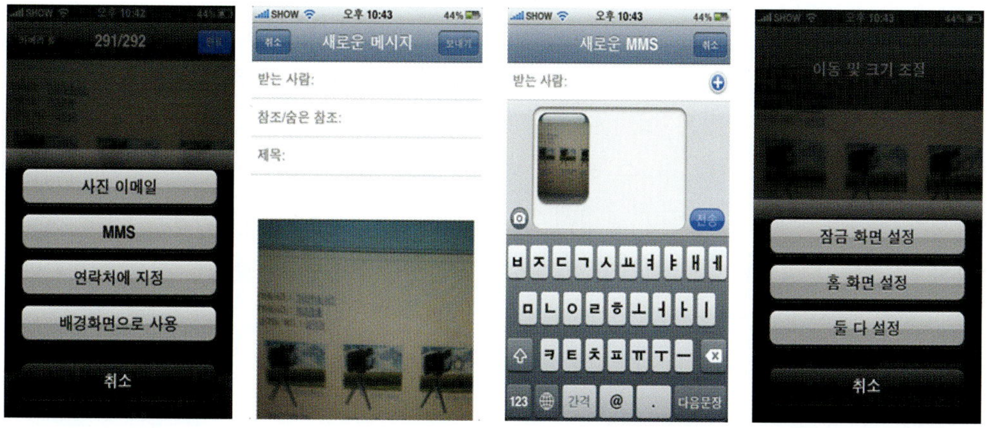

화면이미지 전송　　이메일 전송　　MMS 전송　　배경화면 지정

[그림 11-3]

이미지 촬영은 이와 같은 과정을 거치면 촬영, 저장, 전송의 모든 과정을 마칠 수 있다. 마지막으로 이미지 촬영 화면 중 오른쪽 하단의 박스 이미지 부분을 보면 스틸 카메라, 동영상 카메라의 아이콘이 보이는데 이 부분을 오른쪽으로 밀어 주면 바로 동영상 촬영으로 변환할 수 있다. 물론 동영상 촬영 중 왼쪽으로 밀어 주면 이미지 촬영 화면으로 변환할 수 있다.

[그림 11-4] 이미지/동영상 변환하기

2) 동영상 촬영하기

동영상을 촬영하는 방법은 이미지 촬영 화면의 오른쪽 하단을 손으로 밀어서 바꿔 주면 된다(이미지, 동영상 변화 아이콘 이용). 아이폰 촬영 시간은 폰의 배터리가 방전되거나, 아이폰의 용량이 다 찰 때까지 촬영이 가능한 것으로 알려져 있다. 또 아이폰 4G부터 플래시 기능을 지원한다. 동영상 촬영 순서를 설명하면 다음과 같다.

촬영 화면에 들어가서 붉은색 동그라미를 터치하면 촬영이 시작된다.
⇨ 붉은색 동그라미가 깜빡거리면서 촬영이 진행된다.
⇨ 촬영된 시간은 오른쪽 상단을 보면 확인할 수 있다.
⇨ 깜빡거리는 붉은색 동그라미를 한 번 더 터치하면 동영상 촬영이 종료된다.

[그림 11-5] 동영상 촬영하기

⇨ 동영상 촬영이 종료되면 왼쪽 하단에 작은 이미지가 나타난다. 이를 터치하면 촬영한 영상을 크게 볼 수 있다.
⇨ ▶ 버튼을 누르면 촬영한 화면을 다시 확인할 수 있다.
⇨ 이때 '비디오 이메일로 전송', 'MMS 전송', 'YouTube'로 보내는 기능이 가능하다. 유튜브로 전송하는 것은 유튜브의 개인 계정을 가지고 있는 이용자에 한해 가능하다.

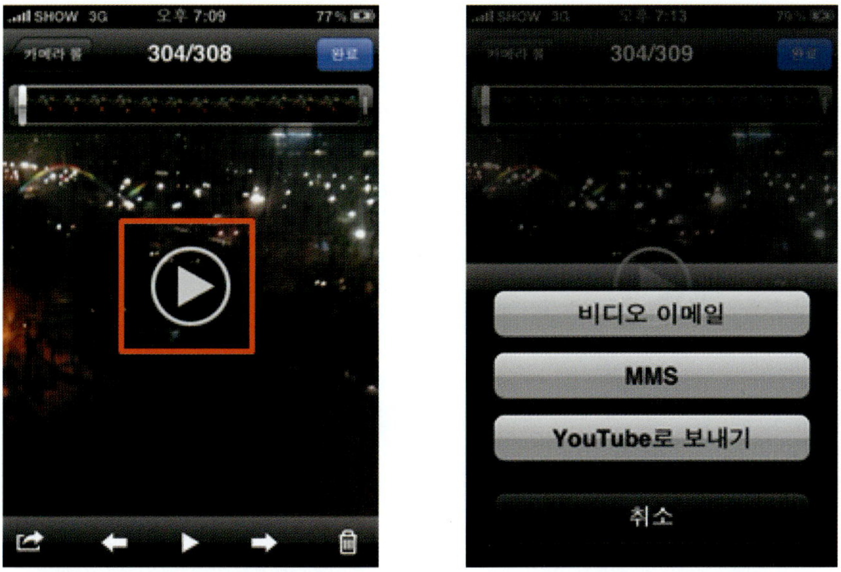

▶**터치하면 동영상이 재생된다** **촬영 동영상 전송 화면**

[그림 11-6] 촬영한 동영상 재생 및 전송하기

2. 녹음하기

아이폰은 음성 메모 기능이 기본으로 탑재되어 있다. 음성 녹음이 되기 때문에 취재 및 콘텐츠 제작에 유용하게 사용될 수 있다. 사용 방법은 간단하여 음성 메모 기능을 터치하면 된다.

중요한 녹음을 하던 중에 전화가 오면 녹음이 저장되지 않고 자동으로 종료된다. 이런 것을 방지하기 위해 한 가지 설정을 해주면 되는데 설정 화면으로 들어가 에어플레인 모드를 작동해 주면 된다. 에어플레인 모드를 설정하게 되면 음성 통화의 송수신, 문자 송수신, 무선 인터넷 기능 모두가 되지 않는다는 점을 잊지 말아야 한다.

음성 메모의 세부 과정은 대기 화면, 녹음 화면, 일시 정지 화면을 이해하면 쉽게 파악할 수 있다.

우선 메뉴의 구성을 보면, 하단은 음성 메모를 하는 시작, 일시 정지, 종료 버튼으로 구성되어 있다. 가운데 VU는 녹음하는 소리의 크기에 따라 바늘이 움직이기 때문에 소리의 크기를 확인하면서 녹음을 진행할 수 있다.

상단의 화면을 통해 현재 녹음되고 있는 상태와 시간을 확인할 수 있다.

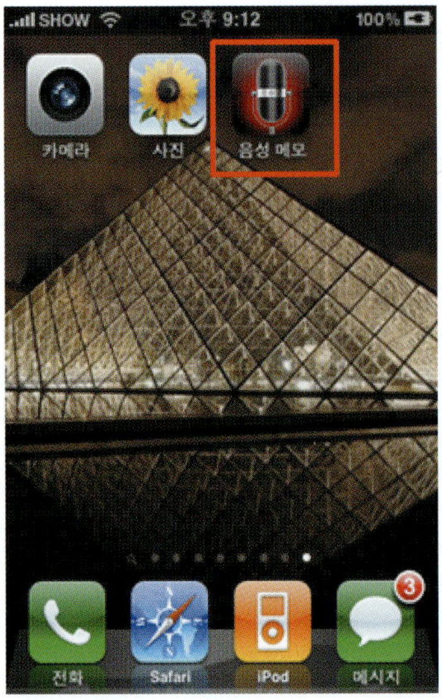

[그림 11-7] 녹음하기 화면

[그림 11-8] 에어플레인 모드 설정 화면

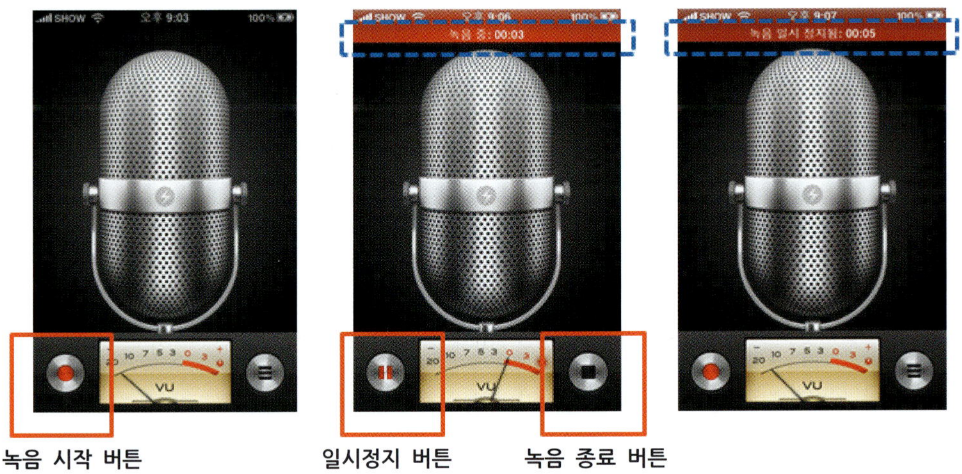

대기 화면 녹음 화면 일시정지 화면

[그림 11-9]

녹음이 끝나고 녹음된 내용이 마음에 들지 않는다면 삭제할 수 있다. 또 녹음된 내용을 다른 사람과 공유하고 싶다면, 공유 버튼을 터치하면 된다. 이메일 또는 MMS로 녹음된 내용을 보낼 수 있다.

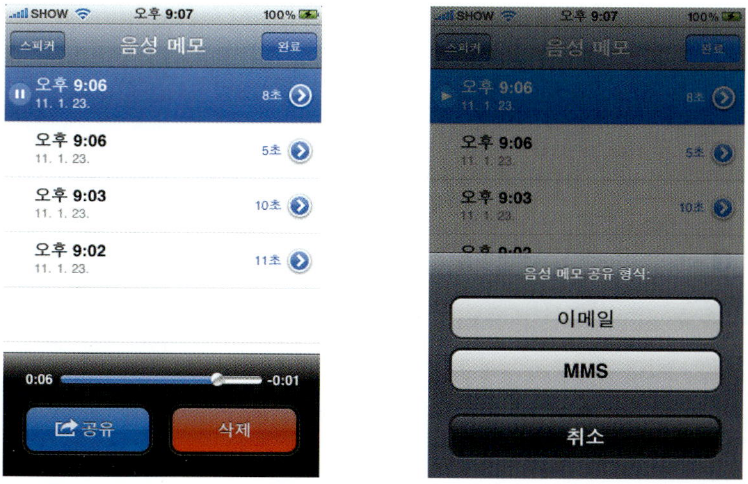

기록된 음성 메모 확인 화면 음성 메모 공유 화면

[그림 11-10]

3. 화면 캡처하기

아이폰으로 인터넷을 보다가 헬스케어 콘텐츠 제작에 사용하고 싶은 화면을 발견했다면 어떻게 해야 할까? 컴퓨터로 웹사이트를 볼 때와 마찬가지로 아이폰을 통해 본 화면을 캡처하면 된다. 어떻게 캡처하는지 그 과정을 알아보자.

화면을 캡처하는 방법은 매우 간단하다. 아이폰 오른쪽 윗부분의 버튼과 아래의 버튼을 동시에 눌러 주면 된다. 꼭 동시에 누르지 않아도 순차적으로 빠르게 눌러 줘도 된다.

[그림 11-11] 표시된 두 부분을 동시에 클릭해 주면 된다

아이폰의 화면뿐 아니라 아이폰을 통해 검색한 인터넷 화면, 문자 메시지 화면 등 아이폰을 통한 모든 화면의 캡처가 가능하다. 캡처된 이미지는 PNG 파일로 업로드할 수 있다. PNG 파일은 이미지 파일인 JPG, GIF보다 이미지 해상도가 좋다.

만약 저장 용량 등의 문제로 파일을 변환하고 싶다면, 이미지 편집(포토샵, 그림판 등) 프로그램을 통해 파일 형식을 변환해 주면 된다. 이미지 편집 과정은 12장 디지털 사진 파일 활용하기를 참고하기 바란다.

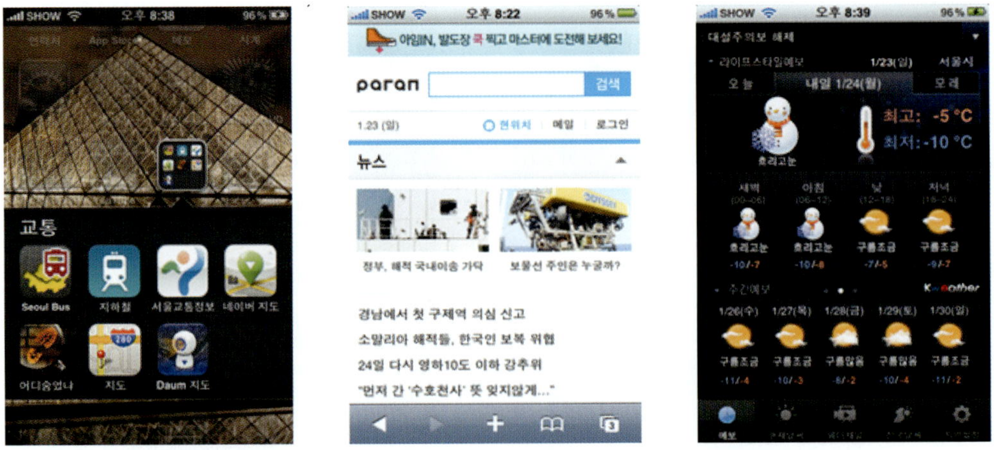

아이폰 바탕화면　　　　인터넷 화면　　　　날씨 화면

[그림 11-12] 아이폰에서 캡처한 화면의 예

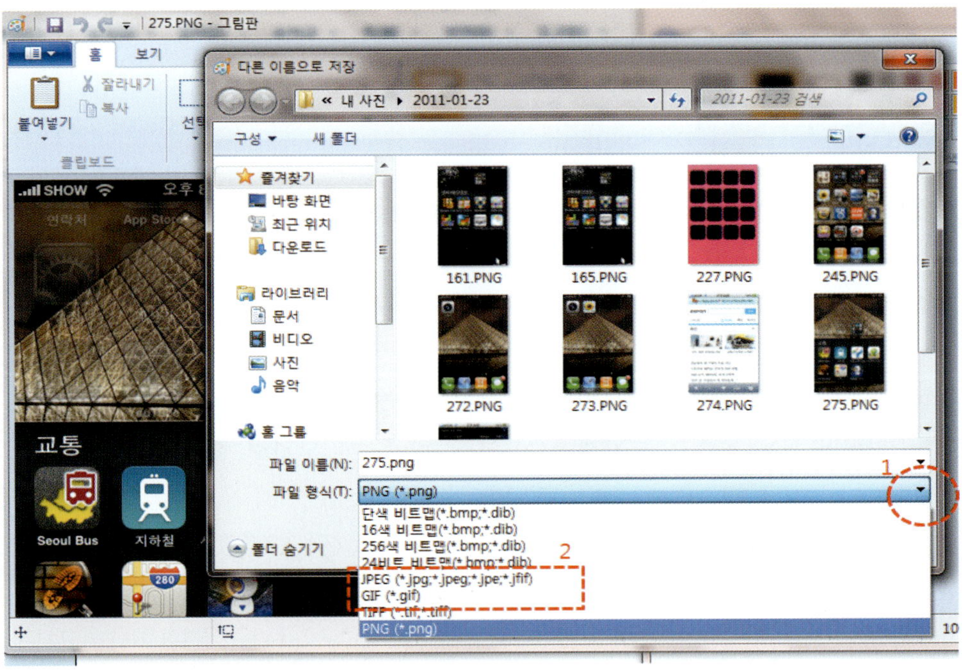

[그림 11-13] 그림판 프로그램을 통한 이미지 형식 변환

4. 컴퓨터로 전송하기

아이폰을 통해 촬영한 이미지, 동영상, 녹음 파일을 컴퓨터로 전송하기 위해서는 아이튠즈(iTunes)라는 프로그램을 활용해야 한다. 아이튠즈는 애플 홈페이지에서 다운받으면 된다(http://www.apple.com/kr/itunes/).

아이튠즈를 다운받은 후에 계정을 만들고 아이폰을 케이블에 연결하면 아이폰의 내용을 컴퓨터에 업로드할 수 있다. 또 온라인 장터의 애플리케이션을 다운로드하는 것도 가능하며, 아이폰과 컴퓨터의 동기화가 가능하다. 아이튠즈를 설치한 후에는 바탕화면에 생성된 아이콘을 더블클릭하거나 시작 프로그램을 통해서 접속하면 된다.

[그림 11-14] 아이튠즈 다운로드 화면

아이튠즈에 접속하고 아이폰과 컴퓨터를 케이블로 연결하면 촬영 이미지 등을 선택하여 수동으로 전송하거나, 자동으로 설정할 경우 업데이트된 모든 내용이 자동으로 동기화된다. 다음 그림은 아이폰과 컴퓨터가 동기화되고 있는 과정이다. 왼쪽 박스 안을 보면, 이름·폴더 등 아이폰의 정보를 확인할 수 있다.

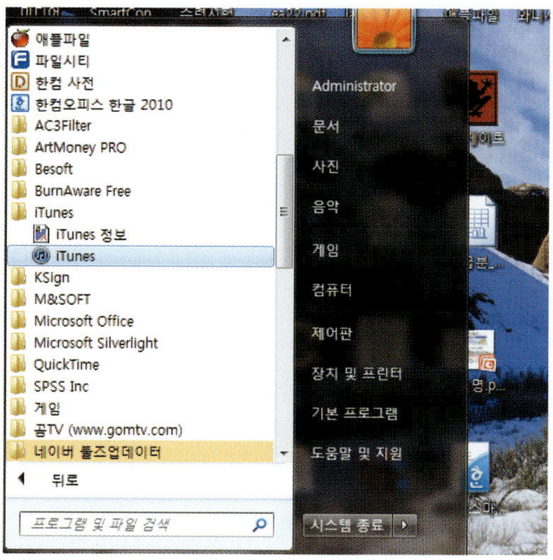

[그림 11-15] 윈도우 시작 프로그램을 통한 아이튠즈 접속 화면

[그림 11-16] 아이튠즈 접속 초기 화면

[그림 11-17] 동기화되고 있는 화면

실습과제

1. 헬스케어 콘텐츠를 제작하는 데 스마트폰을 어떻게 활용할 수 있을지 그 방안을 정리해 보자.

2. 스마트폰에서 인터넷에 접속하여 유용한 헬스케어 콘텐츠를 검색한 뒤 화면을 캡처해 보자. 캡처한 이미지를 컴퓨터로 옮겨 JPG 파일로 변환시켜 보자.

3. 의료관광을 온 외국인을 스마트폰으로 인터뷰해 보자. 인터뷰 장면을 스마트폰으로 촬영하고 인터뷰 내용도 스마트폰으로 녹음해 본다. 녹음한 내용을 지인에게 스마트폰을 통해 전송해 보자.

4. 스마트폰으로 녹화한 인터뷰 장면을 컴퓨터에 옮겨 보자. 스마트폰과 컴퓨터를 동기화시켜 스마트폰에 있는 인터뷰 녹화 내용을 컴퓨터에서 확인해 보자.

5. 스마트폰으로 녹화한 인터뷰 동영상을 블로그와 트위터에 올려 보자. 일반 디지털 카메라로 촬영한 동영상과 어떤 차이가 있는지 비교해 보고 스마트폰 촬영의 강점과 약점을 정리해 보자.

제12장 디지털 사진 파일 활용하기

1. 디지털카메라 사용하기

1) 카메라의 종류

디지털카메라는 보통 네 가지 유형으로 구분해 볼 수 있다. 일반인들이 많이 사용하는 컴팩트형 디지털카메라와, 회전 렌즈형 디지털카메라(high-end digital camera), 일안반사식 카메라인 DSLR 카메라(digital single-lens reflex camera), 그리고 컴팩트형 디지털카메라와 DSLR 카메라를 합쳐 놓았다고 볼 수 있는 하이브리드형 디지털카메라(hybrid digital camera)가 그것이다. 하이브리드형 디지털카메라는 렌즈 교환이 가능하면서 보디(body) 부분에 차지하는 미러를 없애 크기와 무게를 줄인 카메라이다.

(1) 컴팩트형 디지털카메라(compact digital camera)

보통 사람들이 가장 많이 갖고 있는 디지털카메라이다. 버튼만 '똑딱' 누르면 쉽게 찍을 수 있다고 해서 똑딱이라고도 불린다. 컴팩트형 디지털카메라는 컴팩트라는 말 그대로 작지만 단단하고 경제적인 카메라이다. 휴대가 간편하고 다루기가 쉽다는 것이 큰 장점이다. 다른 유형의 카메라보다 저렴한 가격으로 구입이 가능한데, CCD(charge-coupled device)의 크기에 따라 컴팩트형 디지털카메라 사이에도 가격차가 발생한다. CCD는 디지털카메라에서 렌즈를 통해 들어온 빛을 전기 신호로 바꾸는 역할을 하는 부품으로, 필름카메라의 필름에 해당한다고 보면 된다. CCD가 클수록 좋은 디지털카메라이다.

(2) **회전 렌즈형 디지털카메라**(high-end digital camera)

회전 렌즈형 디지털카메라는 카메라 본체와 별도로 렌즈 부분을 회전시켜 촬영할 수 있도록 설계된 카메라로, 하이엔드 디카라고 불린다. 컴팩트형 디지털카메라보다 큰 CCD를 사용하고 있어 화질이 좋고, 컴팩트 디지털카메라와 달리 수동으로 조작할 수 있다.

회전 렌즈형 디지털카메라는 컴팩트형 디지털카메라에 수동 기능을 부가해서 DSLR 카메라에 가깝게 찍히도록 한 고배율 줌 카메라라고 보면 된다. 줌 배율이란 멀리 있는 피사체를 얼마나 가까이 끌어당겨 찍을 수 있느냐를 나타내는 값이다. 따라서 고배율 줌 카메라라고 할 수 있는 회전 렌즈형 디지털카메라는 컴팩트형 디지털카메라보다 멀리 있는 피사체를 가깝게 찍을 수 있다.

그래서 회전 렌즈형 디지털카메라는 컴팩트형 디지털카메라보다는 크기가 더 크고 가격도 비싸다. 또 수동 기능을 포함하고 있어 컴팩트형 디지털카메라보다 복잡하기도 하다.

[그림 12-1] 회전 렌즈형 디지털카메라
캐논 PowerShot S5IS

(3) 일안반사식 디지털카메라(digital single lens reflex, DSLR)

DSLR 카메라는 일안반사식(SLR, single lens reflex) 카메라를 기반으로 필름 대신 이미지 센서를 집어넣어 디지털 방식으로 사진을 찍을 수 있게 만든 것을 말한다. 일안반사식의 구조는 렌즈를 통해 들어온 빛을 거울로 반사시켜서 파인더에 보이게 만드는 방식이다. 거울로 반사시키기 때문에 촬영할 때는 거울이 움직여 주어야 필름에 빛이 닿을 수 있다. 이처럼 거울이 움직여야 되므로 셔터를 누르는 즉시 촬영되지 않고, 거울이 움직이는 시간만큼 셔터 작동이 늦어진다.

이처럼 DSLR 카메라는 렌즈를 통해서 들어온 이미지가 거울을 통해 그대로 뷰파인더(촬영자가 보는 화면)에 비치는 카메라이기 때문에, 촬영자가 보는 것과 같은 사진을 찍을 수 있는 것이 큰 장점이다. 또한 DSLR 카메라는 렌즈를 교환할 수 있을 뿐 아니라 다양한 종류의 필터들도 사용할 수 있다. 현재 DSLR 카메라는 가볍게 들고 다니며 초보자들이 다루기 쉬운 모델부터, 중급형 · 고급형까지 다양한 형태로 나오고 있는데, 고급형으로 갈수록 가격이 비싸다.

[그림 12-2] DSLR-니콘 D80

(4) 하이브리드형 디지털카메라(hybrid digital camera)

하이브리드형 디지털카메라는 컴팩트형 디지털카메라와 DSLR 카메라의 장점을 잘 혼합했다는 의미에서 하이브리드(hybrid)라는 말이 사용됐다. 이 카메라는 뷰파인더와 반사거울을 제거해 크기를 대폭 줄였지만, DSLR 카메라에 쓰이는 센서가 장착됐기 때문에,

화질과 휴대성이 좋다.

또한 하이브리드형 디지털카메라는 DSLR 카메라처럼 렌즈를 교환해서 장착하는 것도 가능하다. 컴팩트형 디지털카메라만큼 작지만, 성능은 컴팩트형 디지털카메라보다 우수해, 성공적으로 회전 렌즈형 디지털카메라 시장을 섭렵했다는 평가를 받고 있다.

[그림 12-3] 하이브리드형 디지털카메라 올림푸스 PEN

2) 카메라 기본 용어 이해하기[23)]

카메라를 사용하면서 자주 접하게 되는 용어들에 대해서 이해하고 넘어가면 카메라와 관련된 책을 읽거나 촬영할 때 도움이 된다. 그래서 카메라를 사용할 때 알아 두면 좋은 용어들을 간략하게 정리해 보았다. 좀 더 자세하게 알고 싶다면 인터넷에서 카메라 마니아들이 운영하는 블로그를 찾아보자. 또 유튜브 등에는 동영상으로 올라온 설명들도 있으니 카메라 사용법 관련 UCC를 찾아보면 큰 도움이 될 것이다.

(1) **렌즈**(lens): 빛을 받아들여 카메라 보디에 상이 맺히게 하는 역할을 한다. 바늘구멍 사진기같이 작은 구멍에서부터 여러 종류의 다중 렌즈를 이용하는 복잡한 사진기까지 카메라에서 빛을 받아들여 상이 맺히게 하는 방식은 다양하다.

---

23) 카메라 용어는 다음 사이트의 내용을 참고로 작성했다.
http://ko.wikipedia.org/wiki/%EC%B9%B4%EB%A9%94%EB%9D%BC
http://en.wikipedia.org/wiki/Camera
http://100.naver.com/
http://blog.naver.com/blue5z/140094131990

(2) **보디**(body): 렌즈에서 들어온 빛에 의해 생긴 상이 맺히는 부분이다. 필름 카메라는 보디에 감광성이 있는 필름을 놓아 상이 맺히도록 하고, 이를 현상한 뒤 인화해 사진을 만든다. 디지털카메라는 보디에 빛의 신호를 전기신호로 바꾸는 장치(CMOS, CCD 등)를 놓아, 전기신호로 바뀐 디지털 이미지를 여러 형식의 이미지 파일로 저장 매체에 저장한다.

(3) **조절장치**: 카메라에는 원하는 이미지를 얻기 위한 여러 종류의 조절장치가 부착되어 있다. 렌즈의 구멍 크기를 조절하는 조리개와 빛을 받아들이거나 차단하는 셔터가 대표적인 조절 장치이다. 밝은 곳에서는 조리개를 좁혀 빛의 양을 줄이고 어두운 곳에서는 조리개를 열어 빛의 양을 늘려 원하는 이미지 상이 맺히도록 조절한다. 그 밖에 어두운 곳에서 촬영하기 위한 플래시, 촬영할 대상을 미리 살피는 뷰파인더, 연속촬영 기능 파노라마 촬영장치 등이 조절장치에 포함된다.

(4) CCD(charge-coupled device): 디지털카메라에서 렌즈를 통해 들어온 빛을 전기신호로 바꾸는 역할을 한다. 필름카메라의 필름과 같은 기능을 담당한다. 디지털카메라에서는 CCD가 카메라의 성능과 가격을 좌우할 만큼 중요한 부품이다.

(5) **자동 초점**(AF, auto focus): 특정 물체(피사체)에 초점을 자동으로 맞추는 광학 시스템이다. 자동적으로 카메라 렌즈의 초점을 조절하는 시스템을 말한다.

(6) **노출**: 디지털카메라에는 CCD와 같이 빛의 신호를 전기신호로 바꾸는 장치가 있는데, 빛이 CCD에 닿아 전기신호로 바뀌면 사진이 찍히게 된다. 이때 빛을 CCD에 비춰 주는 것을 노출이라 한다. 노출이 많으면 사진이 밝게 찍히고, 노출이 적으면 어둡게 찍힌다. 그래서 노출의 양을 적절하게 조정해 줄 필요가 있는데, 노출의 양을 적절하게 조절해 주는 것을 '적정 노출'이라고 한다. 또 적정 노출이 됐는지는 카메라 뷰파인더의 노출계 눈금으로 확인이 가능하다.

(7) **감도**(sensitivity): 빛에 얼마나 민감하게 반응하는지를 나타내는 말이다. 빛에 민감하게 반응할 때 고감도라고 하고, 빛에 민감하게 반응하지 않을 때 저감도라고 한다. 감도가 높은 필름일수록 적은 양의 빛으로도 촬영할 수 있으며, 렌즈 조리개를 작게 하여 촬영할 수 있다.

(8) ISO(International Standards Organization) **감도**: 필름의 감도를 나타내는 국제적으로 표준화된 수치이다. 수치가 높을수록 빛에 민감하게 반응하여 이미지를 밝게 표현해준다. ISO 100 이하를 저감도라고 하며, ISO 200~400을 중감도, ISO 800 이상을 고감도라고 한다. 디지털카메라에서는 ISO 감도를 높게 해주면 빛에 대한 반응이 빨라져서 밝게 찍을 수 있다.

(9) **아웃포커스**(out-focus): 사진을 촬영할 때 초점이 맞는 피사체만 선명하게 나타나고, 초점이 맞는 물체를 제외한 배경을 흐릿하게 표현하는 기법을 말한다.

(10) **팬포커스**(pan-focus): 초점이 맞는 범위가 넓어서 사진의 중심이 되는 피사체뿐 아니라 배경까지 모두 선명하게 표현하는 기업을 의미한다. 가까운 거리부터 먼 거리까지의 모든 피사체에 초점을 맞추는 촬영 기법이다.

(11) JPG **파일**: 디지털카메라에서 가장 많이 쓰는 파일 포맷이다. JPEG이라고도 부른다. 압축 후 용량이 작아서 사진 파일에 많이 쓰인다.

2. 카메라 촬영하기

요즘은 디지털카메라가 일반화되고 스마트폰 등 휴대전화로도 사진을 찍기 때문에, 예전보다 훨씬 사진 찍는 일이 많아졌다. 헬스케어 콘텐츠를 제작할 때 좋은 사진을 찍어 함께 꾸민다면 훨씬 멋진 콘텐츠를 만들 수 있을 것이다. 그러려면 좋은 사진을 활용할 수 있는 능력을 키울 필요가 있다.

어떻게 하면 좋은 사진을 활용할 수 있는 능력을 키울 수 있을까? 우선 제작하고자 하는 콘텐츠에 적합한 사진을 선별해 내는 안목을 키워야 한다. 이와 함께 좋은 사진을 얻기 위해 지속적인 촬영 연습을 해야 한다. 사진에 대한 안목과 좋은 사진을 촬영하기 위해 알아야 할 기본적인 지식부터 살펴보자.

1) 좋은 사진 촬영하기

대부분의 사진 저널리스트들은 좋은 이미지를 얻는 데 있어 카메라는 문제되지 않는다고 말한다. 그것은 사람에 의해서 결정되는 것이지, 장비에 따라 달라지는 게 아니라고 강조한다. 물론 전체적으로 포커스가 맞지 않는다거나, 아마추어 수준의 선명도나 밝기는 문제가 될 수 있지만, 좋은 카메라가 있다고 해서 좋은 이미지를 보장하는 것은 아니라는 말이다.

카메라를 자동 모드에서 찍어도 그 결과물은 훌륭할 수 있다. 그러나 수동 모드의 다양한 기능들을 활용한다면, 상당 수준으로 사진의 질을 향상시킬 수 있다.

대부분의 전 자동 카메라들에는 기본적으로 다음과 같은 설정들을 변경할 수 있도록 하고 있다. 먼저 해변이나 눈 · 밤과 같은 특정한 상황에 대한 설정 그리고 ISO 감도 100 · 200 · 400 · 800 정도의 범위 조정, 맑음 · 흐림 · 백열등 · 형광등과 같은 조명의 상태에 대한 설정 등이 가능하다.

기본적인 촬영 모드에 대해 익히려면 직접 여러 번 찍어 보는 방법이 최선이다. 카메라를 수동 모드로 놓고 각각의 설정을 변경해 가며 그 차이점들을 발견해 봐야 한다. 특정한 상황에서 플래시를 사용하지 않고 수없이 사진을 찍어 보면 어떻게 카메라를 다뤄야 하는지를 알 수 있다.

만약 새로운 카메라를 사려고 한다면 다음과 같은 조건을 확인하고, 필요한 스펙에 맞는 카메라를 선택하면 된다. 700만 픽셀의 화소 이상, 이미지의 안정성(필수), 오디오가 포함되는 비디오 기능(640×480, 30 fps), 3배속 광학줌 이상, USB 2 아웃풋, 2GB 이상의 SD카드 등이 그것이다. 이는 좋은 사진을 위한 최소한의 조건이라고 생각하면 된다.

지금부터는 스스로 좋은 사진을 얻어 내기 위한 노력을 하기 위한 가장 기본적이고 중요한 단계인 조합(composition)에 대해서 살펴보려고 한다. 이에 대한 좋은 소스를 제공하는 웹사이트로 포토 컴포지션 아티클(Photo composition Articles)[24]을 들 수 있다.

좋은 사진을 얻기 위한 조합의 기술에 대해서 익히는 것은, 우리가 기존에 사진이나 그림을 보면서 가졌던 많은 의문들에 대해 답을 얻는 과정이 될 것이다. 어떤 그림은 다른 그림들보다 더 인상 깊게 각인되기도 하고, 갤러리를 돌다 보면 어떤 그림 앞에서 유독 오래 머무르게 되기도 한다. 또 어떤 그림에 대해서는 찬사가 끊이기 않는 반면 어떤 그림에는 혹평만이 이어지기도 한다. 이렇게 그 차이가 분명하게 나타나는 중요한 이유 중에 하나가, 바로 그 그림들이 가지고 있는 조합 때문이다. 포토 컴포지션 아티클에서는 조합의 기능을 사진에 활용하기 위한 주요한 개념으로 단순성, 제3의 법칙, 선의 활용, 균형감, 틀짓기, 핵심 포커싱의 6가지를 들고 있다.[25] 이 사이트에서 설명하고 있는

24) http://photoinf.com/

25) Guidelines for Better Photographic Composition: Introduction(http://photoinf.com/General/KODAK/

이 개념들에 대해 간략하게 살펴보자.

(1) 단순성(simplicity)

좋은 사진을 얻기 위한 조합의 개념 중 단순성은 가장 중요한 요소 중 하나이다. 사진에서 단순성이 얼마나 중요한지를 비교할 수 있는 방법 중 하나로, 사진의 중간 영역에 담고 싶은 주제 한 가지만을 담아 보는 것이다. 배경과 주변 요소 · 주제 요소가 같이 복잡하게 영상에 담겨 있는 경우와, 주제 요소 한 가지가 전체 화면에 담겨 있는 경우를 비교해 보면 단순성이 메시지 전달에 얼마나 효과적인지 확인할 수 있다.

(2) 제3의 법칙(rule of thirds)

사진에 담아내고자 하는 인물 · 사물 등이 정중앙을 벗어나 전체 화면을 삼등분한 위치에 배치되는 원리를 이용하는 것이 두 번째 조합의 기술 중 하나이다.

화면을 가로 세로 방향에서 세 등분으로 나누고 가로 세로 선이 만나는 지점에 사진에 담아내고자 하는 인물이나 사물이 위치되도록 화면을 조합하면, 좀 더 좋은 사진을 얻을 수 있을 것이다.

(3) 선의 활용(lines)

선은 항상 조합에서 중요한 역할을 한다. 조각물에서 형성된 아름다운 선들은 복잡한 배경을 단순하게 조합해 주는 것을 알 수 있다. 더불어 조각물만을 중심으로 선명한 하늘 방향으로 카메라의 방향을 바꿔 주는 것만으로도 역동적인 대각선의 영상을 얻을 수 있다. 천장을 통해 대각선 방향의 빛을 담아내는 것만으로도 영상의 조합이 훌륭하게 만들어진다.

(4) 균형감(balance)

균형감은 배경과의 조화를 통해 주제가 되는 인물이나 사물이 안정감 있게 보이는 것

---

guidelines_for_better_photographic_composition_introduction.html).

을 의미한다. 강조는 되지만 그 형태가 긴장감을 느끼게 한다거나, 화면과의 조화가 자연스럽지 않다면 시선을 끄는 좋은 사진이 되기는 힘들다.

(5) 틀짓기(framing)

틀짓기라는 것은, 다른 새로운 대상을 이용해 자신이 담아내고자 하는 내용을 강조하는 효과를 이용하는 것이라고 할 수 있겠다. 하나의 화면에 액자와 같은 틀 역할을 하는 또 다른 대상을 함께 담는 것은 좋은 조합의 방법이 된다.

(6) **초점의 중복 주의**(avoiding mergers)

초점이 중복되는 것을 주의하라는 의미는 주제가 되는 어떤 인물이나 사물이 주변 배경에 흡수되지 않게 해야 한다는 말이다. 특히 인물 사진을 찍을 경우 주변의 배경에 인물이 흡수되어 생동감 있는 사진을 놓치게 되는 경우가 많다. 인물 사진을 찍을 때는 앵글의 방향을 아래쪽에서 잡고, 주변의 다른 객체를 화면에 담지 않는 단순성을 이용하여 배경과의 흡수를 최소화하는 것이 가장 좋은 조합의 기술을 담아내는 방법이 될 것이다.

인터넷에는 사진 찍는 기법들을 알려 주는 전문 저널리스트의 웹사이트가 많이 있다. 미국 내 여러 신문사는 이미 대표적으로 다음과 같은 사이트들은 그날그날의 TOP 사진들을 관련 정보와 함께 제공할 뿐 아니라, 해당 사진들을 공유할 수 있도록 소셜미디어 서비스와 연동시켜 놓고 있다. 이런 사이트들을 활용해 좋은 사진을 찍기 위한 정보들을 얻어 보자.

- MSNBC의 The Week in Pictures[26)]
- 워싱턴 포스트(Washington Post)의 The Day in Photos[27)]
- USA 투데이(USA Today)의 The day in pictures[28)]
- 뉴욕 포스트(New York Post)의 Post Pics "Today in Pictures"[29)]

---

26) http://www.msnbc.msn.com/id/3842331/ns/us_news-the_week_in_pictures
27) http://www.washingtonpost.com/wp-dyn/content/photo/special/1/index.html?nav=cwleftnav
28) http://mediagallery.usatoday.com/The-day-in-pictures/G165
29) http://www.nypost.com/p/news/international/day_in_photos_sept_A3UomCJZE1ogjs10IUKcMI

• 애리조나 리퍼블릭(The Arizona Republic) "Photos of the Day", "Pictures of the week", "Pictures of the month"[30)]

• 매그넘 포토스(Magnum Photos)[31)]

2) 촬영의 기본이 되는 샷(shot)

촬영의 기본이 되는 샷은 네 가지로 볼 수 있다. 롱 샷(long shot), 풀 샷(full shot), 미디엄 샷(medium shot), 클로즈업(close-up)이 그것이다.

[그림 12-4]와 같은 롱 샷은 멀리서 찍는 촬영으로, 화면 안에 사람이나 물건 또는 배경을 모두 보여 주고 싶을 때 사용한다.

[그림 12-5]는 풀 샷으로 찍은 사진이다. 풀 샷은 인물 사진의 경우 인물의 전신을 모두 담아 촬영하는 것을 말한다. 풀 샷은 배경과 인물(대상)이 함께 보이도록 촬영하나, 인물(대상)이 중심이 되는 사진이다. 풀 샷의 촬영 시 발목을 자르지 않아야 안정된 구도가 나오며 머리 위로의 공간(헤드룸)을 적당히 줘서 촬영하는 것이 좋다. 야외에서 풀 샷을 찍을 경우 헤드룸을 넓게 주면 시원하게 보이는 사진을 촬영할 수 있으며, 야외에서는 배경과의 조화가 중요하기 때문에 헤드룸을 적절히 활용하여 촬영하는 것이 좋다(김형걸 2010).

[그림 12-4] 롱 샷

[그림 12-5] 풀 샷(헤드룸 넓이에 따른 비교)

30) http://www.azcentral.com/photo/News/Breaking/261

31) http://www.magnumphotos.com/

[그림 12-6]은 미디엄 샷의 예이다. 중간 크기의 장면으로 인물 사진의 경우 대략 무릎 위나 허리 위를 찍는 샷을 말한다. 미디엄 샷은 제한된 범위 속에서 특정 인물이나 대상을 묘사하기 때문에 이야기 전달에 적합하여 영상에서는 대화 장면 같은 곳에 많이 쓰인다.

마지막으로 [그림 12-7]과 같은 클로즈업은 특정 부분을 부각해서 촬영한 샷을 말한다. 클로즈업은 인물이나 대상의 감정을 전달하는 데 가장 효과적인 촬영법이다. 특정 부분을 크게 보여 주기 때문에 중요성이 강조되며 인물 사진이 경우 표정 변화까지 섬세하게 포착할 수 있다. 이와 같이 다양한 종류의 촬영법을 익혀 두면, 사진을 통해 보여 주고 싶은 의미를 좀 더 효과적으로 전달할 수 있어 유용하다.

[그림 12-6] 미디엄 샷

[그림 12-7] 클로즈업

3. 디지털 사진 편집하기[32)]

다음으로는 디지털 사진의 기본적인 편집 기술에 대해 살펴보자. 사진을 편집하기 위해 가장 많이 사용하는 프로그램은 포토샵이다. 프로그램 비용이 고가이기는 하지만, 반드시 익혀 두어야 하는 프로그램이다. 유료 프로그램이 아니더라도, 간단하게 사진이나 그림들을 편집할 수 있는 프로그램들은 웹에서 무료로 많이 구할 수 있다. 피카사(Picasa)나 포토에디터(Photo Editor), 포토웍스(PhotoWorks) 등이 대표적인 무료 프로그램이다.

32) 이 부분은 http://www.photoshopessentials.com 사이트의 내용을 참고해서 작성했다.

최근에는 블로그 편집 에디터를 통해서도 기본적인 사진 편집이 가능하기는 하지만, 그래픽 툴을 자유롭게 사용하는 것은, 자신이 만든 영상에 역동감과 생명력을 불어넣는 또 하나의 작업이 될 것이다. 여기서는 기본적으로 포토샵을 이용해서 수행할 수 있는 기본적인 편집 기능 5가지 정도에 대해서 알아보고자 한다.

1) 자르기(cropping)

자신이 찍은 사진에서 원하는 부분만을 잘라 내어 새로운 사진으로 생성해 낼 수 있는 기능이 자르기 기능이다. 대부분의 그림 편집 프로그램은 Crop 도구를 제공하고 있는데, 그 도구를 선택하고, 원하는 영역을 마우스드래그를 통해 선택한 후 더블클릭하게 되면, 선택 영역만으로 새로운 파일이 생성된다. 예시로 포토샵을 통해서 구체적인 단계를 살펴보면 다음과 같다.

(1) 잘라 내고자 하는 이미지를 열고, 도구 상자에서 Crop 도구를 선택한다.

(2) 원하는 영역을 마우스 드래그를 통해 지정하면 잘릴 이미지 부분만 밝게 변한다.

(3) 오른쪽 마우스를 선택해 Crop를 선택하거나, 더블클릭을 한다.

(4) 원하는 영역만 자른 이미지를 얻을 수 있다.

2) 색조 조정하기(toning)

자신이 사용하려는 이미지가 너무 과장된 색조를 가지고 있거나, 너무 어둡거나 밝을 경우에는 성격에 맞게 보정을 해야 한다. 대부분의 사진 편집 프로그램들은 이러한 사진들의 색조 문제를 해결할 수 있는 기능을 제공하고 있다.

포토샵의 경우 이미지(Image) 메뉴를 통해서 색조나 색상을 보정할 수 있다. 특정한 색상이 강하게 드러날 경우에 수정하려면 레벨(level)을 조정하면 된다. 밝기나 명암 대비 등의 색조를 수정하기 위해서는 밝기와 명암 대비(brightness & contrast) 메뉴를 통해서 보정할 수 있다. 그 단계를 구체적으로 살펴보면 다음과 같다.

(1) 먼저, 특정한 색상 느낌이 강할 경우 수정할 사진을 열고, Image → level을 선택한다. Channel 선택 상자에서 RGB 전체 채널에 대한 Input/Output 레벨을 드래그하여 조정할 수 있다.

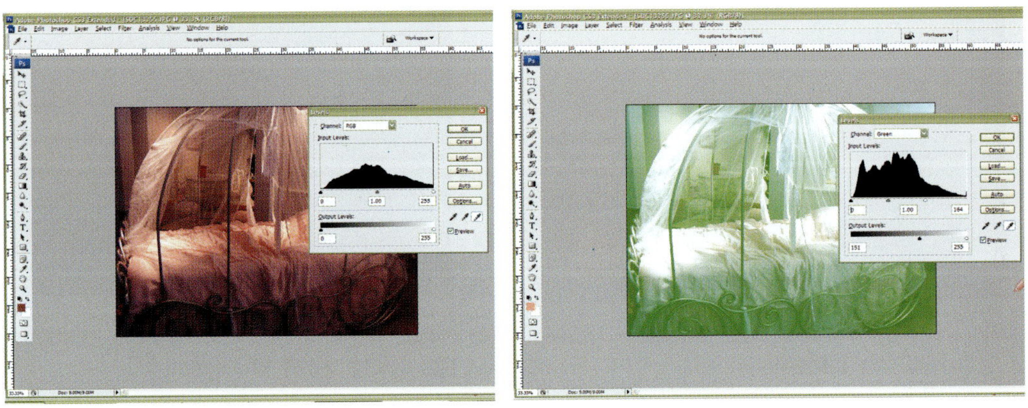

[그림 12-8] 포토샵에서 이미지 레벨 조정하기

(2) 색조에 대한 조정을 하고자 할 때는 다음의 단계에 따라 진행하면 된다.

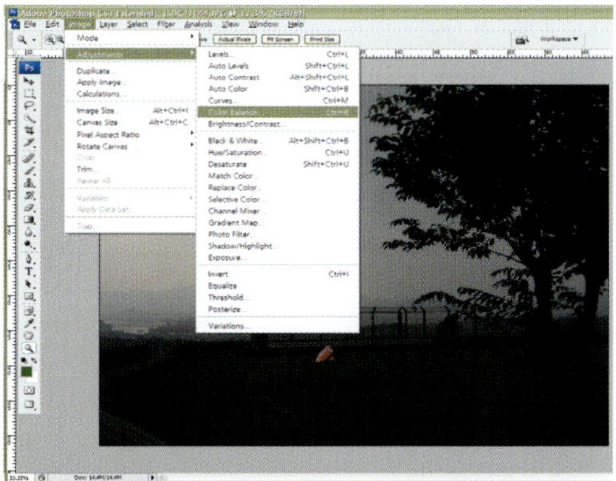

(1) 색조를 조정할 사진을 열고 Image → Adjustment → brightness & contrast를 선택한다.

(2) Level을 조정할 수 있는 아래와 같은 창이 열린다.

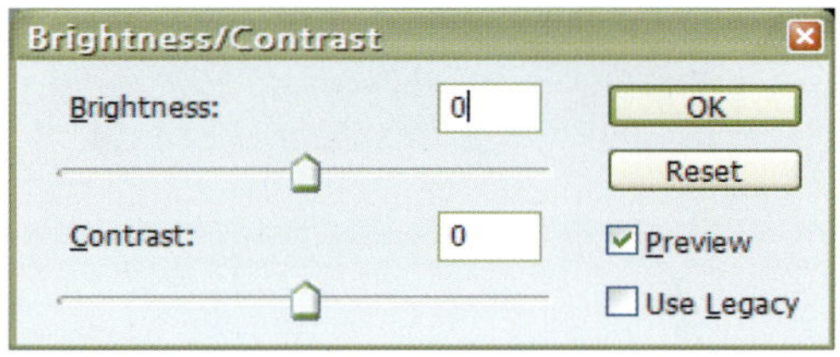

(3) 조정하려는 수치를 직접 입력하거나, 마우스드래그를 통해 밝기(brightness)나 명암 대비(contrast)를 조정할 수 있다.

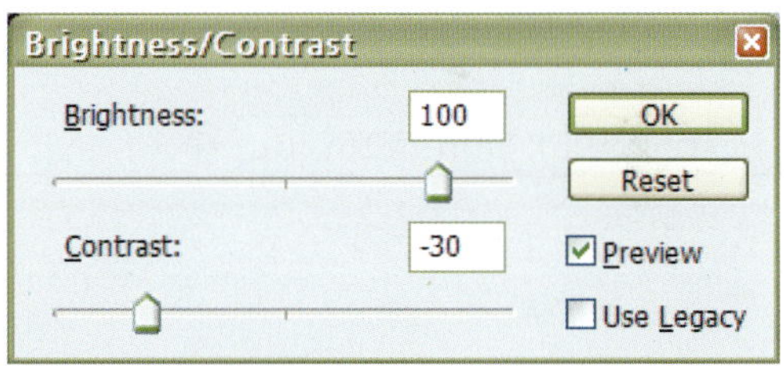

3) 크기 조정하기(resizing)

웹에서 사용하는 이미지들은 기존의 카메라에서 사용하던 크기의 단위와는 다르게 픽셀(pixel) 단위로 이해해야 한다. 픽셀은 웹페이지 안에서 정확하게 고정될 수 있는 이미지의 단위로 정의할 수 있는데, 컴퓨터 화면 해상도의 영향을 받게 된다. 보통 가로 사이즈가

1,000픽셀을 넘지 않도록 사용해야 이미지 로딩 시간이 길어지는 문제를 방지할 수 있다. 최대 너비는 1,000픽셀, 최대 높이는 550픽셀 정도가 가장 표준적인 사이즈가 된다.

포토샵에서 크기를 조정하는 작업을 수행하는 단계를 정리하자면 다음과 같다.

(1) 크기를 조정하려는 이미지를 열고 Image→Image Size라는 메뉴를 선택한다.

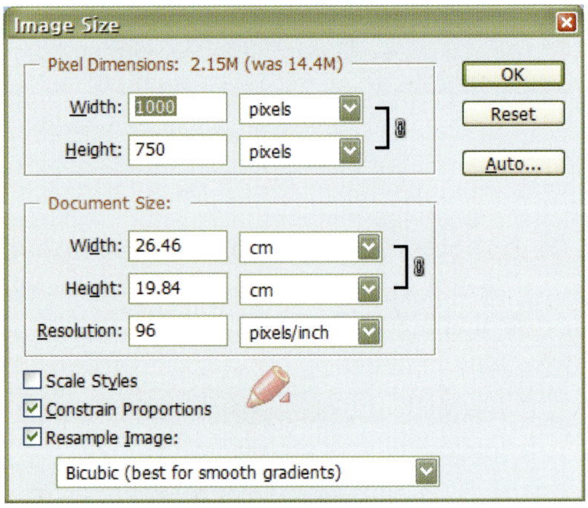

(2) 열린 창에서 하단부에 자동 비율 조정(constrain proportions)이라는 부분에 체크를 하면, 너비를 조정할 경우 그 비율에 맞는 높이를 자동으로 조정해 준다. 예를 들어 픽셀 조절 영역(pixel dimension)에서 너비(width)를 1,000으로 설정하면, 높이가 750으로 자동으로 바뀐다.

(3) OK를 누르면 1,000×750의 이미지를 얻을 수 있다.

4) 이미지 다듬기(sharpening)

사진의 사이즈를 조정하거나, 원하는 주제에 맞게 자르기를 했을 경우에 사진의 성격이 전혀 다르게 보일 때가 있다. 좀 더 선명하고, 예민한 이미지를 얻고자 할 때 이미지의 선명도(sharpness)를 조정해 보자. 잘못 사용하면 사진의 자연스러움을 잃을 수 있다는 단점이 있지만, 적절하게 사용하면 전달하고자 하는 사진의 이미지가 좀 더 선명해진다.

포토샵에서는 CS2 이상의 버전에서 선명화(sharpening) 효과를 필터 기능을 통해서 제공하고 있다. 'Filter → Sharpen' 메뉴에 가면 'Smart Sharpen'과 'Unsharp Mask'와 같은 'High Pass filter'를 통해서 선명화 효과를 낼 수 있다. 필터를 이용하지 않고, 이미지를 다듬기 위해서는 레이어를 이용해서 활용할 수 있다. 그 구체적인 단계를 살펴보면 다음과 같다.

(1) sharpening하고자 하는 이미지를 열고, 기존의 백그라운드 레이어를 하나 더 복사한다. 백그라운드 레이어를 선택하고 오른쪽 마우스를 눌러 duplicate layer를 선택한다.

(2) 레이어탭에 레이어 한 개가 더 추가되어 있는 것이 나타난다.

(3) 복제된 레이어의 blend mode를 overlay로 변경한다.

'High Pass filter'는 이미지의 가장자리가 선명하지 않은 경우, 그 이미지를 자연스러운 회색으로 처리해 이미지를 보정하는 것이다. 또 'Overlay blend mode'는 레이어 영역 안에서 그 회색의 영역만을 남겨 주게 되는데, 결국 이것은 예민하지 못한 이미지의 선에 자연스런 회색이 입혀지면서 사진에 선명화 효과가 나타나는 것이다. 원래의 이미지와 이미지 다듬기(sharpening) 이후의 이미지의 결과를 나란히 비교하면 다음과 같다.

[그림 12-9] 포토샵에서 이미지 다듬기

5) 최적화된 형식으로 저장하기

웹에서 사용할 사진 파일은 '.jpg' 확장자를 가진 JPG 파일 형태가 적절하다. 그러나 단순히 JPG만으로 저장하는 것으로 마무리하면, 사진의 화질이 중간 정도에 머무를 가능성이 있다.

사진의 화질이 높아질수록 사이즈는 커질 가능성이 있고, 그렇게 되면 웹상에서의 다운로드 시간이 너무 길어진다. 이런 이유 때문에, 포토샵으로 작업할 때에는 주로 'Save for Web'이라는 저장 옵션을 이용해서 저장하는 경우가 대부분이다. 이것은 단순히 확장자만을 JPG로 저장하는 것보다 파일 크기를 크게 줄여 준다.

(1) 작업 완료 후 웹에서 사용하려는 파일을 'Save for Web' 옵션을 이용해 최적화된 상태로 저장한다.

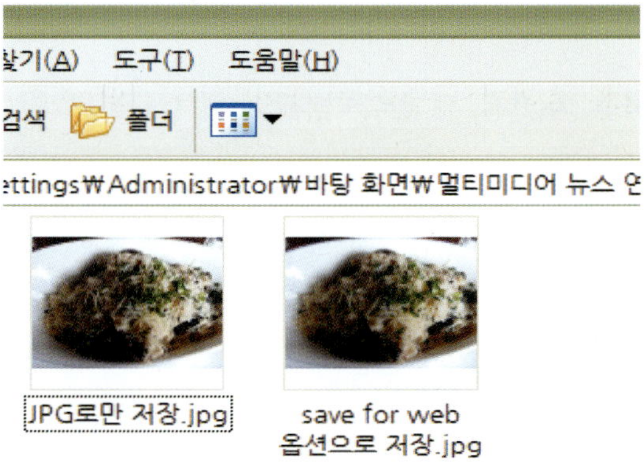

(2) 포토샵에서 'Save As'를 통해 jpg파일로만 저장한 경우와 'Save for Web'을 통해 저장한 경우를 비교해 보면, 그림 크기는 동일하나 파일 자체 크기는 현저히 차이가 나는 것을 확인할 수 있다.

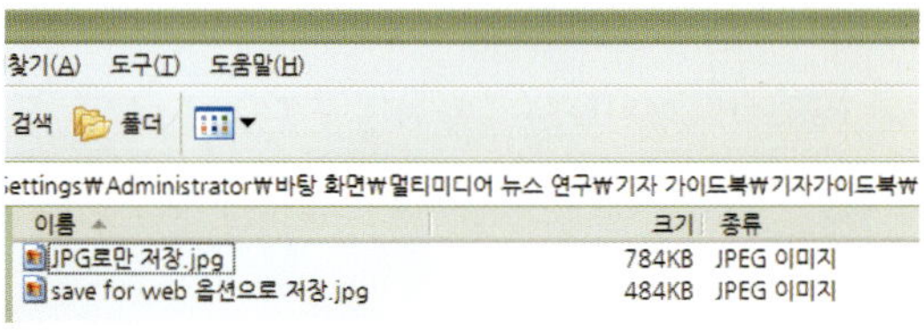

실습과제

1. 인물 인터뷰를 편안한 자리에서 하려고 한다. 디지털카메라를 가지고 인터뷰한 인물 사진을 찍어 보자. 인터뷰한 인물의 전체 풀 샷과 얼굴의 표정이 잘 드러나는 클로즈업 샷으로 다양하게 촬영해 보자.

2. 촬영한 사진을 포토샵에서 불러와 크기 조절과 사진의 밝기 조절을 하고 brightness & contrast로 사진이 선명하게 표현되도록 contrast를 조절하여 jpg로 저장하여 보자.

3. 의료관광 전문병원을 소개하는 기사를 작성하고자 한다. 병원의 전체적 분위기를 보여 주기 위해 롱 샷으로 전체적인 병원의 모습을 촬영하고, 의료관광을 온 외국인을 클로즈업하여 찍어 보자. 또한 의료관광을 오고자 하는 외국인들에게 다양한 병원 시설과 관광 자원을 보여 줄 수 있도록 병원 시설과 관광 명소들을 찍어 사진을 편집해 보자.

제13장 오디오 편집하기

1. 오디오 기초

1) 오디오 용어 이해하기

오디오란 텔레비전 같은 영상에서 소리 부분을 지칭하는 말이기도 하고, 효과적인 소리로 듣기 위한 장치를 의미하기도 한다. 이 책에서 오디오라고 지칭하는 것은 0과 1의 데이터로 이루어진 디지털 오디오이다. 디지털이기 때문에 PC에서 마음대로 편집할 수 있다.

소리는 크게 '주파수'와 '진폭'으로 나뉜다. 주파수란 소리의 파동이 1초 동안에 되풀이되는 주기의 수로, Hz라는 단위로 표기한다. 또 진폭은 소리의 크기를 말하며 Bit라는 단위를 사용한다. 디지털 오디오를 다룰 때 알아 두어야 할 용어부터 살펴보고 넘어가자.

(1) 샘플링(sampling): 우리가 평소에 주위에서 듣는 소리는 아날로그이다. 따라서 아날로그인 소리를 컴퓨터나 디지털 장비에서 편집하려면, 0과 1로 구성된 디지털 신호로 바꿔 주어야 한다. 이처럼 아날로그 소리를 디지털 신호로 바꾸는 과정을 샘플링이라고 말한다.

(2) **샘플링 레이트**(sampling rate): 간단하게 말하면, 아날로그인 소리를 디지털 소리로 바꿔 주는 샘플링을 할 때 1초에 얼마나 자주 샘플링을 했는지를 보여 주는 비율이다. 예를 들어 1초에 11,000번을 샘플링한다면 이는 11kHz가 되는 것이다. 이것은 샘플의 음질과 밀접한 관계에 있어서 샘플링 레이트가 클수록 원음과 가까운 음질을 갖고 용량도 더 커진다.

(3) **샘플링 크기**(sampling bit): 아날로그인 소리를 디지털 신호로 변환할 때 그 안에 소리를 몇 가지로 표현할까를 말하는 것이다. 단위는 bit(비트)를 사용한다. 8bit는 256가지를, 16bit는 65,536가지의 소리를 표현할 수 있다는 의미를 담고 있다.

(4) **채널**(channel): 오디오에서 채널은 보통 모노(mono)와 스테레오(stereo)로 구분한다. 두 개의 스피커를 틀어 놓고 음악을 듣는 상황을 예로 들어 설명하자면, 모노는 양쪽 스피커에서 같은 소리가 나오는 것이고, 스테레오는 양쪽 스피커에서 다른 소리가 나오는 것이다. 이는 스테레오를 샘플링할 때 양쪽 채널에 담는 음의 정보가 조금씩 틀리기 때문이다. 보통 DVD에서는 4개 채널 또는 5.1채널을 지원하고 있다.

2) 오디오 저장방식

음악 파일을 다운받는 사이트에 들어가 보면, 음악 파일을 다운받아 들을 수 있는 MP3 플레이어와 PMP 기기의 목록을 제시해 놓고 있는 것을 볼 수 있다. 이 때문에 때로는 새로 산 PMP에서 들을 수 없는 음악 파일이 있어 곤란한 경험을 하기도 했을 것이다. 이런 차이가 나타나는 이유 중의 하나는 음악 파일마다 저장방식이 다르고 오디오 기기마다 재생할 수 있는 저장방식이 정해져 있기 때문이다.

음악을 들을 때 보면, 음악 파일명 뒤에 MP3, WAV, WMA라는 확장자를 볼 수 있다. 이것이 오디오의 저장 포맷 방식들이다. 이와 같이 흔히 사용되는 오디오 저장방식과 요즘 많이 쓰는 아이폰이나 매킨토시 컴퓨터에서 사용되는 오디오 저장방식 몇 가지를 알아 두면 헬스케어 콘텐츠를 제작하면서 오디오를 활용할 때 유용할 것이다.

(1) MP3: MP3 플레이어를 부를 때 쓰는 일반 명사로 쓰일 정도로 사람들이 가장 많이 사용하고 있는 오디오 파일의 저장방식이다. MP3는 MPEG-1 Layer 3의 약자로, 오디오 CD와 맞먹는 음질을 나타내면서도 압축률이 높아 데이터의 크기는 오디오 CD의 1/10에

불과하다. 이 때문에 데이터의 크기가 점점 커져 가는 요즘, 가장 인기 있는 사운드 파일 포맷이다. 이 저장방식은 PC와 MP3 플레이어, 휴대전화 등 메모리에 저장해 쓸 수 있기 때문에 광범위하게 활용되고 있다. MP3는 곰오디오 플레이어 등 모든 미디어 플레이 프로그램에서 재생되며, 윈도우에서 기본적으로 지원하기 때문에 다른 재생 프로그램이 없어도 들을 수 있는 포맷이다.

(2) WAV: waveform audio format(WAVE)의 줄임말로서 윈도우에서 사용되는 표준 사운드 포맷이다. 이 오디오 파일 포맷은 마이크로소프트사와 IBM사가 개발했다. 파일 크기가 MP3에 비해 보통 10배 정도 큰 단점이 있긴 하지만, CD 수준의 음질을 느끼게 해준다. 또 곰오디오 플레이어 등 대부분의 미디어 플레이어에서 재생되며, 윈도우의 표준 오디오 포맷이기 때문에 다른 재생 프로그램이 없어도 들을 수 있다.

(3) WMA: 마이크로소프트사에서 개발한 사운드 포맷으로, Windows Media Audio의 약자이다. WMA는 디지털 음악을 인코딩하거나 배포, 재생할 수 있는 포맷으로, 높은 압축률을 가지면서도 뛰어난 음질을 보인다. 이 때문에 음반 회사들이 WMA 형식으로 인코딩하는 음반 회사들이 늘고 있다. 이 오디오 저장방식은 윈도우 미디어 플레이어(Windows Media Player)만 있으면 별다른 프로그램 없이도 재생된다.

(4) RA: Real Audio의 약자로 리얼네트워크(Real Network)사에서 자체 개발한 오디오 포맷이다. 이 저장방식은 2000년 초반까지는 웹에서 많이 사용되었으나, WMA 등에 밀려서 사용자가 줄어드는 추세이다. 하지만 아직도 인터넷 라디오 방송국이나 실시간 음악방송에서 사용되고 있다. RA는 리얼플레이어(Real Player)라는 별도의 프로그램을 설치해야 재생이 가능하다.

(5) AIF(F): Audio Interchange File Format의 약자로, 애플사가 개발해 매킨토시 기종의 컴퓨터에서 표준으로 사용되는 사운드 포맷이다. 윈도우가 WAV라면, 매킨토시는 AIF(F)인 셈이다. WAV 파일처럼 압축이 되지 않아 파일 크기는 크나 음질은 뛰어나다. 현재는 윈도우 기반의 WAV만큼 많이 사용되지는 않지만, 오랫동안 활용된 사운드 포맷이기 때문에 대부분의 오디오 편집 프로그램에서는 기본으로 이 포맷을 지원하고 있다. 윈도우에서 AIF 파일을 들으려면, 애플사에서 제공하는 윈도우용 퀵타임(QuickTime For Windows) 프로그램을 설치해야 한다.

(6) AAC: Advanced Audio Coding의 약자로 애플사가 제작했다. 이 저장방식은 파일을 효율적으로 전송하기 위해 디지털 오디오 파일을 압축해 저장하는데, 재생할 때 압축이 풀어지면서 원음과 거의 구별할 수 없는 사운드 품질을 구현해 낸다. 이런 저장방식은 MP3와 유사하지만, 압축률과 음질 면에서 좀 더 뛰어나다. 용량이 MP3의 약 1/4 정도이다. 그러나 AAC는 인코딩 시간이 많이 걸린다는 단점이 있다. 애플의 아이팟, 아이튠즈 음악 서비스, 아이폰에서도 AAC 형식을 채택하고 있다.

2. 오디오 편집하기

가장 간단하게 오디오 파일을 편집하는 방법은 곰 녹음기에서 녹음하고 바로 잘라 사용하는 것이다. 그러나 조금 더 깨끗하고, 정확한 오디오 녹음과 편집을 원한다면, 골드웨이브와 사운드포지라는 프로그램을 이용해 보자. 골드웨이브와 사운드포지는 사용법이 비슷하기 때문에, 자신에게 맞는 프로그램을 선택해 작업하면 된다. 이 책에서는 골드웨이브를 사용해 오디오를 편집해 보는 과정을 소개하고 비디오와 함께 오디오를 편집할 수 있는 프리미어 프로그램에서 오디오를 편집하는 과정을 소개해 보고자 한다.

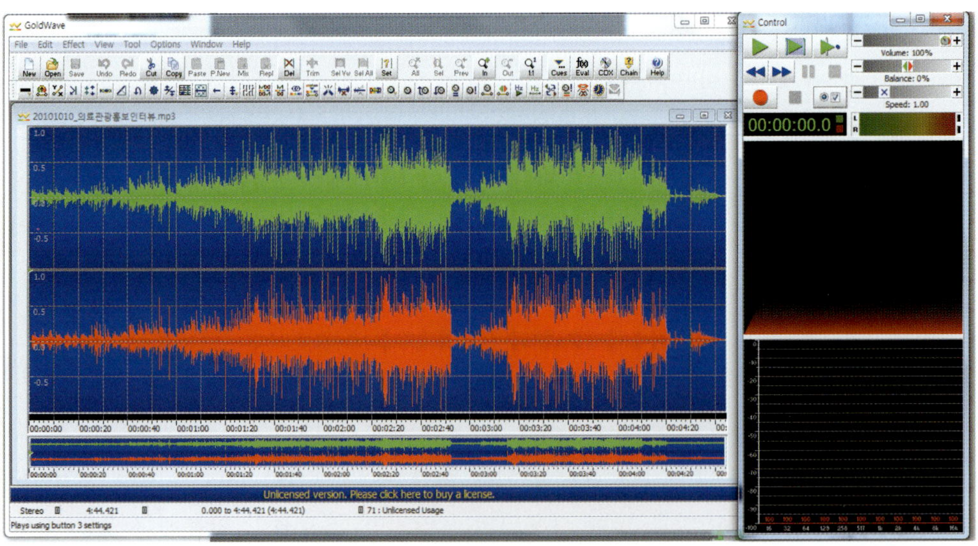

[그림 13-1] 골드웨이브 프로그램 실행 화면

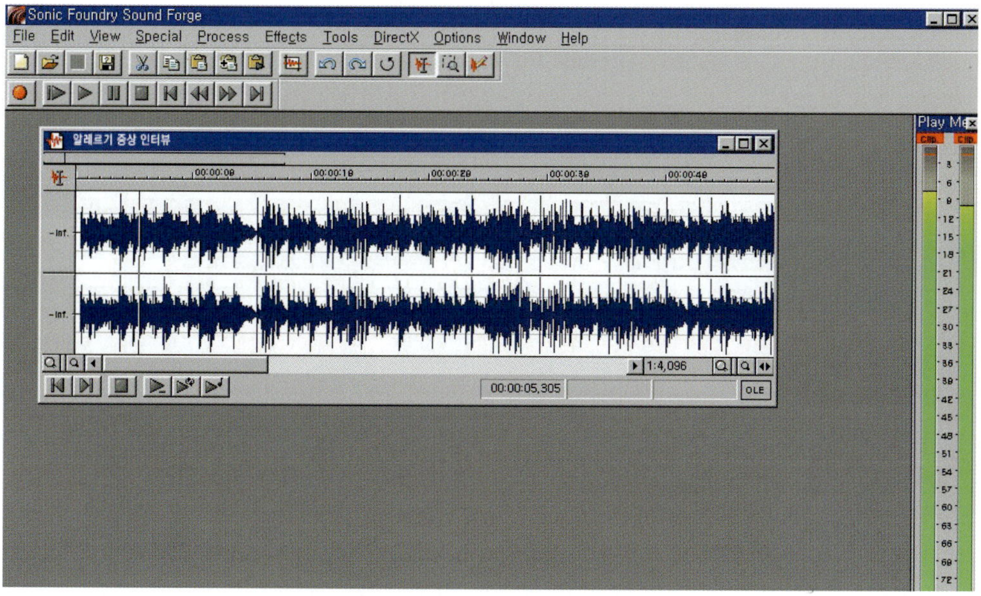

[그림 13-2] 사운드 포지 프로그램 실행 화면

1) 골드웨이브로 오디오 편집하기

(1) 골드웨이브 기본 툴

골드웨이브의 구성은 크게 세 부분으로 나누어 메뉴 바, 오디오 편집 창, 컨트롤 창으로 설명할 수 있다. 메뉴 바는 대부분의 편집 프로그램의 상단에 있는 기본 툴과 마찬가지로, 파일 열기 · 저장과 같은 기본 메뉴와 자르기 · 되돌리기 · 복사 등 편집 메뉴로 말할 수 있다. 중심부에 보이는 것이 오디오를 편집하는 창인데, 불러온 오디오의 파형과 타임라인이 보인다. 컨트롤 창이란 프로그램 실행 시 오른쪽에 오디오 재생 컨트롤 버튼과 녹음 버튼이 있는 것을 말한다. 그림을 참조한다면 쉽게 이해할 수 있을 것이다.

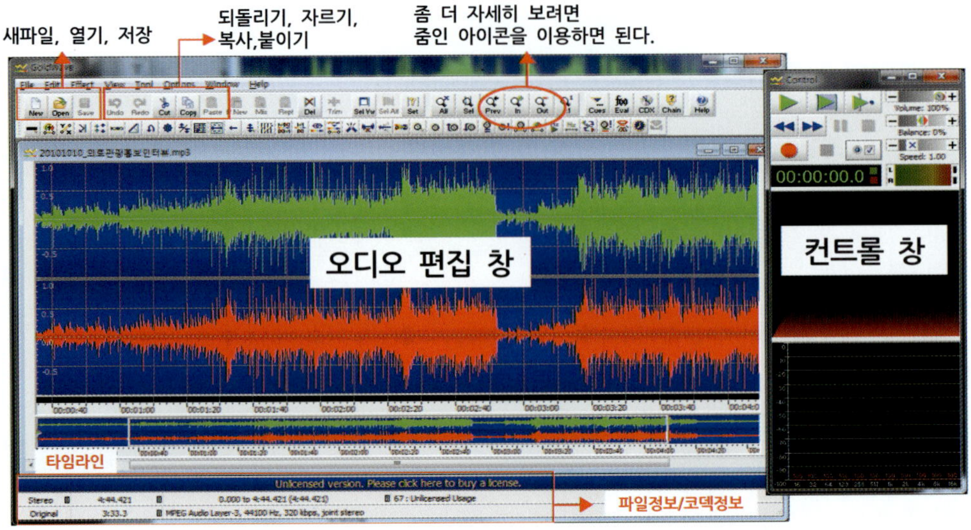

[그림 13-3] 골드웨이브의 메뉴 바, 오디오 편집 창, 컨트롤 창

(2) 골드웨이브 녹음하고 저장하기

골드웨이브를 시작하기 전에 마이크로 음성을 녹음하고자 하면, 마이크를 설치한 뒤 소리 속성에서 마이크를 선택하고 볼륨을 조절한 후 프로그램을 실행하여, 다음에 설명하는 순서대로 녹음하면 된다.

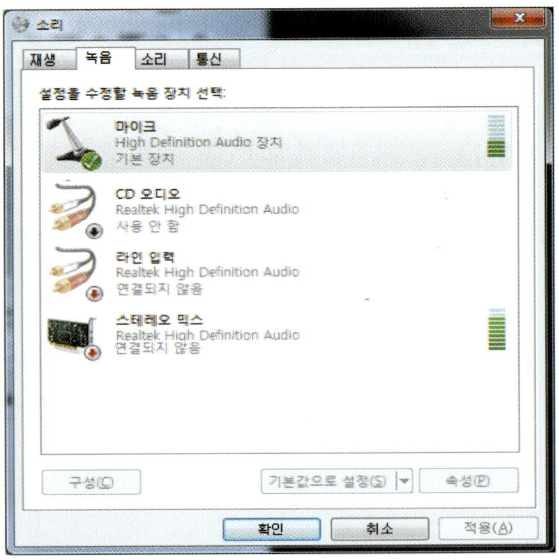

[그림 13-4] 윈도우7에서 마이크 설정 화면 예시

녹음할 때 볼륨이 너무 크게 설정되어 있다면, 찢어지는 것 같은 소리로 녹음될 수 있으니, 볼륨 설정을 적절하게 하고 최대한 잡음이 녹음되지 않도록 미리 테스트해 보고 시작하자. 또 나중에 작업할 편집을 고려하여, 녹음을 시작하기 전과 뒤에 약간의 공백을 두어 녹음하는 것이 좋다.

그럼 골드웨이브에서의 오디오 파일을 어떻게 녹음하고 저장하는지 순서대로 살펴보자.

① 작업할 새 파일을 만들기 위해 New를 누른다. New를 누르면 다음과 같은 창이 뜨는데, 채널과 샘플링 레이트, 녹음 시간을 설정한 후 OK를 누른다. 이때 녹음 시간보다 길게 시간을 설정해 두는 것이 좋다.

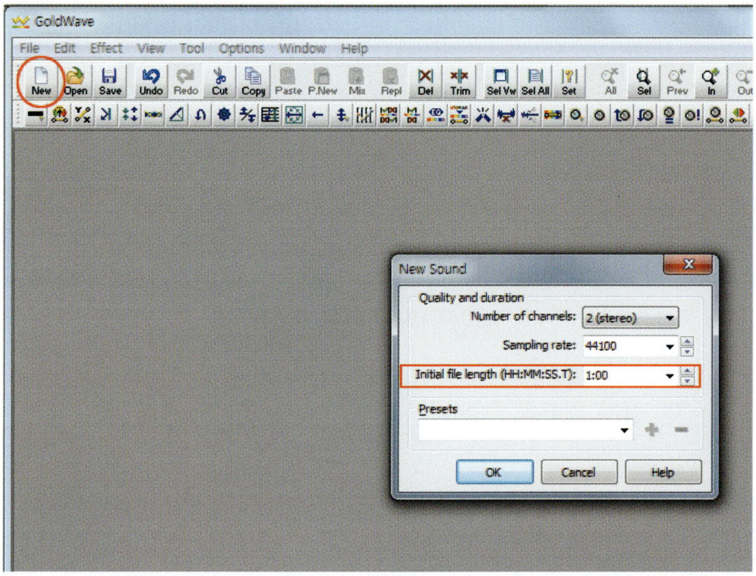

[그림 13-5] 골드웨이브 새 파일 만들기

② 새 파일이 만들어지면 왼쪽의 컨트롤에 있는 ● 버튼을 누른다.

[그림 13-6] 녹음 시작하기

그러면 녹음이 시작되어 녹음이 진행되는 모습이 화면에 나타난다.

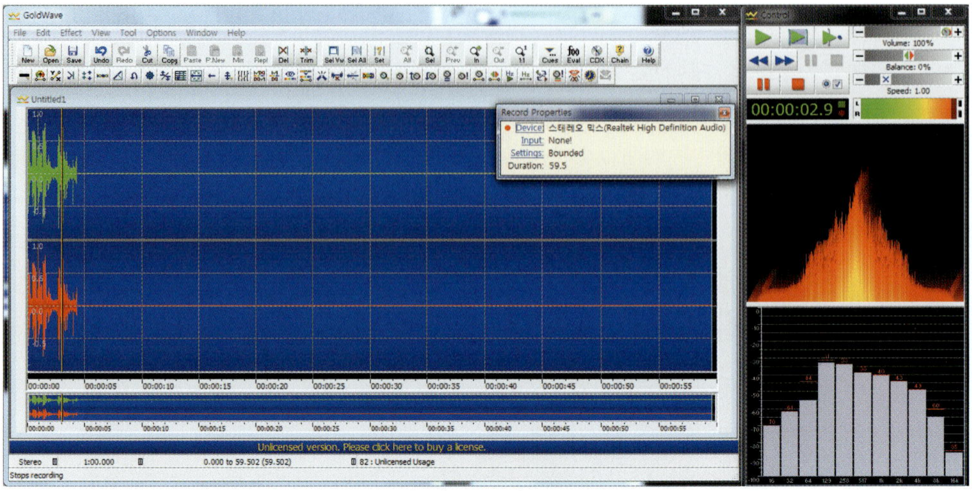

[그림 13-7] 녹음 중인 화면

③ 녹음이 끝나면 정지 버튼을 누른다. 그러면 자동으로 녹음이 완료된 시점이 선택된다.

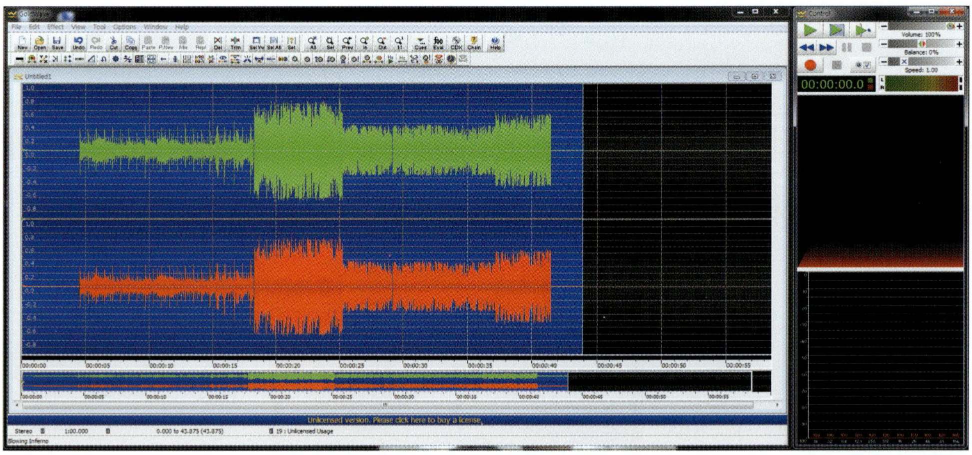

[그림 13-8] 녹음 완료된 화면

④ 자동으로 선택된 구간은 마우스로 조정이 가능하다. 저장을 원하는 구간으로 시작점을 이동하려면, 화면 맨 왼쪽의 초록 선을 마우스로 드래그해서 원하는 지점으로 옮기면 된다. 녹음이 끝나면 자동으로 생긴 끝점의 초록 선도 마우스로 드래그해서 원하는 위치로 옮겨 놓으면, 초록 선이 옮겨진 위치까지 저장된다.

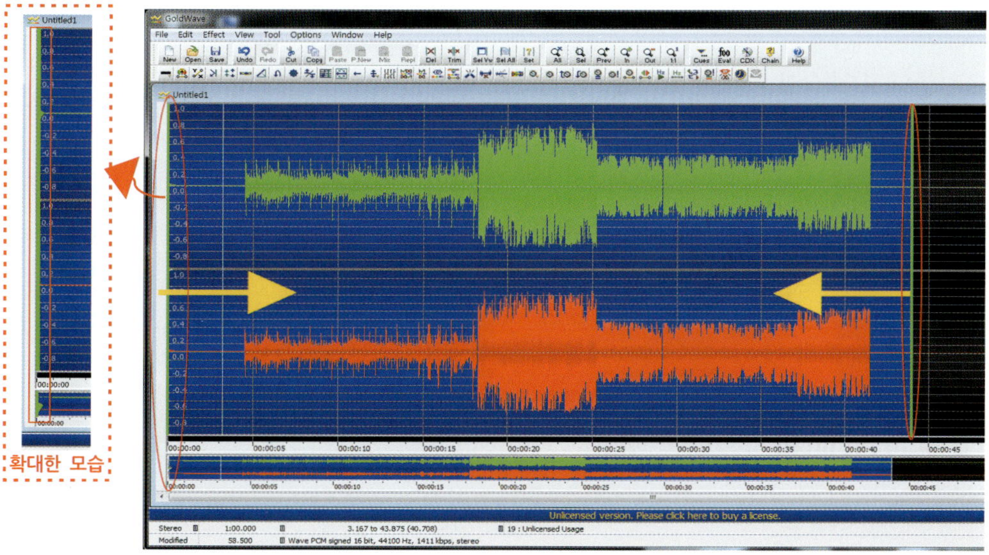

[그림 13-9] 위의 그림과 같이 숫자가 적힌 오디오의 맨 왼쪽 혹은 타임라인의 맨 왼쪽에서 드래그 하면 초록 선이 따라온다. 포토샵에서 자를 부른 후 셀렉트 선을 만드는 것과 같다고 생각하면 된다.

⑤ 저장을 원하는 오디오의 구간을 선택했다면, 상단 메뉴의 파일에서 Save Selection As를 눌러서 선택한 구간만을 저장한다.

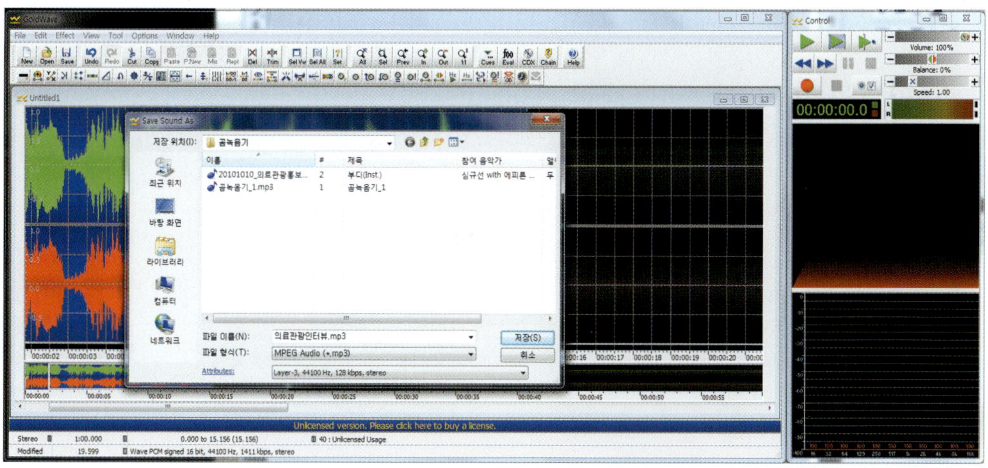

[그림 13-10] 저장을 누르고 난 후 화면

원하는 파일명을 입력 후, 파일의 형식을 정하고, 그 아래의 Attributes를 설정 후 저장한다. Hz는 44,100이 무난하다.

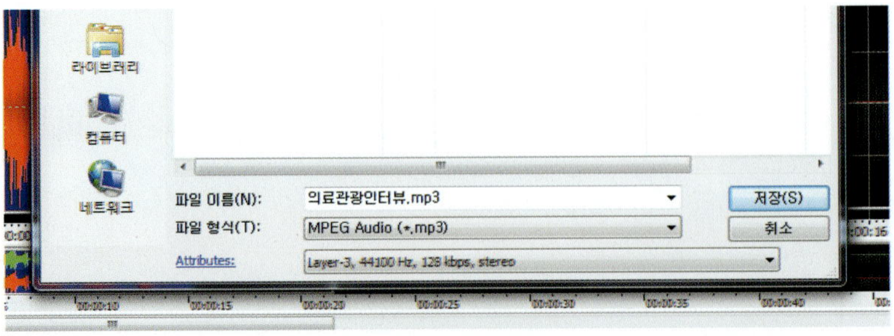

[그림 13-11] 저장 파일 형식

(3) 골드웨이브로 오디오 자르기

① 녹음 파일 혹은 오디오 파일을 부른다. 그리고 저장하고 싶은 위치에 마우스를 놓고 오른쪽 버튼을 클릭한다. 그 다음 Set Start Marker를 선택한다.

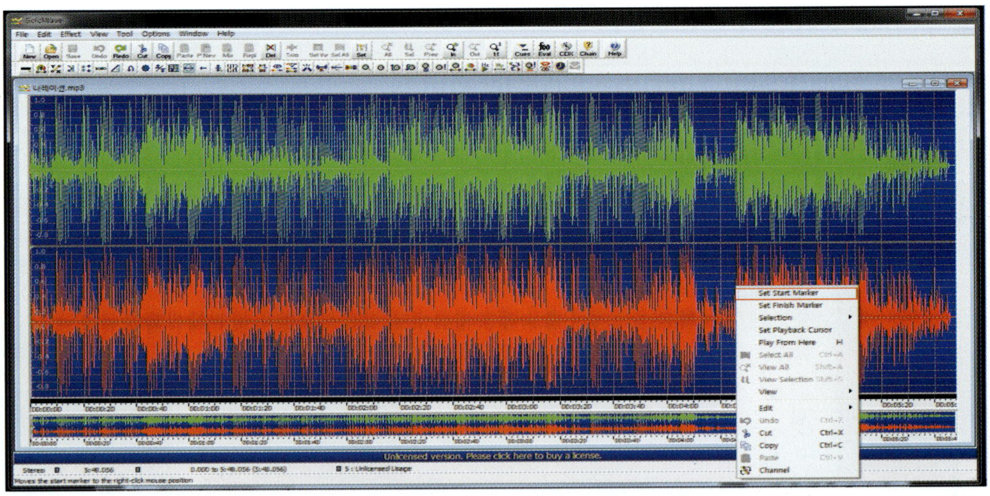

[그림 13-12] 원하는 지점에서 오른쪽 클릭을 했을 때의 화면

② 다음 저장할 마지막 부분에 마우스를 대고 오른쪽 버튼을 클릭한 후 Set Finish Marker를 선택하거나, 타임라인 오른쪽 맨 끝으로 가서 초록색 선을 끌어 온다. 그러면 다음 그림과 같이 선택된 이외의 부분은 어두워지는 것을 볼 수 있다.

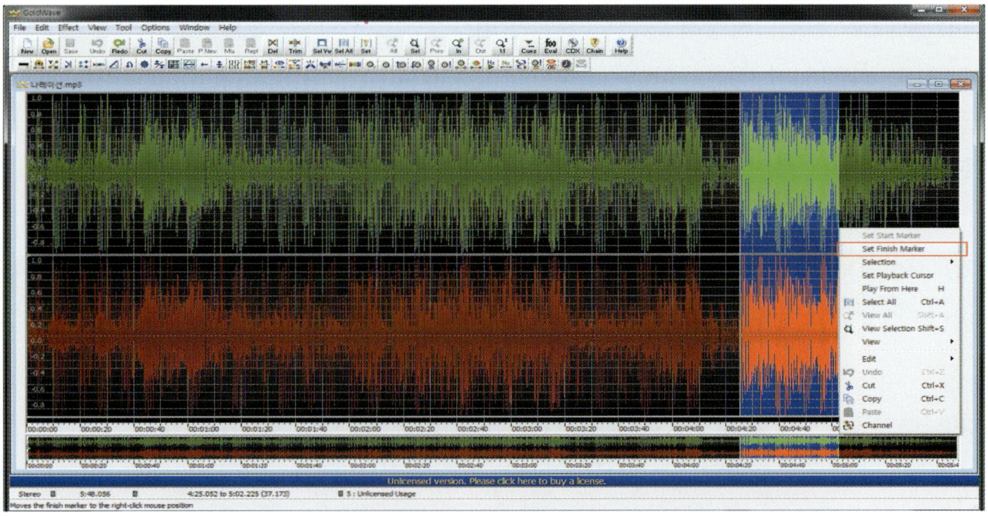

[그림 13-13] 저장할 마지막 지점에서 오른쪽 클릭을 했을 때 화면

③ 다음으로 메뉴에서 파일을 선택한 후 Save As를 클릭해 선택한 부분을 저장하면 된다. 그냥 Save를 클릭해 저장할 경우 원본에 저장되기 때문에, 반듯이 Save As로 저장하고 원본을 남겨 두는 것이 좋다. 저장은 앞서 '녹음 후 저장하기'에서 했던 순서와 마찬가지로, 파일명을 입력한 뒤 파일의 형식을 정하고 그 아래의 Attributes를 설정 후 저장한다.

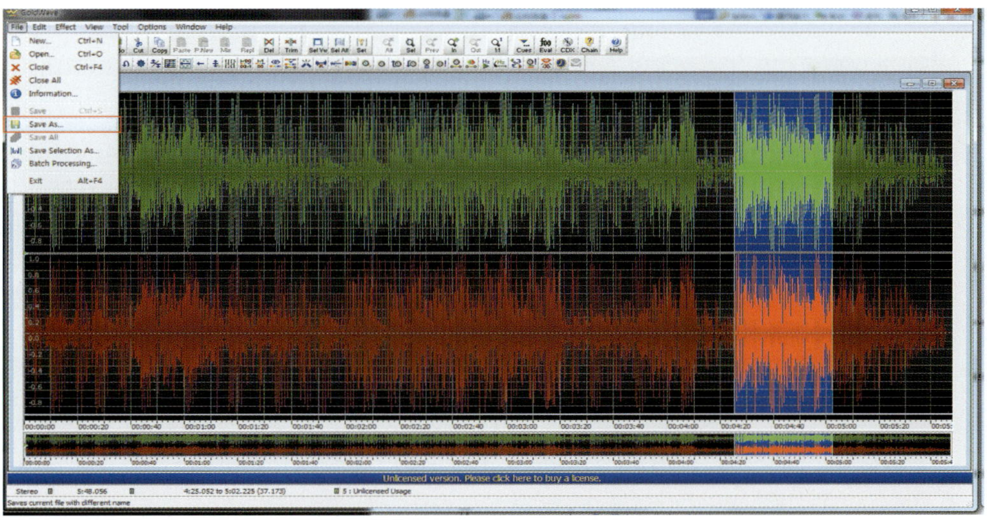

[그림 13-14] Save As로 저장하기

(4) 오디오 편집, 저장하는 또 다른 방법

지금까지 설명한 방법 이외에도 오디오를 편집해서 저장하는 방법들이 있다. 다음은 원본의 오디오를 복사해서 다른 창에서 작업하는 방법이다.

① 자신이 원하는 오디오 부분을 선택 후 메뉴에서 Copy를 선택한다. 또는 단축키로 Ctrl+C를 눌러도 된다.

[그림 13-15] 자르기, 복사하기, 붙여넣기 버튼

② New를 눌러 새로운 창을 만든다.

③ 그 다음 메뉴에서 Paste 버튼을 선택하거나 단축키로 Ctrl+V를 눌러 붙여 넣는다.

이 작업은 새로운 창에서 오디오를 확인해 보고, 다른 편집도 진행한 후 저장할 때 쓰인다.

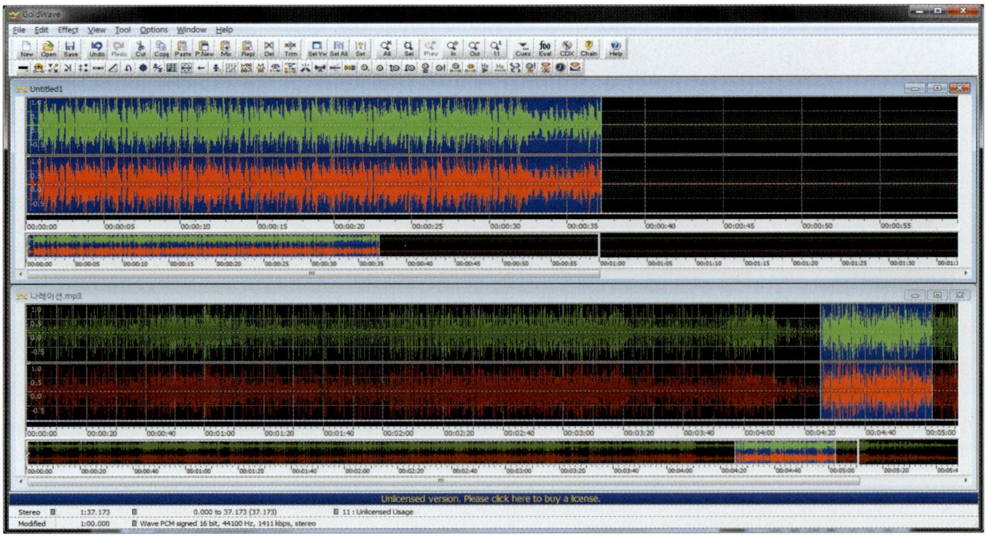

[그림 13-16] 내레이션 오디오에서 선택 부분을 복사해 새로운 New 창을 만들어 붙여 넣은 화면

2) 프리미어로 오디오 편집하기

오디오 편집은 골드웨이브처럼 오디오 전문 편집 프로그램뿐 아니라, 동영상 편집 프로그램인 프리미어를 통해서도 오디오를 편집할 수 있다. 영상 작업과 오디오 작업을 동시에 진행할 경우, 한 프로그램을 이용하면 작업도 편리하고 시간도 절약할 수 있다. 프리미어에 대한 자세한 툴과 사용 방법은 14장 비디오 편집하기를 참고하기 바란다. 여기서는 프리미어 프로그램으로 오디오를 편집하는 부분만을 설명하고자 한다.

① 프리미어를 실행한다. New Project를 만든다.

그 다음 Window→Workspace에서 Audio를 선택한다. Workspace는 오디오 편집 작업을 편리하게 하거나 비디오 편집 작업을 편리하게 할 수 있도록 작업 창들의 위치가 이동되어 저장되는 프리셋이다. 하지만 프리미어는 모든 창들을 자신이 원하는 위치에 배치하거나 창의 크기를 키우는 것이 자유로우므로 꼭 Workspace의 설정을 오디오로 바꿀 필요는 없다.

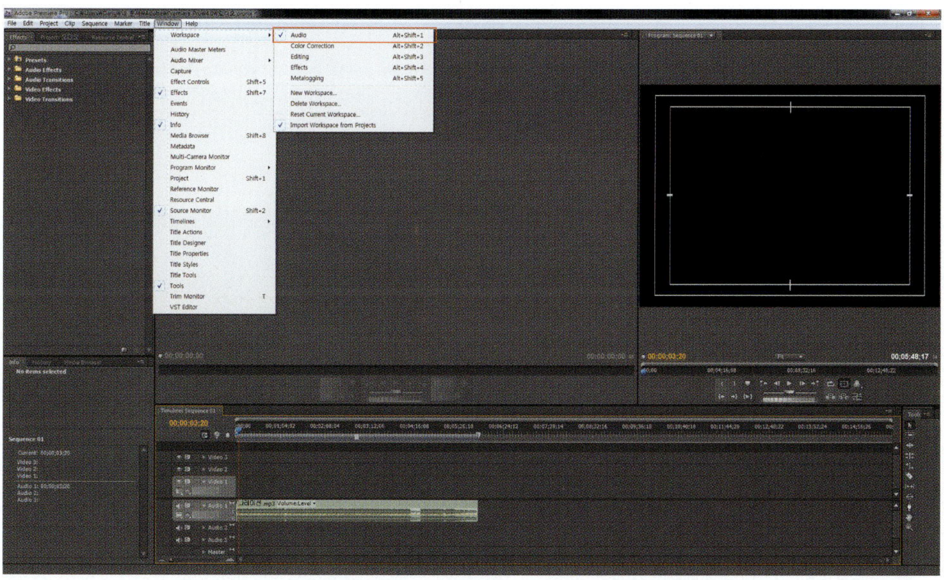

[그림 13-17] Workspace를 Audio로 선택했을 때의 화면

② 본격적으로 오디오 작업할 파일을 불러와 보자.

File → Import 혹은 왼쪽 상단에 있는 프로젝트 창에서 더블클릭하여 오디오 파일을 불러온다. 그 다음 마우스로 드래그하여 불러온 파일을 타임라인으로 끌어내린다(프리미어 프로그램 창에 대한 설명은 14장 비디오 편집하기를 참고).

[그림 13-18] 불러온 오디오 파일을 드래그하여 끌어내린 화면

③ 오디오 작업은 파형을 보면서 작업하는 것이 자르기도 좋고, 세밀한 작업을 하기 좋으므로, 오디오를 크게 볼 수 있도록 클립을 키워 주는 것이 좋다. 키보드의 + 버튼이나, 타임라인에서 그림에 체크한 곳에 마커를 오른쪽으로 옮기면 클립의 크기가 늘어나는 것을 볼 수 있다.

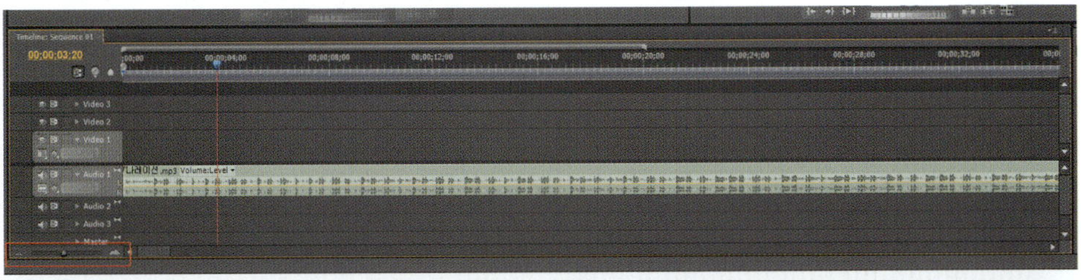

[그림 13-19] 위의 그림: 클립의 크기를 늘렸을 때 화면
아래 그림: 파일을 불러왔을 때의 화면
클립의 크기를 늘렸을 때 파형의 모습이 더 자세히 보인다.

④ 들으면서 자를 부분에 타임마커(빨간색 줄)를 놓고 오른쪽에 있는 툴에서 칼 툴을 선택하여 타임마커에 있는 데서 클릭하면 오디오가 잘리는 모습을 볼 수 있다.

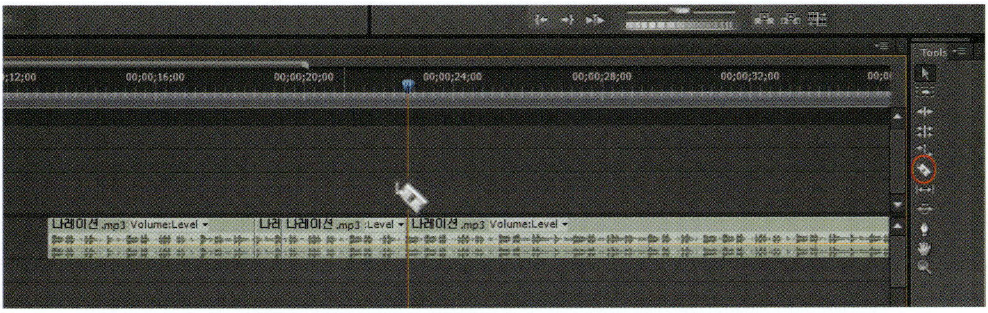

[그림 13-20] 타임마커를 놓고 칼 툴로 오디오 자르기

⑤ 자르고 나서 불필요한 부분을 마우스로 클릭하고 키보드의 Delete 키로 지운다.

⑥ 완성된 오디오 파일은 File→Export 선택해 출력하면 된다. Export에서 Media를 선택하면 다음과 같은 화면이 나온다. 저장할 장소와 이름 그리고 Format과 Preset 또는 하단의 오디오의 비트레이트와 채널을 설정한다. 설정이 완료한 후 OK 버튼을 누르면 된다.

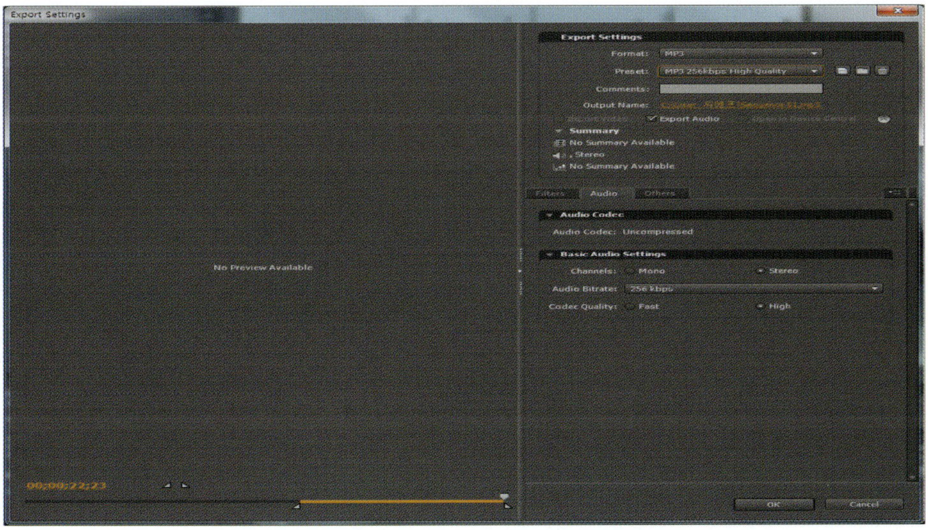

[그림 13-21] 잘라 낸 오디오 파일 설정하기

⑦ 그러면 다음과 같이 엔코더 프로그램이 실행된다. Start를 누르면 파일이 완성된다.

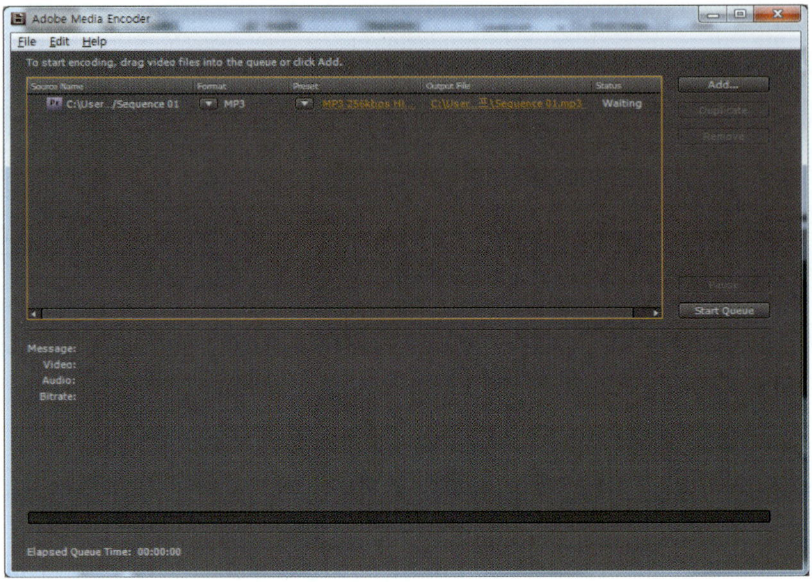

[그림 13-22] 잘라 낸 오디오 파일 완성

실습과제

1. 컴퓨터로 우리나라 의료관광을 소개하는 오디오 파일을 만들어 보자. 컴퓨터에 마이크를 꽂고, 오디오 속성을 변경시켜 마이크를 연결한 후, 소리가 잘 들어가는지 확인하자. 소리가 잘 들어온다면, 골드웨이브를 실행시켜 녹음해 보자.

2. 녹음된 파일에서 잡음과 잘못 읽은 부분이 있다면 녹음된 오디오를 들으며 잘라 편집하자. 불필요한 부분을 선택하여 자르는 방법으로 편집하자. 불필요한 부분을 모두 제거한 후 파일을 저장하여 보자.

3. 이번에는 의료관광을 소개하는 녹음된 오디오 파일을 프리미어 프로그램에서 열어 보자. 불필요한 부분을 선택해 잘라 내고 필요한 부분만을 담아 파일로 저장해 보자.

제14장 비디오 편집하기

1. 기초 촬영

1) 촬영의 기초

(1) 촬영할 때 주의해야 할 사항 알아 두기

① 안정감 있는 구도 잡기

영상 촬영에 있어서 구도라고 하는 것은, 인물 또는 사물의 배열이나 배치를 말한다. 영상을 촬영할 때 구도를 잘 활용하면, 인물의 다양한 심리 변화를 표현할 수 있으며, 이야기의 흐름을 나타내 줄 수 있다. 또 구도에 따라 공간감과 원근감을 전혀 달리 표현할 수도 있다.

구도 하면 많은 사람들이 황금분할(1 : 1.618)을 떠올린다. 황금분할은 안정감 있는 구도를 의미한다. 이런 황금분할에 맞게 화면 속 인물이나 대상을 안정감 있게 찍기 위해서는 보통 전경을 3등분한 후 촬영하고자 하는 대상과 주변을 2 대 1의 비율로 배치한다.

편집이나 촬영할 때 모두 안전 영역(safety zone)을 생각하며 작업하는 것이 좋다. 안전 영역을 고려한다는 의미는 화면의 외각을 기준으로 약 10% 정도에 해당하는 부분은 잘려 나갈 것을 감안해, 대상이나 배경을 촬영해야 한다는 것이다. 방송 프로그램을 촬영할 때에는 반드시 이 부분을 염두에 두고 구도를 잡아야 한다.

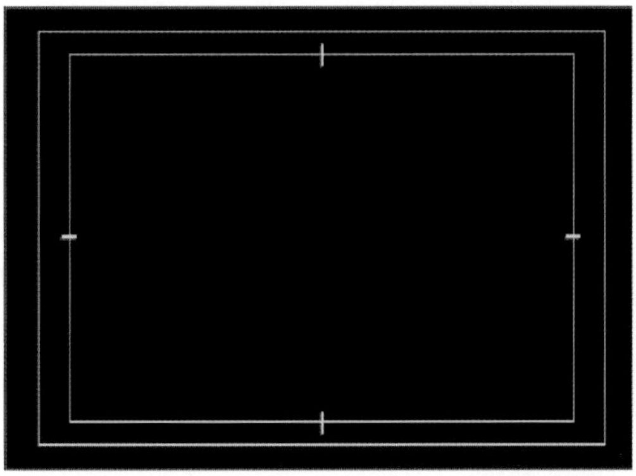

[그림 14-1] 안전 영역(safety zone)

② 흔들림을 줄이기

좋은 영상을 찍기 위해서는 우선 손 떨림을 줄여 영상을 안정감 있게 유지해야 한다. 요즘 나오는 디지털캠코더에는 자동 손 떨림 방지 회로가 내장되어 있어 어느 정도의 흔들림을 잡아 주고 있지만, 촬영자가 스스로 흔들림이 덜하도록 조절하는 것이 좋다.

흔들림을 최대한 줄이는 방법으로는 촬영할 때 호흡을 조절하거나, 서서 찍을 때에는 몸이 움직이지 않도록 벽 같은 곳에 기대서 촬영하고, 오랜 시간 작업해야 한다면 삼각대를 사용해 촬영하는 것이 좋다. 또한 촬영할 때 줌 기능을 너무 과도하게 사용할 경우 흔들림이 발생할 수도 있으니 주의해서 사용해야 한다.

삼각대가 없이 카메라를 직접 들고 촬영할 때에는 한 손으로는 손잡이를 단단히 잡고, 다른 한 손으로는 카메라의 밑을 안전하게 받쳐 흔들림을 최대한 줄일 수 있도록 해야 한다. 뷰파인더를 보며 촬영할 때에는 흔들림을 줄이기 위해 왼쪽 눈을 뜨고 오른쪽 눈은 뷰파인더의 아이캡에 접촉시켜 촬영하는 것이 좋다.

③ 화이트 밸런스를 최적화하기

초보자의 경우 촬영을 마친 후 편집할 때 보면, 화면에 나타난 색이 자신이 촬영했을 때 보았던 색과 다르거나, 장소마다 화면의 색이 달라 난감한 상황에 부딪치곤 한다. 이것은 촬영할 때 화이트 밸런스(white balance)를 맞추지 않고 촬영했기 때문에 벌어지는 현상이다.

화이트 밸런스를 맞춘다는 의미는 카메라가 색을 정확하게 재현하도록 카메라의 색 균형을 미리 조정하는 것을 말한다. 백화점에 전시된 옷들을 생각해 보면 쉽게 이해할 수 있다. 같은 옷이라도 어떤 조명 아래 걸려 있는지에 따라 옷의 색이 다르게 보인다. 조명에 따라 빛의 색이 다르기 때문이다. 이와 같이 카메라도 빛의 온도에 영향을 받아, 실외와 실내 등 각기 다른 조명에서 흰색 종이를 찍었을 때, 다른 색을 나타낸다. 따라서 본격적인 촬영에 앞서 카메라가 흰색을 흰색으로 표현할 수 있게 조정해 주는 것을 화이트 밸런스를 맞춘다고 한다.

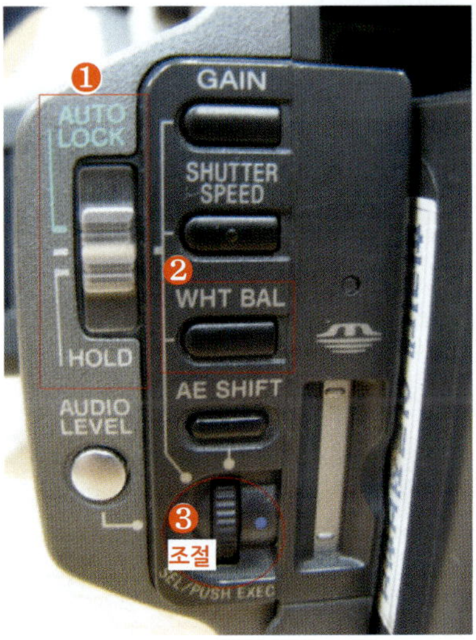

[그림 14-2] 카메라의 수동 조작 부분

그림과 같이 AUTO LOCK 모드를 해지하고 WHT BAL을 누르면, LCD 스크린이나 뷰파인더에 수동, 실외, 실내 모드가 나타난다. 전구가 빛나는 것 같이 생긴 마크는 실내 모드( )로, 조명 상태가 빠르게 변하거나 사진스튜디오 또는 건물 내부 같은 별도의 조명이 있는 매우 밝은 장소를 촬영할 때 사용된다. 또 태양이 반짝이는 마크로 표시되는 실외 모드( )는 일출, 일몰, 불꽃을 촬영할 때나, 일반적인 자연광 아래서 촬영할 때 사용한다(김정호 2001).

만약 화이트 밸런스를 수동으로 조정하고 싶다면, 촬영 시작 전 수동 마크( ) 상태로 놓고, 하얀색 종이 또는 흰색 물체에 줌을 맞춘 후, [그림 14-2]에서 ❸으로 표시되어 있는 SEL/PUSH EXEC 다이얼을 꾹 누르면, 카메라가 촬영 장소의 조명 색에 맞게 흰색을 맞춘다.

요즘은 편집기에서 색을 보정할 수 있어 방심할 수도 있지만, 사후에 보정하는 데도 한계가 있기 때문에 촬영할 때 화이트 밸런스를 체크해서 촬영하는 것이 좋다. 대부분의 촬영 카메라에는 화이트 밸런스에 실외와 실내의 조명 설정을 할 수 있게 되어 있으므로 촬영 장소에 맞도록 미리 설정하도록 한다.

④ 촬영은 여유 있게 하기

초보자의 경우 처음 촬영할 때 모두 한꺼번에 찍으려는 욕심을 갖게 마련이다. 그러나 그런 욕심은 버리는 것이 좋다. 여유 있게 끊어 찍는 습관을 들이며, 다양한 구도에서 촬영해 보는 것이 좋은 영상을 만드는 방법이다.

이와 함께 녹화할 때에는 최소 5초 후 촬영하는 습관을 가져야 한다. 잘못하면 중요한 장면이 녹화되지 않을 수 있기 때문이다. 오디오 소리 또한 미리 체크해 보는 것을 잊으면 안 된다. 소리가 잘 녹음되는지, 너무 작거나 크게 녹음되지는 않는지 반드시 확인하고 촬영에 임하자.

⑤ 촬영할 때 필요한 기능 이해하기

a. 초점

피사체를 또렷하고 선명하게 만들려면, 촬영할 때 초점을 잘 맞춰야 한다. 모든 카메라는 자동과 수동으로 초점을 맞추게 되어 있다. 초점은 촬영 거리마다 다르게 잡히므로, 각별히 신경 써야 한다.

[그림 14-3] 초점이 잘못 맞은 예

[그림 14-4] 초점이 잘 맞은 예

b. 노출

노출은 카메라로 빛이 들어오는 양을 말한다. 얼마나 많은 빛을 받느냐에 따라 찍고자 하는 화면의 밝기가 달라진다. 노출은 정지된 화면을 담는 디지털카메라의 사진 찍기에서도 중요하며, 움직이는 영상을 촬영할 때에도 중요하다.

카메라의 렌즈에는 조리개[아이리스(iris)]가 있다. 노출의 정도는 이 카메라 렌즈에 있는 조리개를 열거나 조이는 방식으로 조정하는데, 조리개가 열려 있을수록 빛을 많이 받게 되면서 화면이 밝아지고, 조리개가 닫혀 있을수록 빛을 받는 양이 적어지면서 화면은 어두워진다. 렌즈를 통과하는 빛의 양을 조절하기 위해서는 비추이는 빛의 양이 얼마인지 알아야 하는데, 보통 F넘버로 그 양을 알 수 있다. 빛을 많이 받기 위해 조리개를 점점 열어 놓으면 F넘버는 점점 작아진다. 예를 들어 F16에서의 렌즈는 F5.6에서의 렌즈보다 빛을 더 적게 받아들인다.

조리개는 노출과 함께 심도(depth of field)와도 관련이 있는데, 심도는 촬영하는 화면 안에서 초점이 맞춰진 범위를 말한다. 화면에 전경에서 후경까지 초점이 모두 맞아 또렷하게 나왔다면 '심도가 깊다'고 말하고, 화면에서 어느 한 지점만 초점이 맞고 나머지는 흐릿하게 나오면 '심도가 얕다'고 표현한다. 촬영하고자 하는 대상을 얕은 심도로 표현하고 싶을 때에는 조리개를 더 여는 식으로 사용할 수 있다.

[그림 14-5] 노출이 과도하여 배경이 날아간 잘못 촬영한 예

[그림 14-6] 커피잔을 중심으로 아웃포커싱을 준 심도가 얕은 사진

c. 역광 보정(back Light) 기능

카메라의 옆면을 보면, 역광 보정 장치가 있다. 간혹 촬영할 때 해의 방향이나 조명에 따라 정면으로 강한 빛이 들어올 때가 있다. 이럴 경우에는 피사체가 어둡게 나오게 되는데, 이때 유용하게 사용할 수 있는 기능이 바로 역광 보정 기능이다. 역광 보정 장치는 어두운 피사체를 좀 더 밝게 촬영할 수 있도록 조리개를 열어 주어 많은 양의 빛을 받을 수 있게 한다. 그러나 이 기능을 사용하면 밝은 부분의 피사체까지 더욱 밝아질 수 있어 주의해야 한다.

[그림 14-7] PD-150의 예

d. 인터벌(interval) 기능

인터벌 기능은 꽃이 피는 장면이나 일출·일몰 장면, 콘서트에 많은 사람들이 모이는 장면 같이 오랜 시간에 걸친 미세한 변화를 빠르게 표현할 수 있게 하는 기능이다. 이것은 고정된 상태에서 오랜 시간 촬영할 때 사용할 수 있는 기능으로, 카메라의 세팅 기능에 'INT.REC'를 설정해 촬영할 수 있다.

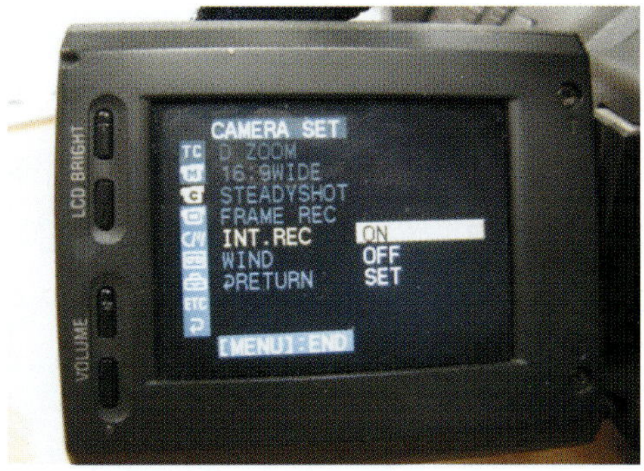

[그림 14-8] 메뉴에서 인터벌 세팅 화면

⑥ 샷의 종류

샷은 쉽게 설명하자면, 촬영자가 보고 있는 장면 중에서 촬영할 때 화면 안에 보여 주는 범위라고 말할 수 있다. 어떠한 상황에서 어떤 사이즈로 촬영하느냐에 따라, 영상의 이야기와 나타내고자 하는 느낌을 다양하게 표현할 수 있다. 이미 12장 디지털 사진 파일 활용하기에서 샷의 종류를 간략하게 설명했지만, 동영상 촬영에서 많이 사용되는 다양한 샷의 종류를 살펴보고 넘어가자.

a. 익스트림 롱 샷(extreme long shot)

익스트림 롱 샷은 피사체가 아주 작고 멀리 보이며, 매우 넓은 지역을 보여 주는 샷으로서 롱 샷보다도 거리가 먼 것을 말한다. 출근하는 도시의 거리나 인파, 지형이나 주변 환경을 보여 줄 때 주로 사용한다.

[그림 14-9] 익스트림 롱 샷

b. 롱 샷

익스트림 롱 샷보다는 가깝게 화면을 잡는 것으로, 인물이나 대상을 포함한 배경을 한꺼번에 표현하는 데 사용한다. 전체의 배경 속에 인물들과 주변 상황이 한 샷에 보이므로, 인물과 주변 환경과의 관련성을 이해할 수 있게 해준다. 이 때문에 롱 샷은 TV 프로그램이나 영화에서 주로 전체적인 상황을 설정해 주는 마스터 샷의 기능을 담당한다.

[그림 14-10] 롱 샷

c. 풀 샷

인물을 기준으로 인물의 전신이 화면 가득히 잡히는 크기를 말한다. 배경도 함께 보여주기는 하지만, 배경보다는 인물에 좀 더 관심을 집중시키는 샷으로 화면의 장소가 어떤 곳인지, 인물이 어떠한 장소를 이동했는지, 인물의 전체적인 움직임을 표현할 때 적합하다.

[그림 14-11] 풀 샷

d. 미디엄 샷

인물의 허벅지 위 정도를 잡는 샷으로서, 인물의 행동이나 표정을 보여 줄 때 적절한 크기이다. 미디엄 샷은 롱 샷이나 풀 샷으로 보여 주었던 주변 상황과의 관계를 다시 한 번 보여 줄 때도 자주 사용된다. 때로는 니 샷(knee shot)과 웨이스트 샷(waist shot), 바스트 샷(bust shot)을 포함해 미디엄 샷으로 설명하기도 한다.

e. 니 샷

니 샷은 인물의 무릎 위에서 머리까지 촬영하는 샷이다. 다리가 잘려서 불안정한 감도 주기도 하지만, 풀 샷보다 조금 더 인물에 주목할 수 있으며 피사체의 움직임 역시 자유로운 사이즈이다.

[그림 14-12] 니 샷

f. 웨이스트 샷

웨이스트 샷은 인물의 허리 바로 아래 부분까지 촬영하는 샷으로 주로 앉아 있는 모습을 찍을 때 많이 사용한다. 텔레비전에서 앵커가 뉴스를 진행하는 화면을 생각하면 된다. 웨이스트 샷은 인물과 함께 주변의 정황을 보여 주는 샷이기는 하지만, 주변보다는 인물의 행동이나 표정에 관심을 둔 촬영이라고 할 수 있다.

[그림 14-13] 웨이스트 샷

g. 바스트 샷

바스트 샷은 인물의 가슴부터 머리 부분을 잡는 촬영이다. 가장 안정된 샷으로 사람을 촬영할 때 기본이 되는 샷이며, 관객이 인물의 표정이나 감정, 인물이 하는 이야기에 관심을 더 갖게 할 수 있는 촬영법이다.

[그림 14-14] 바스트 샷

h. 클로즈업 샷

인물의 표정이나 사물의 한 부분을 극단적으로 크게 잡는 샷으로, 찍는 대상을 화면 가득 채우는 것이라고 생각하면 된다. 이 샷은 인물의 표정이나, 감정, 내면의 심리 상태를 표현하고 싶을 때, 또는 무엇인가를 자세히 보여 주고 싶을 때 사용한다. 간혹 감정을 좀 더 과장하여 보여 줄 때에도 사용한다. 풀 샷이 인물의 움직임을 잘 보여 줄 수 있는 샷이라면, 클로즈업 샷은 인물의 세밀한 부분을 보여 줌으로서 극적인 감정 변화나 긴장감을 표현해 줄 수 있는 촬영법이다. 피사체가 인물이 아닌 사물일 경우에는 사물이 어떠한 질감인지 어떤 특징을 갖고 있는지 구체적으로 설명해 줄 수 있는 샷이다.

[그림 14-15] 클로즈업 샷

i. 익스트림 클로즈업 샷(extreme close up shot)

인물의 얼굴 대신 눈, 코, 입 또는 꽉 쥔 주먹과 같이 특징적인 한 부분만을 과장되게 부각해서 보여 주는 샷이다. 익스트림 클로즈업 샷을 사용하면, 관객들을 화면에 더욱 집중하게 만들 수 있다고 한다. 이 샷을 사용하면, 아주 작은 움직임을 보여 주면서도 인물의 감정을 강하게 전달할 수 있다. 극단적인 느낌을 표현할 때 종종 사용된다.

⑦ 앵글(angle)

앵글이란 카메라가 인물이나 대상을 찍을 때 발생하는 촬영 각도를 말한다. 같은 장면도 다양한 앵글로 촬영할 수 있는데, 어떤 앵글들로 찍을 수 있을지 간략하게 살펴보자.

a. 아이레벨 앵글(eye level angle)

아이레벨 앵글이란 가장 기본적이고 보편적인 앵글로, 노멀 앵글(normal angle)이라 불린다. 이 앵글은 카메라가 사람의 눈높이에서 수평적으로 촬영하는 것으로, 사람에게 가장 친숙한 높이를 느끼게 하며, 안정적인 느낌을 준다. 또 아이레벨 앵글로 찍은 화면

[그림 14-16] 눈높이를 맞춰 찍은 예

은 피사체를 중립적이고 객관적으로 표현해 주기 때문에, 사실을 있는 그대로 전달하는 뉴스 보도나 시사 다큐멘터리에서 많이 사용한다.

b. 하이 앵글(부감, high angle)

인물이나 대상을 위에서 아래로 촬영하는 앵글로, 흔히 자신이 스스로를 카메라로 찍을 때 자주 사용하는 앵글이다. 하이 앵글로 찍었을 때는 촬영된 대상을 관객들보다 낮은 시점에 위치시키기 때문에, 화면에 나타난 대상을 왜소하고 나약하게 표현하고자 할 때, 혹은 작고 귀여운 느낌으로 촬영하고 싶을 때 사용한다.

[그림 14-17] 위에서 아래로 찍은 앵글 예

c. 로우 앵글(앙각, low angle)

로우 앵글은 아래에서 위를 향해 촬영하는 앵글이다. 그래서 로우 앵글로 촬영한 인물이나 대상은 우러러 보이거나, 강하고 위엄 있게 보인다. 보통 쇼프로그램에 등장하는 연예인이나 스포츠 경기에서 입장하는 선수들을 촬영할 때 많이 사용하는 앵글이다.

[그림 14-18] 아래서 위로 앵글을 잡은 예

d. 경사 앵글(canted angle)

경사 앵글은 카메라를 비스듬히 옆으로 기울여 촬영하는 앵글이다. 이 앵글은 수평선과 수직선이 기울어짐에 따라 정서적으로 불안정한 느낌을 보여 줄 때 유용하다. 이 앵글은 술이 취하거나 폭력 장면, 불균형 사람의 심리를 나타내기 위해 주로 사용된다. 그러나 이 앵글로 촬영된 화면은 보는 이에게 불안정한 느낌을 주어 작품의 질을 떨어뜨릴 수 있으므로 주의해서 사용해야 한다.

2) 카메라의 종류

촬영용 카메라의 종류는 다양하다. 야외 촬영이나 스튜디오 촬영에서 볼 수 있는 크기가 큰 ENG카메라, 우리가 리얼리티 프로그램에서 흔히 볼 수 있는 VJ카메라 혹은 6mm카메라라고 불리는 DV카메라, 예전에 가정집에서 많이 쓰이던 조그만 사이즈의 캠코더, 그리고 요즘 드라마나 쇼 프로그램에서 촬영할 때 이용되는 DSLR 카메라 등 종류는 다양하다. 이런 카메라의 저장방식은 크게 세 가지로 나눌 수 있다. 아날로그 혹은 디지털 베타테이프저장방식 또는 6mm 테이프 그리고 메모리카드로 저장되는 저장방식이 그것이다.

예전에는 촬영용 카메라라고 하면 테이프로만 저장하는 카메라들을 생각했지만, 요즘은 디지털카메라도 HD급으로 촬영이 가능하게 나오기 때문에 방송가에서도 DSLR 카메라를 이용하는 추세이다.

여기서는 다양한 촬영 카메라 중 DV카메라와 쉽게 쓸 수 있는 디지털카메라에 대해 살펴보고자 한다.

(1) **디지털 비디오 카메라**(DV카메라, digital video camera)

디지털 비디오(DV) 카메라는 비디오 신호를 디지털화하여 테이프에 기록하는 카메라를 말한다. 보통 DV카메라는 6mm의 테이프를 사용하며, 720×480 사이즈로 저장된다.

[그림 14-19] Sony PD-150

이 카메라는 DV/DVCAM 겸용 테이프를 사용할 수 있으며, DVCAM이란 DV에서 더욱 발전시킨 포맷이다. DV와 DVCAM에는 조금 차이가 있는데, 예를 들어 60분짜리 테이프에 촬영을 한다면, DVCAM 방식은 40분 정도밖에 촬영할 수가 없다. 흔히 사용하는 DV카메라는 PD 150과 PD 170으로, 방송에 나가는 VJ용이나 간단한 취재와 교육용으로 많이 쓰인다.

(2) 디지털카메라

[그림 14-20] DV테이프
DV테이프는 검정 테이프이며,
DVCAM테이프는 회색이다.

요즘 출시되는 디지털카메라는 화소가 높고 동영상 저장 공간도 크기 때문에, 간단하고 급한 촬영에는 디지털카메라를 사용하는 것이 편리하다. 작고 간편하게 쓸 수 있는 콤팩트 디지털카메라부터 사진 전문가들이 많이 쓰는 DSLR 카메라까지 대부분 동영상 촬영 기능이 포함되어 있다. 방송 프로그램 중 〈무한도전〉과 드라마 〈닥터챔프〉는 DSLR 카메라로 촬영해 이슈가 되기도 했다. 그 밖에 홈쇼핑에서도 DSLR 카메라로 촬영해 방송하는 것들이 종종 있다. 디지털카메라에 대해서는 12장 디지털 사진 파일 활용하기에서 이미 소개한 바 있다.

2. 비디오 편집하기

1) 편집 준비

비디오를 편집하기 위해서는 카메라 또는 캡처 기기 그리고 컴퓨터와 연결할 수 있는 1394 케이블 선과 편집 프로그램이 필요하다.

(1) 편집을 하기 위해 시스템 세팅

예전에는 동영상 편집을 하기 위해서는 컴퓨터에 IEEE 1394 카드를 별도로 장착했어야 했다. 하지만 요즘 나오는 컴퓨터의 보드에는 기본으로 1394 카드가 기본으로 장착되어 있기 때문에 따로 구입할 필요가 없다.

컴퓨터와 카메라를 연결할 수 있는 케이블은 컴퓨터와 카메라마다 다르다. 일반적으로 많이 사용하는 데스크톱 PC용 케이블과 노트북용 케이블이 있긴 하지만, 그렇지 않은 경우도 있기 때문에 자신의 컴퓨터와 카메라를 꼭 확인해 보고 사용하는 것이 좋다.

[그림 14-21] 1394 포트

컴퓨터 뒤에 이런 모양의 1394라고 쓰인 포트가 있다면, 1394 카드가 있는 것이다.

[그림 14-22] 카메라에 케이블 꽂는 부분

[그림 14-23] 1394 케이블 종류

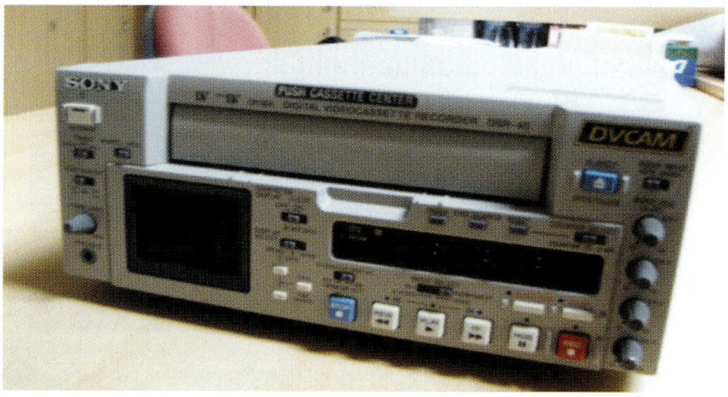

[그림 14-24] DV 데크

DV/DVCAM테이프를 넣고 카메라에서 혹은 컴퓨터로 캡처를 받거나, 캡처를 하도록 도와주는 기기

동영상 편집 프로그램을 사용하려면, 작업하려는 컴퓨터가 편집 프로그램을 위해 적당한 사양을 갖추고 있는지 확인해야 한다. 작업하려는 컴퓨터에 큰 부담을 주지 않는 편집 프로그램으로는 프리미어 프로 2.0이 있다. 최근에 나온 Adobe CS5는 윈도우 64비트[33]에만 깔리지만, 그 이하의 프로그램은 윈도우 32비트에서도 구동이 가능하다. 보통 에프터 이펙트(After Effect)와 Adobe CS3 이상의 프로그램을 구동하기 위해서는 10GB 정도의 여유 있는 하드 공간과 32비트 비디오 카드, 1280×1024 해상도, CPU 가속을 위한 그래픽카드, 1GB 이상의 메모리를 가진 컴퓨터가 필요하다.

(2) 편집 프로그램 종류

윈도우에서 흔하게 사용하는 편집 프로그램은 Adobe Premiere이다. 간단하고 쉽게 사용하기로는 무비메이커와 Vegas Pro도 있다.

애플 매킨토시 컴퓨터에서는 파이널 컷(Final Cut) 프로그램을 사용한다. 매킨토시 컴퓨터는 인쇄 매체를 위한 디자인 작업이나, 영상을 후보정하는 포스트 프로덕션에서 많이 사용한다. 요즘은 텔레비전이 HD 영상으로 바뀌면서 매킨토시 컴퓨터를 사용하는 방송국이 늘고 있다. 매킨토시 컴퓨터는 고화질을 위한 편집 등 동영상 편집에서 윈도우용 편집 프로그램보다 우수한 면이 있다.

---

33) 64비트 또는 32비트라는 말은 컴퓨터 프로세서(CPU)가 정보를 처리하는 방식을 의미한다. 윈도우 64비트는 윈도우 32비트보다 컴퓨터의 RAM에 좀 더 많은 프로세스를 저장할 수 있기 때문에, 메모리에서 프로세스를 입력하고 출력하는 시간이 단축이 되어 컴퓨터의 전체적 성능이 향상된다.

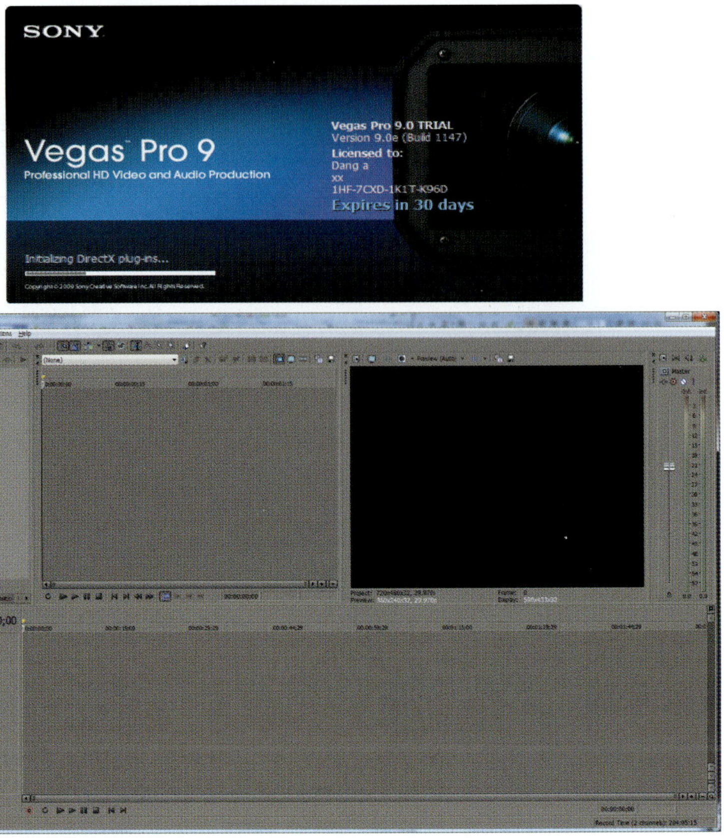

[그림 14-25] 베가스 프로 9

2) 편집하기

처음 동영상을 편집할 때는 익숙하지 않은 프로그램을 사용해야 해서 어렵게만 생각될 수 있다. 하지만 포토샵이나 일러스트 같은 Adobe 제품을 써 본 사람은 툴이 비슷하기 때문에 프리미어 프로그램에 금방 익숙해질 수 있다. 그렇지 않더라도 한두 번 사용해 보면, 쉽게 익숙해지기 때문에 두려워할 필요는 없다. 여기서는 프리미어 프로 CS4를 사용해 동영상을 편집하는 과정을 설명하고자 한다.

(1) 동영상 편집 과정 이해하기

동영상 편집의 순서를 간단하게 요약하면, 프리미어 실행→New Project 만들기→NTSC 48HZ로 시퀀스 선택→프로젝트 이름 입력→캡처(촬영테이프가 있을 때) 또는 영상

Import→타임라인으로 가져와 자르고 붙이기→자막 입력→WorkArea로 작업 영상의 시작과 끝을 잡아 주고→Export시키면 된다. 각각의 과정을 캡처 화면을 보면서 살펴보자.

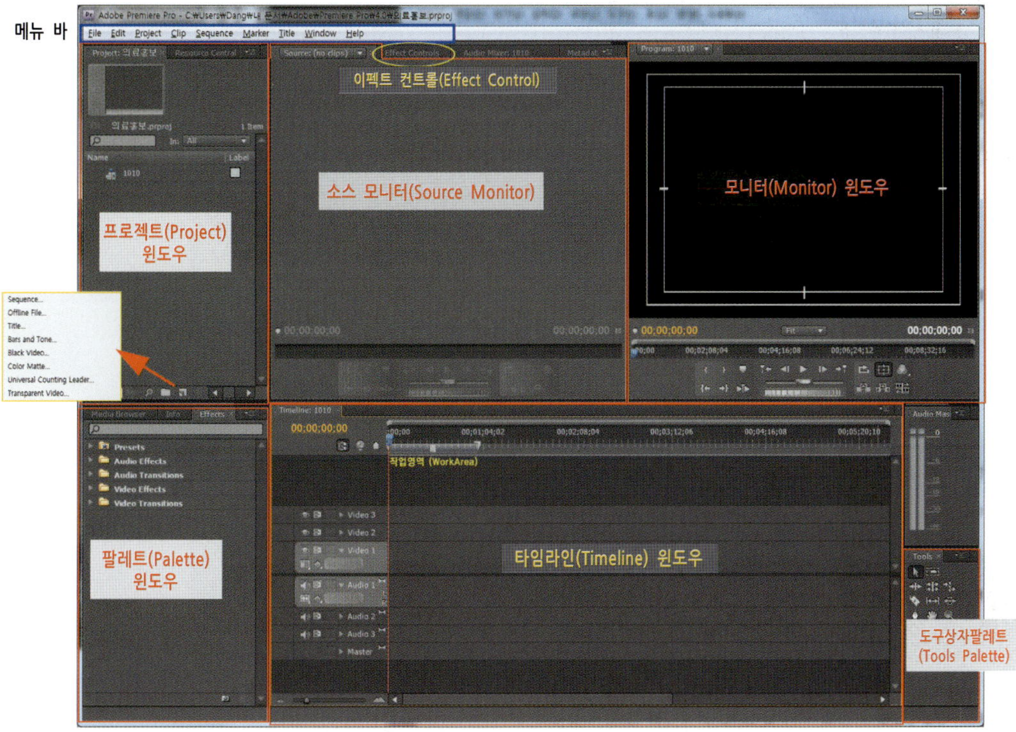

[그림 14-26] 프리미어 기본 구성

① 프리미어를 실행한다. Welcome to Adobe Premiere Pro 대화상자가 표시되면 New Project를 선택한다.

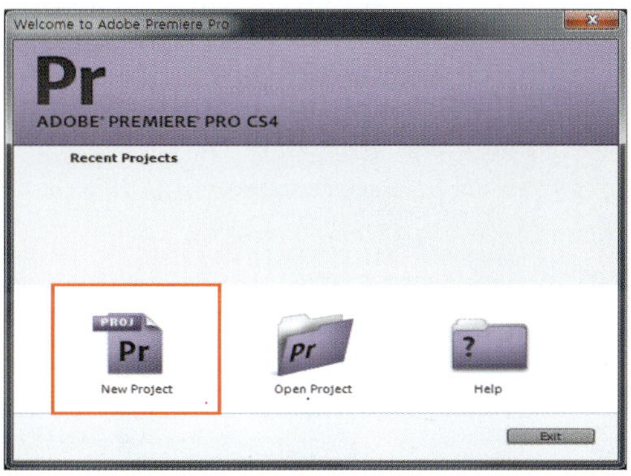

[그림 14-27] 프리미어 첫 실행 화면

② New Project의 기본으로 설정된 값은 그냥 두고 맨 아래 Name 입력란에 프로젝트의 이름을 입력한다. 설정이 끝났으면 OK 버튼을 누른다. 자신의 캡처와 프로젝트 저장 장소를 확인해 보고 싶다면, Scratch Disks 탭을 선택하면, 확인할 수 있다. 또한 변경도 가능하다.

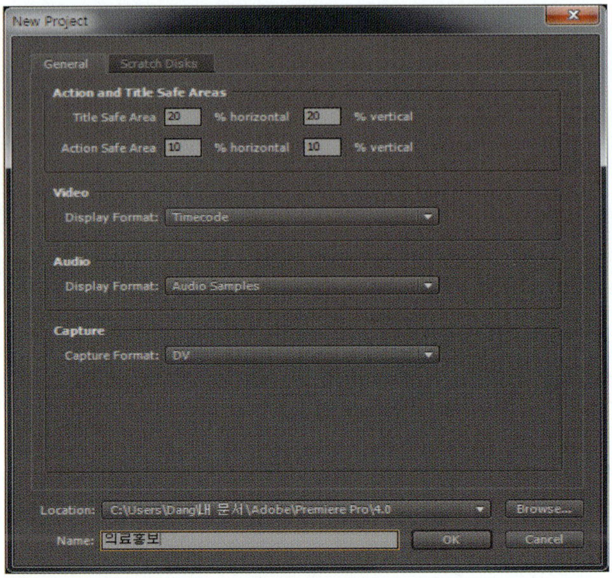

[그림 14-28] New Project 화면

③ New Sequence 대화상자가 나타난다. 작업환경을 설정하는 대화상자인데, 여기서는 보통 DV-NTSC→Standard 48KHz를 선택한다. 설정이 끝났으면 OK 버튼을 누른다. 만약 DV가 아닌 HD의 영상이라면 HD 시퀀스로 설정해야 한다.

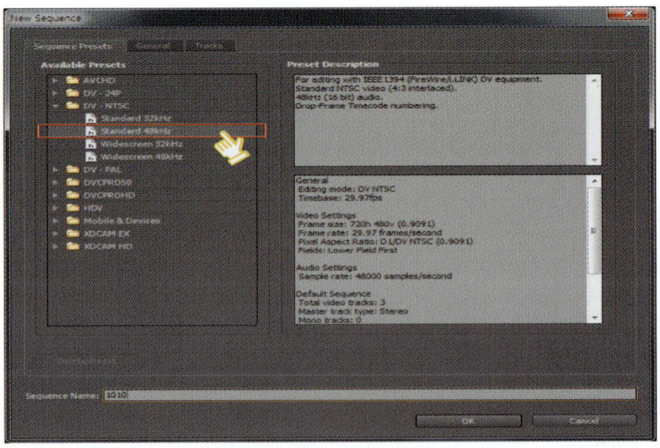

[그림 14-29] 설정 화면

④ 설정이 끝났다면, 작업할 영상 파일을 불러온다. 영상 파일은 File→Import 메뉴를 선택하거나 프로젝트 창에서 더블클릭을 하면 불러올 수 있다.

[그림 14-30] 파일 불러오기

만약 카메라로 촬영한 테이프를 컴퓨터로 캡처하고 싶다면, 카메라 또는 캡처 기기를 컴퓨터에 연결 후, File→Capture 버튼 또는 F5를 누르면 다음과 같은 캡처 화면이 나온다. 카메라가 잘 연결됐다면, 캡처 화면의 플레이 버튼과 빨간색 녹화 버튼이 활성화된다. 카메라와 연결이 잘 안 됐을 때에는 이 두 버튼이 활성화되지 않으므로, 컴퓨터와 카메라의 연결을 확인해 봐야 한다.

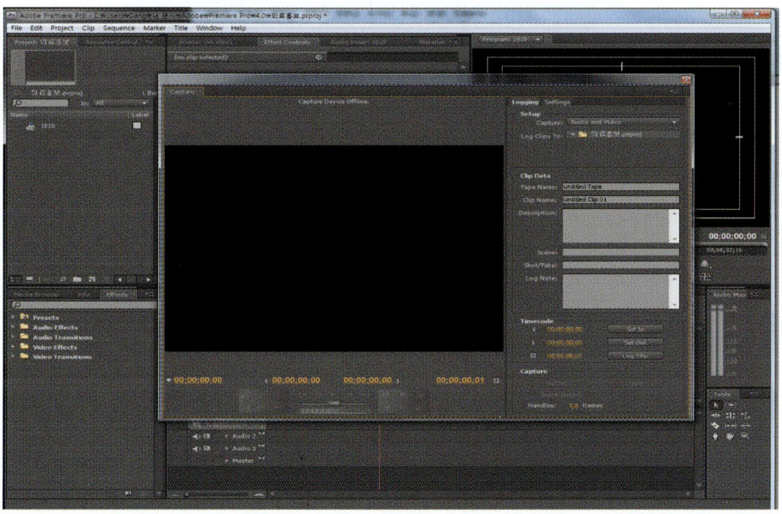

[그림 14-31] 카메라와 1394가 연결되지 않은 상태에서의 캡처 화면

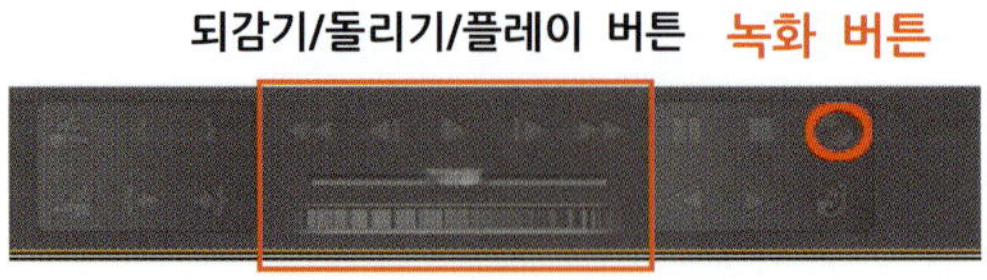

[그림 14-32] 재생 및 녹화 버튼

플레이 버튼을 누른 후 빨간색 ● 녹화 버튼을 누르면 녹화가 시작된다. 녹화하기 전에 캡처 창 오른쪽에 Settings 탭에서 녹화되는 파일의 저장 위치를 확인해, 자신이 저장하고 싶은 위치로 변경해 주는 습관을 갖는다면 유용하다. 학교 등 공동으로 사용하는 컴퓨터를 사용할 때 저장 위치를 변경하지 않으면, 직전에 작업했던 사람이 저장한 장소로 저장돼 파일을 찾지 못하는 일이 종종 일어나기 때문이다. 만약 미처 파일이 저장되는 위치를 확인하지 못했다면, 캡처 창을 열어 세팅의 탭에서 저장 위치를 확인할 수 있다.

또 캡처 창의 Logging에서는 캡처를 비디오와 오디오 모두 받을지, 비디오만 받을지 오디오만 받을지를 설정할 수 있으므로, 영상이 불필요할 때는 오디오만 받아도 된다. 오디오와 비디오를 함께 받고자 할 때는 설정이 잘 되어 있는지 확인해 볼 필요가 있다.

⑤ 영상 캡처가 끝났거나 영상 파일 불러오기를 마치면, 불러온 영상 파일이나 캡처한 파일이 Project 패널에 추가되는 것을 확인할 수 있다.

[그림 14-33] Import된 프로젝트 화면

⑥ 동영상을 편집하기 위해서는 동영상을 타임라인으로 가져와야 하는데, 다음 그림처럼 Project 패널의 동영상을 타임라인의 Video 1 채널로 드래그하여 끌고 내려간다.

[그림 14-34] 동영상 타임라인으로 내리기

⑦ Program 패널에서 자를 부분을 찾았다면, 타임라인에는 그 지점에 빨간색 수직선인 타임마커가 있을 것이다. 그러면 이제 불필요한 부분을 잘라 내기 위해 오른쪽 하단 도구상자에서 면도칼 모양인 Razor 툴을 선택한다(단축키는 C이다). 그러면 마우스 커서 모양이 면도칼 모양으로 바뀌는데, 면도칼 모양을 Video에 자를 부분으로 이동해 가져다 놓고 클릭하면, 둘로 나뉘는 것을 볼 수 있다.

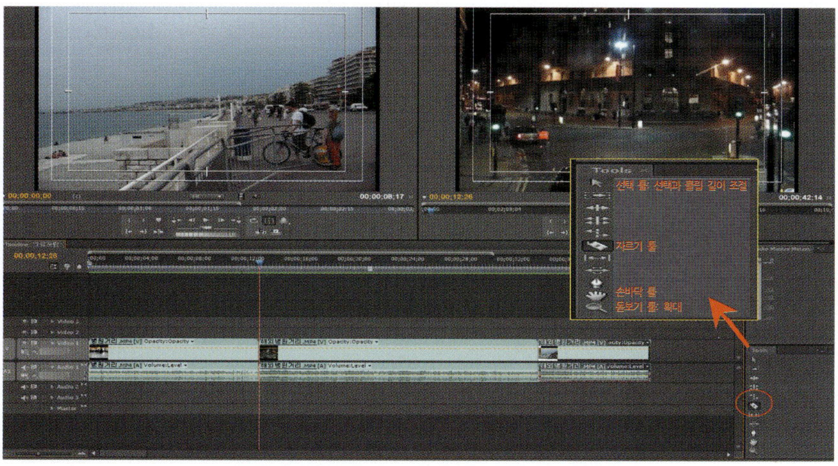

[그림 14-35] Razor 툴로 비디오 자르기

이때 섬세한 작업을 위해 알아 둬야 할 것은, 키보드의 방향키 ←를 누르면 타임 마커가 앞으로 한 프레임씩 이동하며, →누르면 뒤로 한 프레임씩, shift+←는 5프레임 앞으로, shift+→ 5프레임 뒤로 이동된다.

⑧ 도구상자에서 Selection Tool로 잘린 동영상 두 개를 선택할 수 있다. 두 개로 나뉜 영상 중 잘라 낼 부분을 선택하여 Delete 키를 누르면 그 부분이 없어지는 것을 확인할 수 있다.

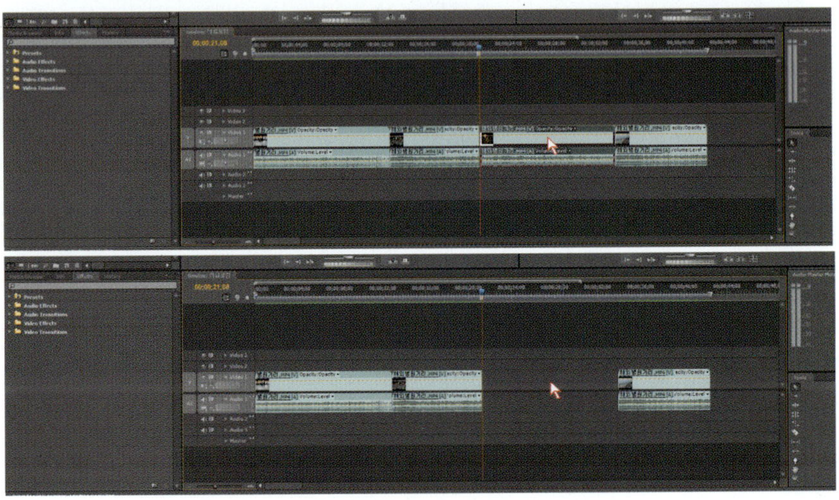

[그림 14-36] 자른 영상 지우기

자르고 남은 영상은 마우스로 선택하여 드래그하여 앞으로 이동할 수 있으며, 여러 개로 잘라도 클립들을 다 선택하면 함께 앞으로 끌어올 수 있고, 다른 영상 클립들을 불러와서 붙일 수 있다.

[그림 14-37] 자른 후 뒤 영상을 앞으로 당기기

마우스로 끌어오면 프레임이 겹쳐 버리거나, 정확하게 못 붙이는 실수를 범할 수 있다. 빈 공간에서 오른쪽 마우스 클릭을 하고 Ripple Delete를 누르면 나뉘었던 클립들이 깔끔하게 붙는다.

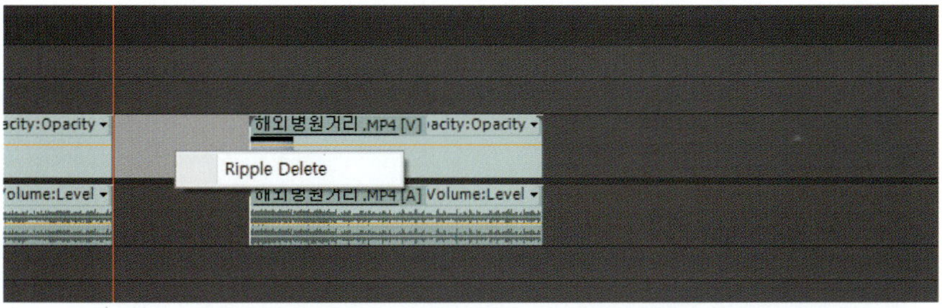

[그림 14-38] 빈 공간을 선택하면 위의 그림처럼 회색으로 선택된다.

⑨ 필요 없는 부분을 다 잘라 내고 편집을 완료했다면, 이제 출력을 한다. 영상을 출력하기 전에, Work Area가 자신이 출력하고자 하는 영상의 In점[34]과 Out점[35]을 잘 나타내고 있는지를 확인한 후 File→Export→Media 메뉴를 선택한다.

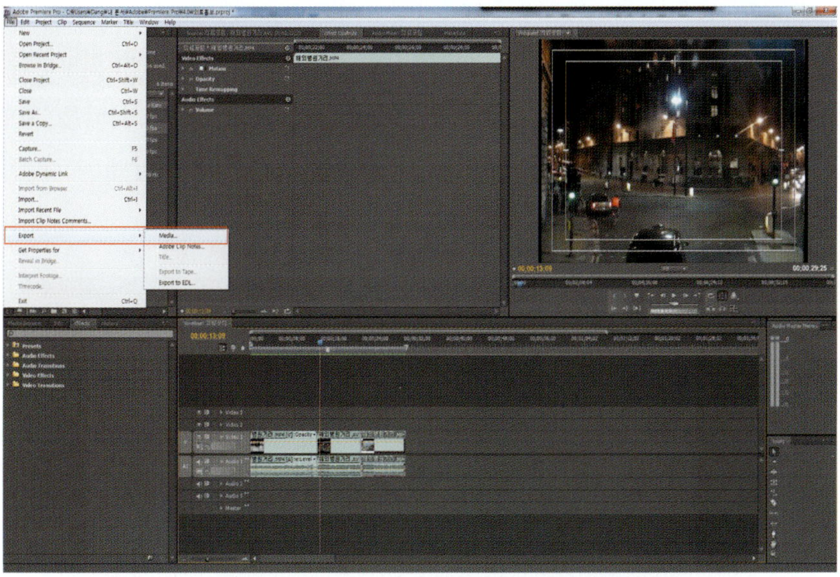

[그림 14-39] 잘라 낸 영상 출력하기

34) 영상이 시작하는 지점.
35) 영상이 끝나는 지점.

⑩ Export Settings 대화상자가 실행된다. 오른쪽에 있는 Export Settings 항목에서 출력하고자 하는 Format, Preset을 지정하거나 하단에 비트레이트나, Quality 등 세부 사항을 원하는 대로 설정할 수 있다. 가볍고 안전하게 인코딩하기에는 WMV가 가장 나으며, WMV 이외에도 MPEG2, AVI 등 다양한 인코딩을 할 수 있다.

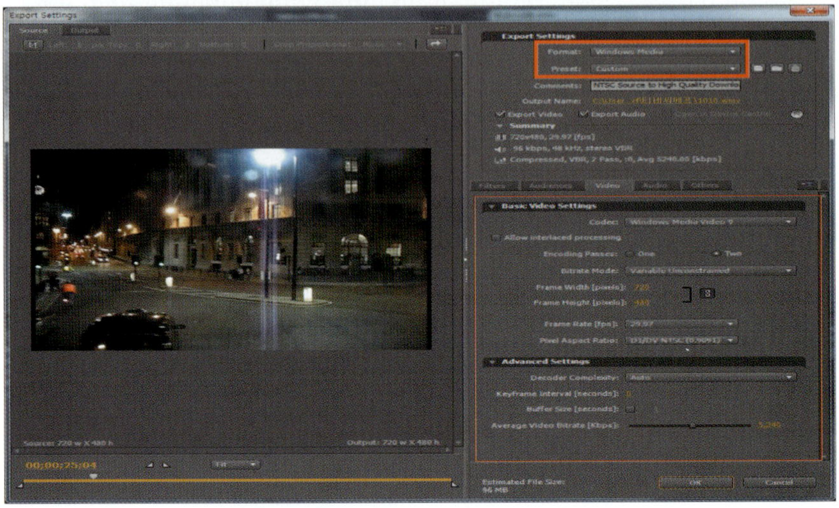

[그림 14-40] 출력 세팅 값 설정하기

⑪ Export를 누르면 Adobe Media Encoder가 실행된다. 파일 위치를 확인 후 Start Queue를 누르면 인코딩이 시작된다. 인코딩은 자신의 컴퓨터 사양에 따라 시간이 다르게 걸린다.

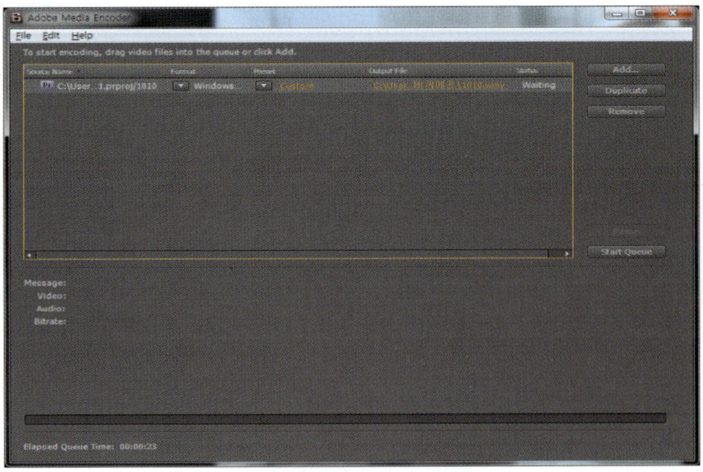

[그림 14-41] 인코딩 화면

(2) 동영상에 자막 넣기

① 프로젝트 패널 창 하단의 아이콘을 누르면 Title이 있다.

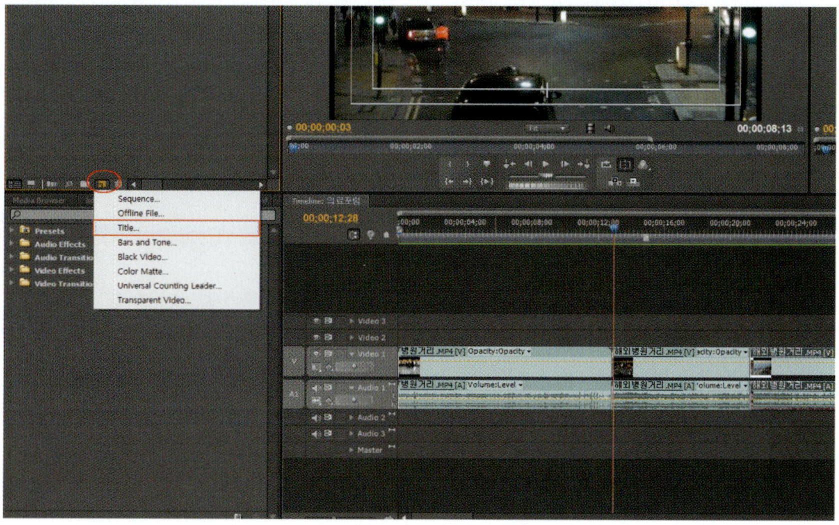

[그림 14-42] 자막 넣기

② Title을 선택하면, 다음과 같은 창이 뜬다. 그림은 타임라인 마커가 있는 부분이 보인다. 자막을 제작할 때, 보이는 그림은 중요하지 않다. 다만, 자신이 넣고자 하는 그림 위에 타임마커를 놓고 자막 제작 시 보이게 한다면, 자막의 크기와 글씨체의 어울림을 확인하기에 좋으므로, 타임마커를 자막을 넣고자 하는 위치에 놓고 작업하는 것이 좋다. 자막은 타이틀 창에 그냥 쓰면 되며, 오른쪽에서 글씨체와 글씨의 크기, 자간, 행간을 조절한 후 ×(닫기)를 누르면 자동저장이 된다. 이곳을 통해 자막을 꾸미고, 만들 수 있으며, 옆으로 흐르는 crawl 자막[36]이나, 위로 올라가는 roll 자막[37]도 만들 수 있다.

---

36) TV를 시청하다 보면, 화면 하단에 가로로 지나가는 속보 혹은 드라마 텍스트 광고를 본 적이 있을 것이다. 이것이 크롤 자막이다. 왼쪽 혹은 오른쪽으로 흐르는 방향을 설정할 수 있다.

37) 방송이 끝나면 엔딩에서 제작사, 협찬사, 배우 등 위로 올라가는 자막을 본 적이 있을 것이다. 이것이 롤 자막이다. 프리미어에서는 위로 올라가거나, 아래로 내려가는 것을 설정하여 만들 수 있다.

[그림 14-43] 자막 만드는 화면

③ 자막을 다 만들고 닫기를 눌렀다면, 프로젝트 창에 타이틀이라고 추가된 것을 볼 수 있을 것이다. 이제 이것을 드래그하여 원하는 장면 위의 Video2에 놓고 (무조건 영상보다 위에 있어야 자막이 보인다) 길이를 조절하면, 자막이 영상 위에 얹힌 것을 확인할 수 있다. 자막은 자막 클립을 더블클릭하면 언제든 수정이 가능하다.

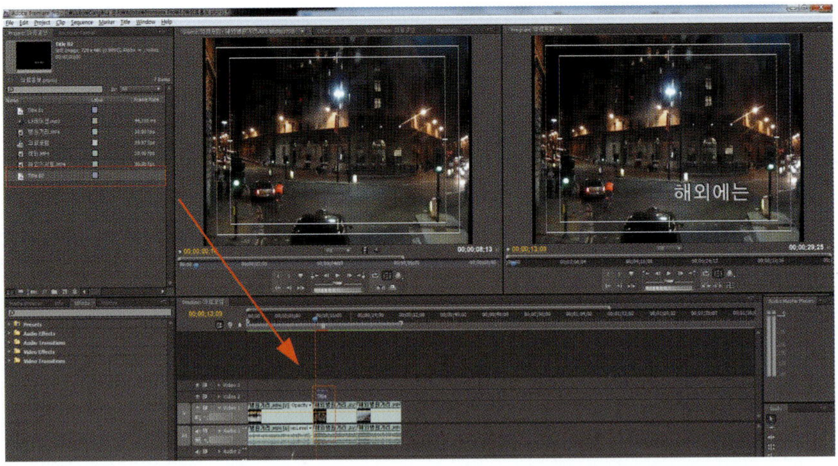

[그림 14-44] 자막을 프로젝트 창에 드래그하여 영상 위에 올려 놓으면 오른쪽 화면에서 확인이 가능하다.

(3) 오디오 교체하기

① 기본적으로 영상은 오디오와 비디오가 같이 묶여 있기 때문에 오디오를 삭제할 클립을 선택하고 오른쪽 클릭을 하면 Unlink라는 메뉴가 보인다. 그것을 클릭하면 클립의 오디오와 비디오를 따로 선택할 수 있게 된다.

자세히 보면 Unlink를 한 클립은 클립 이름 밑에 검은 줄이 없어지며, Unlink가 안 된 클립은 이름 밑에 검은 줄이 쳐 있는 것을 확인할 수 있다.

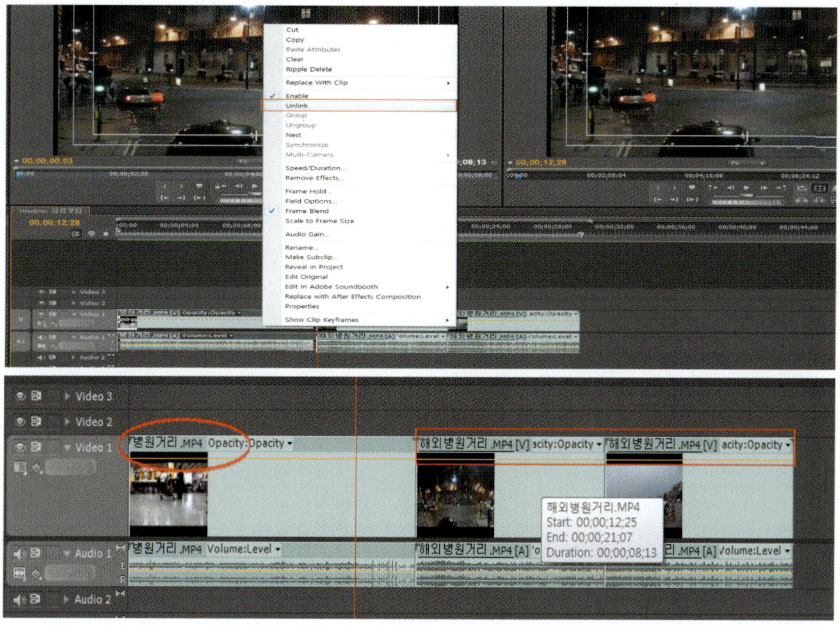

[그림 14-45] Unlink로 비디오와 오디오 분리하기

② 새로운 오디오로 넣을 비디오의 오디오를 선택하여 Delete 키로 지운다.

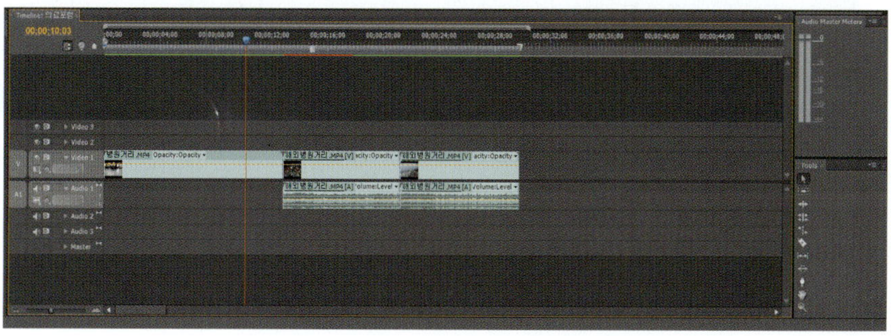

[그림 14-46] 이전의 오디오 삭제하기

③ Import로 비디오에 담을 새로운 오디오인 내레이션을 불러온다. 불러온 내레이션을 비디오의 밑으로 드래그하여 끌고 내려온다. 이렇게 하면 비디오에 새로운 내레이션이 합쳐진다.

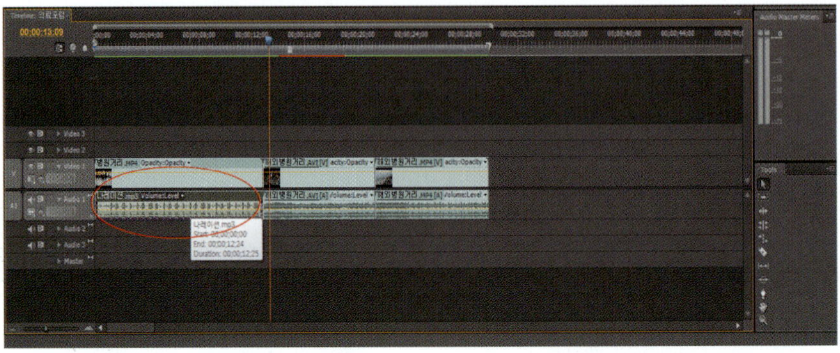

[그림 14-47] 새로운 오디오 내레이션 불러오기

(4) 영상 꾸미기

① Effect Control에서 동그라미 친 시계를 클릭하여 키프레임을 주고, 영상의 움직임, 크기, 회전 등의 효과를 줄 수 있다. 음성의 높낮이 또한 조절할 수 있다.

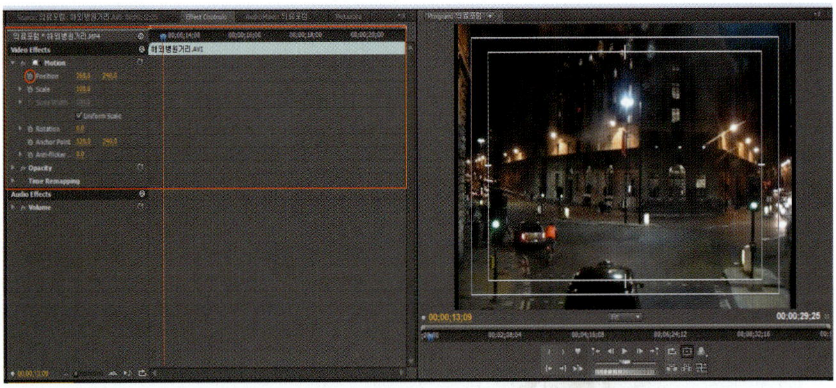

[그림 14-48] 영상 움직임이나 크기 조절을 위한 창

② 프리미어의 왼쪽 하단에 이펙트라는 탭이 있다. 이곳에서 비디오와 오디오 이펙트, 트랜지션 프리셋이 있어, 쉽게 영상에 효과를 줄 수 있다. 이펙트에는 색 보정과 다양한 영상꾸미기 효과가 있으며, 트랜지션에는 영상을 다양하게 전환시키는 효과를 줄 수 있

는 프리셋(프리미어에서 제공하는 기본 효과의 설정 값)이 있다. 원하는 이펙트를 선택한 뒤 드래그하여 영상 위에 놓으면 효과가 적용되어 나타난다.

이때 효과가 비디오 클립에 적용되는 시간이나 효과가 적용되는 방향 등, 그 기본으로 설정된 값은, 비디오 클립에 적용된 효과 부분을 더블클릭하면 원본 영상이 나오는 창의 이펙트 탭에서 수정이 가능하다.

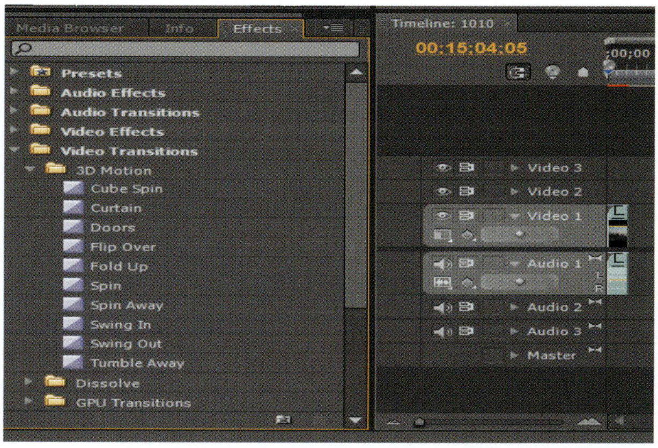

[그림 14-49] 영상 효과 창

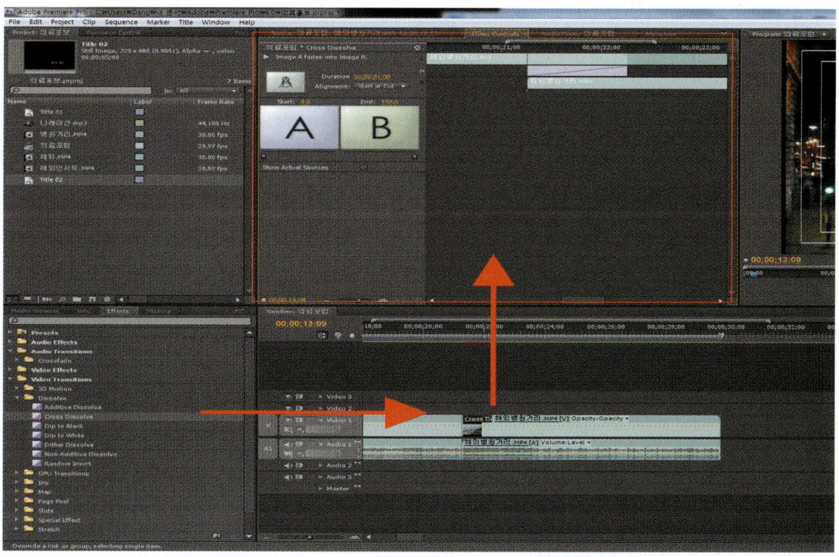

[그림 14-50] 이펙트 창에서 영상의 전환 효과를 하나 선택하여 드래그하여 영상 클립에 넣으면 그림과 같이 적용되며, 적용된 곳을 더블클릭하면, 그림과 같이 Effect Control 창에서 설정 값을 변경할 수 있다.

3) 동영상 편집할 때 같이 활용하면 좋은 프로그램

영상을 좀 더 잘 표현하기 위해서는 포토샵과 일러스트도 함께 사용하면 효과적이다. 또 오디오 편집 프로그램인 골드웨이브로 음성 편집을 해 프리미어로 불러와 사용하는 방법도 있다. 이렇듯 동영상을 편집할 때 여러 프로그램을 함께 쓰면 좀 더 다양한 영상 표현이 가능하다. 어떤 프로그램이 있는지 간략하게 살펴보자.

(1) 어도비 애프터 이펙트(Adobe After Effect)

애프터 이펙트 프로그램은 보통 2D에서 합성 작업할 때 쓰이는 프로그램이다. 이 프로그램을 사용하면, 많은 플러그인과 프리셋을 활용해 영상에 다양한 효과를 줄 수 있다. 특히 프리미어에서 표현하지 못하는 다양한 자막 꾸미기는 매우 유용한 기능이다. 애프터 이펙트에서는 자막을 다양한 위치에 다양한 형식으로 넣을 수 있다. 자막 프리셋이 많아 손쉽게 2D와 3D 형식으로 만들어 넣기 좋다. 또한 프리미어와 연동되기 때문에, 손쉽게 영상을 꾸밀 수 있다.

[그림 14-51] 애프터 이펙트 실행 화면

(2) 애프터 이펙트에서 자막 넣기

① 프리미어처럼 프로젝트 창에서 더블클릭 혹은 파일에서 Import를 눌러 작업할 영상을 불러온다.

② 자막이 들어갈 자리를 타임마커로 이동한 후 글씨를 쓴다.

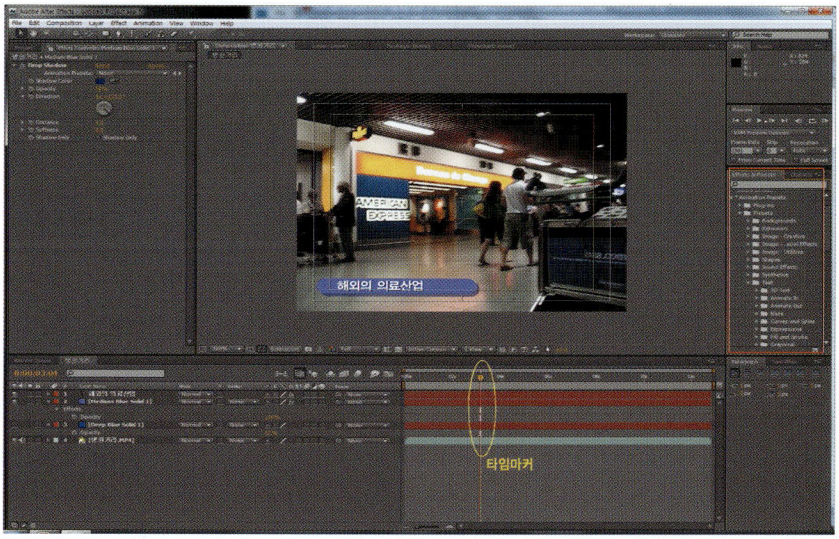

[그림 14-52] 자막이 들어갈 자리를 타임마커로 이동하기

③ 자막이 처음 시작할 자리에 타임마커를 갖다 놓는다. Effects & Presets 창에서 Animation Presets →Presets→Text란에서 마음에 드는 텍스트 프리셋을 고른 후 더블클릭하면 타임마커가 있던 자리부터 자막 모션이 적용된다.

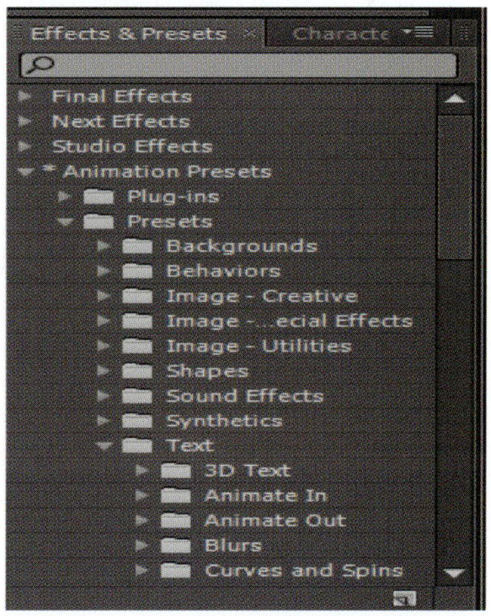

[그림 14-53] 오른쪽 중심부에 있는 Effects & Presets 창

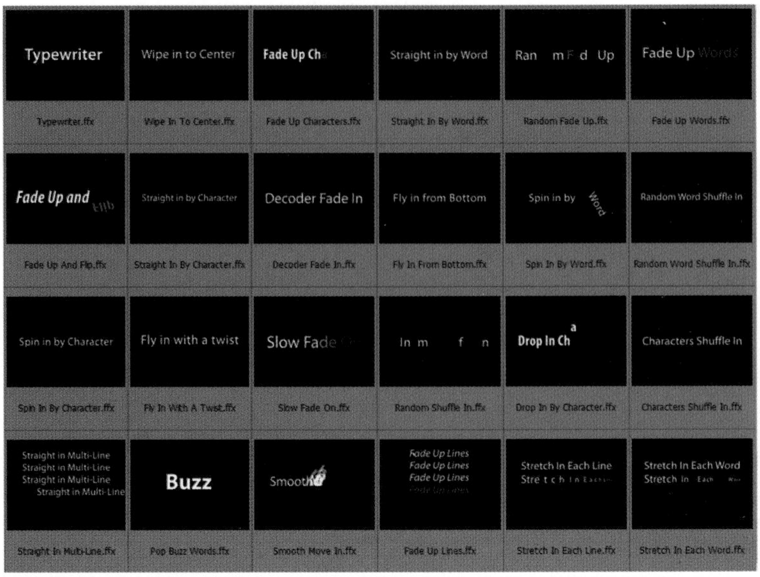

[그림 14-54] 애프터 이펙트에서 제공하는 자막 모션의 일부

애프터 이펙트 자막 프리셋은 자막의 효과, 타임 길이, 인 아웃 점의 추가나 조절이 가능하다. 관심이 있다면 애프터 이펙트를 전문적으로 다룬 책을 참고하기를 권한다.

실습과제

1. 의료관광을 온 외국인을 인터뷰해 보자. 인터뷰는 바스트 샷으로 아이레벨 앵글과 로우 앵글 등으로, 다양한 구도에서 촬영해 본다.

2. 인터뷰 영상을 프리미어로 불러와서 불필요한 장면을 삭제하고, 주요 장면들로 3~4분의 영상을 제작해 보자. 또 인터뷰 대상자의 얼굴이 뚜렷하게 등장한 첫 화면에서 인터뷰 대상자의 이름을 자막을 넣어 주자. 또 인터뷰 대상자가 한 발언 내용 중 핵심 부분을 자막으로 처리해 삽입해 본다.

3. 인터뷰 영상의 도입부에 들어갈 타이틀 영상은 인터뷰할 때의 즐거운 분위기를 보여 줄 수 있는 영상을 3~4컷 모아 음악을 넣고 큰 자막으로 타이틀을 만들어 삽입해 본다.

참고문헌

1. 국내 문헌

논문 및 보고서

강성욱 · 이성호, 2007, 「유헬스(u-health)의 경제적 효과와 성장전략」, 삼성경제연구소 Issue Paper.

고은지, 2010, 「'맞춤 의료' 시대가 열리고 있다」, LG경제연구원.

김경희 · 배진아, 2006, 「블로그 매개 커뮤니케이션 연구」, 『한국언론학보』 50(5), 5-29.

김지수, 2004, 「블로그의 사회문화적 진화와 이슈」, 『정보통신정책』 16(8), 18-36.

미쓰비시총합연구소, 2002, 「세계 헬스케어 시장 및 e-헬스케어 시장 전망」.

이연숙, 2007, 「그린콘텐츠 개념을 적용한 정신장애 치료게임 연구」, 『한국게임학회 논문지』 7, 12-17.

이재영 · 유선실 · 권지인, 2007, 「디지털 컨버전스 환경에서의 신산업 활성화 전략 연구」.

최민재, 2009, 「소셜미디어의 확산과 미디어 콘텐츠에 대한 수용자 인식연구」, 한국언론정보학회.

DMC, 2009, 「미디어 마이크로블로그 서비스의 현황과 전망」.

ETRI 디지털홈연구단, 2007, 「네트워크 기반의 u-Health 서비스 추진 동향」, 『주간기술동향』 통권 제1321호.

MindBranch Asia Pacific Co. Ltd., 2005, 「U-Health 시장현황 및 전망」.

World Medical Market report, 2005, 「세계 의료기기 시장규모(2003~2010)/국가별 의료기기 시장규모(2005~2010)」.

도서

김양중, 2009, 『건강기사 제대로 읽는 법』, 서울: 한겨레출판.

김용섭, 2001, 『Web PD가 되는 길』, 서울: 영진닷컴.

김정호, 2001, 『디지털영상 제작과 편집』, 서울: 비비컴.

김형걸, 2010, 『(Neo Kim's 상황, 장소, 시간에 따른) DSLR 야외 인물사진 촬영 테크닉』, 서울: 정보문화사.

류위환, 2004, 『뿌리가 튼튼한 디지털 캠코더 & 동영상 수정 편집』, 서울: 영진닷컴.

문승재 · 진효민 · 이하별 · 네모기획, 2006, 『문PD의 영상스페셜 Premiere pro 2.0 Pattern Book』, 서울: (주)사이버출판사.

민경범 · 최민규, 2006, 『세상에서 가장 쉬운 동영상 편집』, 서울: NEWRUN.

박치형, 2003, 『ENG & 캠코더 디지털 영상제작의 실체』, 서울: 커뮤니케이션북스.
삼정KPMG 경제연구소, 2009, 『의료전쟁』, 서울: 올림.
테레사 톰슨, 얼리샤 도르시, 캐서린 밀러, 록산 패롯, 2010, 『헬스커뮤니케이션』, 서울: 커뮤니케이션북스.
현대원 · 이수영, 2010, 『헬스케어의 새로운 패러다임 '헬스2.0'』, 서울: 나남.

신문 기사

권선미, 「방통위, 전문약 방송광고 허용추진」, 헬스코리아뉴스(2010. 12. 17.자).
김동현, 「가짜 연평도 사진, 김정일 사망설, 예비군 소집령…허위 루머 기승」, 조선일보(2010. 11. 23.자).
박태균, 「'다방커피' 즐기다 골다공증 생길라」, 중앙일보(2010. 1. 18.자).
이병문 · 김지수, 「MRI보다 훨씬 선명한 3D 영상진단기」, 매일경제(2010. 11. 3.자).
전자신문, 「IT서비스 업계 U헬스 움직임」, 전자신문(2010. 8. 14.자).
정명진, 「분당차병원 IRB, 임상연구 국제 인증」, 파이낸셜뉴스(2010. 12. 10.자).
편만섭, 「국가암정보센터 암정보 신뢰도 국제인증」, Doctor's News(인터넷 의협신문, 2010. 10. 29.자, http://www.doctorsnews.co.kr/news/articleView.html?idxno=43113).
한성간, 「커피-홍차, 치매 예방에 도움」, 연합뉴스(2010. 7. 13.자).

2. 해외 문헌

Herring, S. C., Scheidt, L. A., Wright, E. & Bonus, S., 2005, "Weblogs as a bridging genre," *Information Technology & People* 18(2), 142-171.
Johnson, T. J. & Kaye, B. K., 2004, "Wag the blog: How reliance on traditional media the internet influence," *Journalism and Mass Communication Quarterly* 81(3), 622-642.
Larson, T., 1999, "Designing Games for Novice Gamers," Gamasutra. at http://www.gamsutra.com
Michael, D. & Chen, S., 2006, *Serious Games: Games That Educate, Train, and Inform*, Course Technology, Cengage Learning: Mason.
Pew Internet & American Life Project, 2005, "Health Information Online".
Shirky, C., 2008, *Here Comes Everybody: The Power of Organizing Without Organization*, N.Y.: Penguin Press.

3. 인터넷 자료

http://health.chosun.com
http://health.cbs.co.kr
http://health.kukinews.com
http://health.yonhapnews.co.kr
http://healthcare.joinsmsn.com
http://kunkang.co.kr
http://news.khan.co.kr/kh_health
http://sev.isevrance.com
http://www.akomnews.com
http://www.android.com
http://www.apple.com/iphone/apps-for-iphone
http://www.chihak.co.kr
http://www.dailymedi.com
http://www.dreamdrug.com
http://www.foodnews.co.kr
http://www.hanbang.tv
http://www.hanbangnews.com
http://www.healthmbc.com
http://www.healthmedi.net
http://www.hkn24.com
http://www.kimyon.co.kr
http://www.kormedi.com
http://www.kpanews.co.kr
http://www.kyobohealthcare.com
http://www.mdtoday.co.kr
http://www.medical-tribune.co.kr
http://www.mjmedi.com
http://www.mkhealth.co.kr
http://www.newsishealth.com
http://www.pharmnews.co.kr
http://www.samsungapps.com
http://www.snuh.org/pub
http://www.tstore.co.kr
http://www.yakup.com

지은이 소개

노기영

고려대학교 신문방송학과 및 대학원 졸업
미국 텍사스대학교 방송영상학 석사
미국 미시간주립대학교 언론정보학 박사
현재 한림대학교 언론정보학부 교수
저서: 『인터넷 커뮤니케이션』(2006, 공저),
『방송산업과 경쟁』(2007)

김경희

이화여자대학교 신문방송학과 졸업
이화여자대학교 신문방송학 석사 및 박사
중앙일보 기자
현재 한림대학교 언론정보학부 교수
저서: 『한국사회와 인터넷저널리즘』(2009),
『인터넷취재와 활용』(2003, 공저)

임문영

연세대학교 정치외교학과 졸업
연세대학교 언론홍보학 석사
하이텔, 나우콤, iMBC 근무
현재 푸른엠앤에스 이사
저서: 『디지털 세상이 진화하는 방식』(2010),
『Do it! facebook』(2010)

헬스케어 콘텐츠 제작의 이해

초판 발행 2011년 3월 9일

지은이 노기영 · 김경희 · 임문영
펴낸이 고화숙
펴낸곳 도서출판 소화
등록 제13-412호
주소 서울시 영등포구 영등포동 7가 94-97
전화 02-2677-5890
팩스 02-2636-6393
홈페이지 www.sowha.com

ISBN 978-89-8410-394-8 93300

값 22,000원